21 世纪全国高职高专汽车类规划教材

发动机原理与汽车理论

主　编　郭　彬
副主编　蒋浩丰　屠卫星　黄秋平

U0361990

北京大学出版社
PEKING UNIVERSITY PRESS

内 容 简 介

　　本教材系统介绍了发动机的工作原理和汽车的基本理论。全书 13 章，主要内容包括：发动机的工作过程、发动机的性能指标、燃料与燃烧、发动机的换气过程、汽油机混合气的形成和燃烧、柴油机混合气的形成和燃烧、发动机的排放与汽车噪声、发动机的特性和发动机试验、汽车的动力性、汽车的燃油经济性、汽车的制动性、汽车的操纵稳定性、汽车的平顺性和通过性。

　　本书既可作为高职高专汽车维修与检测、汽车运用技术等专业的教材，也可供从事汽车、发动机的设计、制造和运用的工程技术人员、技术人员参考。

图书在版编目（CIP）数据

发动机原理与汽车理论/郭彬主编. —北京：北京大学出版社，2009.11
(21 世纪全国高职高专汽车类规划教材)

ISBN 978-7-301-13047-6

Ⅰ. 发… Ⅱ. 郭… Ⅲ. ①汽车—发动机—理论②汽车—理论 Ⅳ. U46

中国版本图书馆 CIP 数据核字（2007）第 192162 号

书　　　　名：	发动机原理与汽车理论
著作责任者：	郭　彬　主编
责 任 编 辑：	胡伟晔
标 准 书 号：	ISBN 978-7-301-13047-6/U · 0008
出　版　者：	北京大学出版社
地　　　　址：	北京市海淀区成府路 205 号　100871
电　　　　话：	邮购部 62752015　发行部 62750672　编辑部 62765126　出版部 62754962
网　　　　址：	http://www.pup.cn
电 子 邮 箱：	xxjs@pup.pku.edu.cn
印　刷　者：	三河市北燕印装有限公司
发　行　者：	北京大学出版社
经　销　者：	新华书店

　　　　　　　787 毫米×980 毫米　16 开本　18.75 印张　396 千字
　　　　　　　2009 年 11 月第 1 版　　2019 年 5 月第 7 次印刷

定　　　　价：34.00 元

前　　言

发动机原理与汽车理论是高职高专汽车检测与维修、汽车运用技术等专业的主要专业课之一。通过对本课程学习，使学生能够深入了解发动机工作循环中各个过程的各个阶段；掌握整机工作性能评定指标及其影响因素、运转特性及调整特性；获得一般的试验方法及操作技能，以便正确合理地选择、运用发动机；同时掌握整车主要性能及检测的基本理论和基本方法，理解有关标准、法规和实用性能检测的内容，为后续课程的学习打下必要基础。

全书共 13 章，参考学时 50～60 学时，具体内容及参考学时分配如下表：

章　　次	建议学时	章　　次	建议学时
第 1 章 发动机的工作过程	4	第 8 章 发动机的特性	6
第 2 章 发动机的性能指标	2	第 9 章 汽车的动力性	6
第 3 章 燃料与燃烧	4	第 10 章 汽车的燃油经济性	2
第 4 章 发动机的换气过程	4	第 11 章 汽车的制动性	6
第 5 章 汽油机混合气的形成和燃烧	4	第 12 章 汽车的操纵稳定性	4
第 6 章 柴油机混合气的形成和燃烧	4	第 13 章 汽车的平顺性和通过性	2
第 7 章 发动机的排放与汽车噪声	4		

本书既可作为高职高专汽车维修与检测、汽车运用技术等专业的教材，也可供从事汽车、发动机的设计、制造和运用的工程技术人员、技术人员参考。

本书由郭彬主编。南京交通职业技术学院屠卫星编写第 1、第 2、第 7、第 13 章，蒋浩丰编写第 3、第 4、第 8 章，郭彬编写第 5、第 6、第 12 章，黄秋平编写第 9、第 10、第 11 章。

在编写过程中，参考了大量的国内外技术资料，得到了南京交通职业技术学院汽车工程系领导和同事的大力支持，在此谨向所有参考资料的作者，以及关心、支持本书编写的同志表示感谢。

由于编者水平有限，经验不足，时间仓促，缺点和错误在所难免，敬请读者和专家批评指正。

编　者
2009 年 5 月

目　　录

第 1 章　发动机的工作过程

工程热力学主要是研究热能与机械能之间相互转换的一门科学。本章从工程技术的观点出发，把热力学基本定律（热力学第一定律和热力学第二定律）应用到工程技术领域中，通过分析热力工程中有关的热力过程和热力循环，讨论热功转换的规律和方法，并侧重于热能转换为机械能的规律，从理论上探讨提高发动机热效率的途径。因此，它是发动机理论的基础。

1.1　热功转换的基本概念

1.1.1　工质的热力状态

在工程热力学中，把实现热能与机械能相互转换的工作物质（如汽缸内气体）称为工质。最适宜的工质就是气体介质，它的流动性与膨胀性都很好，能有效地实现热功转换，热力性质最简单。对于点燃式发动机，工质最常见的就是油与空气的混合气；对于压燃式发动机，工质就是柴油与空气的混合物。

热机的运转是依靠工质在特定条件下不断地改变它的热力状态，执行某一具体的热工转换过程来实现的。即通过工质的燃烧将化学能转换成热能，通过机械装置将热能转换成机械能，从而实现热力状态的改变。

把某一宏观尺寸范围内的工质作为研究的具体对象，这样的对象称为热力系统，简称系统。与系统有相互作用的其他系统，称为外界。包围系统的封闭表面就是系统与外界的分界面，称为边界。

热力系统按照与外界有无物质和能量的交换进行分类。与外界有物质交换的称为开口系统；与外界无物质交换的称为闭口系统；而与外界无热交换的系统，称为绝热系统；与外界既无物质交换，也无能量交换的称为孤立系统。

1.1.2　工质的基本状态参数

说明工质所处状态的物理量，叫做工质的状态参数。在工程热力学中，压力、比容、温度是三个可测量的状态参数，称为工质的基本状态参数。因此，对应于某个给定的状态，所有状态参数（如压力、比容、温度等）都应有确定的数值。

1. 压力（p）

工质在单位面积容器壁上作用的垂直力，称为工质的压力，用 p 表示。可把气体的压力看做是大量气体分子频繁撞击容器壁的平均效果。

压力的单位为帕斯卡，简称帕，用 Pa 表示。$1Pa = 1N/m$。

工程上常以千帕（kPa）或兆帕（MPa）为单位。

（1）气体作用在容器壁上的真实压力也叫绝对压力。它表示工质的真实状态，是气体的状态参数之一。但绝大多数用来测量压力的仪器不能指示出绝对压力，而只能指示出绝对压力和周围大气压 p_0 间的差值，绝对压力通过换算才能得到。测量时的压力计的读数压力，称为表压力 p_g。

（2）高于大气压的压力用压力表测量。此时气体的绝对压力为：$p = p_0 + p_g$。

（3）低于大气压的压力用真空表测量，测出的表压力值称为真空度 p_v。此时气体的绝对压力为：$p = p_0 - p_v$。

绝对压力与表压力和真空度的关系如图 1-1 所示。

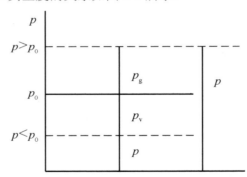

图 1-1 绝对压力、表压力及真空度的相互关系

2. 温度（T）

温度表示物体冷热的程度。分子运动学说把温度和分子运动的动能联系起来。分子在作不规则的运动时，不断地相互碰撞，因此各个分子的运动速度是不同的，动能也不同。温度反映了分子无规则运动的剧烈程度，它是大量分子的运动动能的平均值的标志。

由热力学温标所确定的温度称为热力学温度，用符号 T 表示，单位开尔文（K）。国际单位制规定，采用水的三相点温度，即固相（冰）、液相（水）和气相（水蒸气）三相平衡共存的温度作为定义热力学温度的单一固定点，并规定水的三相点温度为 273.16K。

摄氏温标由热力学温标导出。摄氏温标所确定的温度用 t 表示。其与热力学温度的关系为：

$$t = T - 273.16$$

两种温度的大小相同，只是温标的零点不同。在工程上可按下式近似换算：

$$t = T - 273$$

注意只有热力学温度才是状态参数。

3. 比容 (v)

单位质量的工质所占有的体积称为比容，单位为 m^3/kg，也称为比体积。用字母 v 表示。

$$v = \frac{V}{m} \tag{1-1}$$

单位体积的质量称为密度，单位为 kg/m^3。用符号 ρ 表示。

$$\rho = \frac{m}{V} = \frac{1}{v} \tag{1-2}$$

即物质的比容与密度互为倒数关系。

4. 工质的平衡态

工质的平衡态是系统中气体的温度和压力必须均匀一致，不随时间而变化的状态。

如果组成热力系统的各部分之间没有热量交换，系统就处于热平衡；各部分之间没有相对位移，系统就处于力的平衡。同时具备了热与力的平衡，系统就处于热力平衡状态，简称平衡状态。处于热力平衡状态的系统，只要不受到外界影响，它的状态就不会随时间而改变，平衡就不会自发地破坏。反之，系统就处于不平衡状态。处于不平衡状态的系统则由于各部分之间的传热与位移，其状态必将随时间而改变，改变的结果，一定是传热和位移逐渐减弱，直至完全停止。因此，不平衡状态会自发地趋于平衡状态。只有处于平衡状态的系统，各部分才具有确定不变的状态参数。工程热力学通常只研究平衡状态。

1.1.3 理想气体的状态方程

1. 理想气体

所谓理想气体就是分子本身不占有体积，分子间又没有吸引力的气体，理想气体仅是一种理想的模型，在实际中并不存在。但实验证明当压力较低或温度较高时，一般实际气体的比容较大，分子间的距离比分子的直径大得多，因此，其分子间吸引力和分子本身的体积就可忽略不计，它的性质就比较接近于理想气体，所以通常把汽缸内的气体近似看做理想气体。

2. 理想气体的状态方程

当系统处于平衡状态时，理想气体的各部分具有相同的压力、比容和温度，这些参数之间并不是相互独立的，而是具有一定的关系。理想气体的压力（p）、比容（v）和温度（T）三者之间的关系式称为理想气体的状态方程。

（1）对于 1kg 的理想气体，状态方程式为：

$$pv = RT \quad 或 \quad \frac{pv}{T} = R \qquad\qquad (1\text{-}3)$$

（2）对于 $m$kg 的理想气体，则状态方程式为：

$$pV = mRT \qquad\qquad (1\text{-}4)$$

式中：$V = mv$，表示 $m$kg 气体的总容积。

R 为气体常数，它的数值决定于气体性质，单位为 kJ/(kg·K)。

理想气体状态方程给出了某一状态下三个基本状态参数之间的关系，如果任意两个状态参数已定，则第三个状态参数可由状态方程式给出。

1.1.4　工质的比热容

当工质温度发生变化时，所吸收（或放出）的热量的多少，不仅取决于工质的温度变化范围，还与工质的数量、工质本身的性质以及加热过程有关。为了能说明工质吸热（或放热）能力的大小，需要引入比热的概念。

所谓比热，就是单位量的物质温度升高（或降低）1K 时所吸收（或放出）的热量。用符号 C 表示。

1.　比热的种类

比质量热容：1kg 气体温度升高（或降低）1K 时所吸收（或放出）的热量，单位为 kJ/kg·K。

比容积热容：1m³ 标准温度升高（或降低）1K 时所吸收（或放出）的热量。

比摩尔热容：1kmol 气体温度升高（或降低）1K 时所吸收（或放出）的热量，单位为 kJ/(kmol·K)。

2.　定容比热和定压比热

根据气体在加热（或冷却）过程中的性质不同，可分为定容比热和定压比热两类。定容比热是指气体在加热过程中容积保持不变时的比热。例如对装在密封容器中的气体进行加温，就是用于定容加热过程，用 C_v 表示。定压比热是指气体在加热（或冷却）过程中压力保持不变的比热，用 C_p 表示。在定容加热过程中，加入的热量只用于使工质的温度升高，不对外做功；而在定压加热过程中，加入的热量除了使工质温度升高以外，还推动活塞移动了一段距离，工质对活塞做了功，这样才能保持压力不变。因此

$$C_p > C_v$$

1.1.5　热力过程

热能转变为机械能，或机械能转变为热能，与工质所经历的一系列状态的变化是分不

开的。工质状态的改变是由于工质和周围环境的相互作用而发生的。这种相互作用常见的有下列两种情况：第一种是对工质加入热量或自工质中取出热量；第二种是工质克服外力增大体积，输出膨胀功，或工质受外力压缩减少体积而消耗压缩功。

在带有活塞的汽缸中有某种气体，用任意方法自汽缸外部给气体加热，于是气体就膨胀，当气体作用在活塞上的总压力大于加在活塞上的外力时，气体就推动活塞对外做功。热量的加入和膨胀功的输出是伴随着气体的压力、比容、温度的变化而发生的。这种工质状态参数的一系列变化过程，就叫做热力过程。

整个状态变化过程可以看成是无数个前后承接的平衡状态组成的，这样的过程叫做平衡过程。

如果进行一个热力过程后，有可能沿原来过程逆向进行，使系统和外界都返回原状而不留下任何变化，这样的热力过程就称为可逆过程。可逆过程就是无摩擦无温差的平衡过程。

在热力学中，通过 p—v 图来研究分析各种平衡过程是非常方便的。在图 1-2 中，活塞向右移动，气体的比容在增加，这样的过程就叫做膨胀过程；而活塞向左移动，气体的比容在减小，此过程为压缩过程。

在热力过程中，装在汽缸中的气体压力如果大于外界压力，那么活塞就会向右移动（见图 1-2），于是气体的体积增加而对外做功，这种功叫做气体的膨胀功。如果外界压力大于气体压力，那么活塞就向左移动，气体的体积减小，这时就认为外界对气体做功，这种功叫做压缩功。

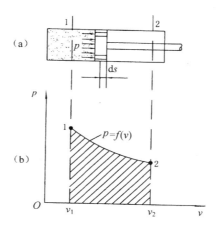

图 1-2　气体在汽缸中所做的功

1.1.6　热力学第一定律

人们从大量的生产实践和科学实验中总结出了能量转换与守恒定律，它指出能量既不可能被创造，也不可能被消灭，它只能从一种形式转换成另一种形式，或者从一个（一些）物体转移到另一个（一些）物体，而转换（或转移）前后能量的总和保持不变。能量转换与守恒定律，用于热力学中，便是热力学第一定律。热可以转变为功，功可以转变为热，转变前后的能量保持不变。

设 Q 表示转变为功的热量，W 表示转换过来的功，单位都用千焦耳，则

$$Q = W \tag{1-5}$$

1. 功（W）

因为气体在容积变化极小时压力可以看成不变，所以气体的膨胀功就可用作用在活塞上的力和活塞移动距离的乘积来表示。设气体的压力为 F（kPa），活塞的截面积为 A（m^2），那么作用在活塞上的总压力应为 $F \cdot A$（kN）。

于是，1kg 气体所做的功为 dW，用公式表示为

$$dW = F \cdot A \cdot dx = p \cdot dV$$

2. 热量（Q）

吸热为正，放热为负。

3. 工质的内能（U）

工质内部具有的各种能量，包括分子热运动的动能和克服分子间作用力的位能。

4. 封闭系统能量方程

（1）对于 1kg 工质，外界供给气体的热量为 qJ/kg，该热量中，一部分用来向外界输出膨胀功 W，另一部分使气体产生内能的变化 Δu，根据能量转换和守恒定律：

$$q = \Delta u + W \tag{1-6}$$

（2）对于 $m$kg 工质，有

$$Q = \Delta U + W \tag{1-7}$$

外界输入气体的热量应等于气体内能的变化量与对外输出的膨胀功之和，这就是能量平衡方程式。能量平衡方程式不仅适用于膨胀过程，也可用于压缩过程，既可用于吸热过程，又可用于放热过程。区别只是三项能量的正、负号不同而已。热力学中规定，气体吸热为正值，放热为负值；气体对外膨胀做功为正值，外界对气体输入压缩功为负值；气体内能增加为正值，内能减少为负值。

1.1.7　热力过程分析

发动机的工作是靠热力循环进行的，每个热力循环都是由相当复杂的热力过程所构成。

为了分析研究方便，可以近似地利用几个特殊的热力过程来代替那些复杂的过程。在工程热力学中，主要典型的热力过程有等容过程、定压过程、等温过程、绝热过程和多变过程。

研究热力过程就是确定工质在过程中的变化规律，即求得过程方程式 $f(p, v) = 0$，给出过程曲线，并计算过程热量、功及内能的变化，写出过程中初、终态参数的关系式。

1. 定容过程

工质的容积保持定值不变的热力过程，就叫等容过程。例如密封容器内气体的加热或冷却。

（1）过程方程式

$$v = 常数$$

在 p—v 图中（图 1-3），等容线是一条垂直于 v 轴的直线。

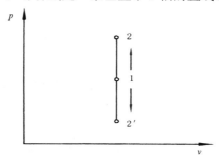

图 1-3　定容过程

（2）初、终态气体状态参数之间的关系

在定容过程中气体的压力与绝对温度成正比。

$$\frac{p}{T} = \frac{R}{v} = 常数 ; \quad \frac{p_1}{T_1} = \frac{p_2}{T_2}$$

（3）能量变化

从 p—v 图中（图 1-3）看出，对于 1—2 过程，气体吸收的热量用于内能的增加和对外输出功；对于 1—2′ 过程，放出的热量来自内能的减少和消耗外功。

2. 定压过程

工质压力保持定值不变的热力过程，就叫定压过程。

（1）过程方程式

$$p = 常数$$

在 p—v 图（图 1-4）上定压过程曲线为平行于 v 轴的一条直线。

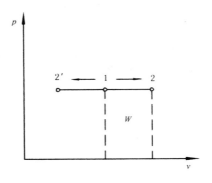

图 1-4　定压过程

（2）初、终态气体状态参数之间的关系

在定压过程中气体的比容变化与绝对温度成正比。

$$\frac{v_1}{T_1} = \frac{v_2}{T_2}$$

这说明在等压条件下，工质温度升高 1K 所需热量比在等容条件下所需热量多，所差数值就是气体常数 R。

（3）能量变化

在图 1-4 中，对于 1—2 过程，气体吸收的热量用于内能的增加和对外输出功；对于 1—2′过程，放出的热量来自内能的减少和消耗外功。

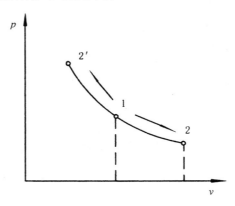

图 1-5　等温过程

3. 等温过程

工质的温度保持定值不变的热力过程，就叫等温过程。

（1）过程方程式

$$T = 常数$$

在 p—v 图上（图 1-5），等温过程曲线是一条等边双曲线。

（2）初、终态气体状态参数之间的关系

在等温过程中气体的绝对压力与体积比成反比。

$$pv = RT = 常数$$

$$p_1 v_1 = p_2 v_2 = 常数$$

（3）能量变化

图 1-5 中，对于 1—2 过程，气体吸收的热量用于对外做功；对于 1—2′ 过程，气体放出的热量从外界对气体做功转化而来。

4. 绝热过程

当工质和外界始终没有热量交换时，工质所进行的过程称为绝热过程。其特点是 $\mathrm{d}q = 0$。

（1）过程方程式

$$k \frac{\mathrm{d}v}{v} + \frac{\mathrm{d}p}{p} = 0$$

$$k \ln v + \ln p = 常数$$
$$\ln p v^k = 常数$$

$$p v^k = 常数$$

上式即为绝热过程方程式，k 为绝热指数。

（2）初、终态气体状态参数之间的关系

$$p_1 v_1^k = p_2 v_2^k$$

$$\frac{T_2}{T_1} = \left(\frac{v_1}{v_2} \right)^{k-1}$$

$$\frac{T_2}{T_1} = \left(\frac{p_2}{p_1} \right)^{\frac{k-1}{k}}$$

（3）能量变化

如图 1-6 所示，1—2 过程为绝热膨胀，以气体内能减少换取气体的膨胀功；1—2′ 过程为绝热压缩，外界对气体做功使内能增加。

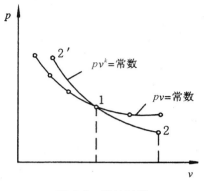

图 1-6　绝热过程

5. 多变过程

（1）过程方程式

$$pv^n = 常数$$

式中：指数 n 可以为任何一个常数，称多变指数，此方程称"多变过程方程式"。

当 $n = 0$ 时，$pv^0 = p = 常数$ ，是等压过程；

当 $n = 1$ 时，$pv^1 = pv = 常数$ ，是等温过程；

当 $n = k$ 时，$pv^k = 常数$ ，是绝热过程；

当 $n = \infty$ 时，$\left(pv^n\right)^{\frac{1}{n}} = p^{\frac{1}{n}} \cdot v = p^0 v = v = 常数$ ，是等容过程。

（2）多变过程在 $p—v$ 图上的位置（图 1-7）

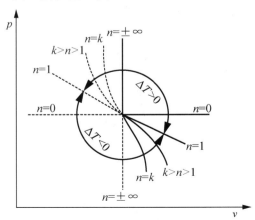

图 1-7　多变过程在 $p—v$ 图上的位置

图 1-7 指出了多变过程在 p—v 图上的相对位置。从图中可看出多变指数的变化有一定规律。沿着顺时针方向，n 由小变大；即由"$n{\to}0{\to}1{\to}k{\to}\infty$"，只在等容线上不连续，而由 $+\infty$ 变到 $-\infty$。

当 $n=\pm\infty$ 时，是气体所做的功的正负分界线。如果多变过程曲线在此线左侧，则是压缩过程，功为负值；如在右侧，则是膨胀过程，功是正值。

当 $n=1$ 时，是气体内能增加或减小的分界线，也是温度升高或降低的分界线。如果多变过程曲线在此线上方即温度升高，内能增加；如果在下方，则温度降低，内能减小。

当 $n=k$ 时，是气体放热或吸热的分界线。如多变过程曲线在此线下方，则气体放热；在上方则吸热。

理想气体热力过程公式与 p—v 图变化见表 1-1。

表 1-1　理想气体热力过程公式与 p—v 图

基本热力过程	过程方程	状态方程	p—v 图
等容过程	$v=$ 常数	$v_2=v_1$ $\dfrac{T_2}{T_1}=\dfrac{p_2}{p_1}$	
等压过程	$p=$ 常数	$p_2=p_1$ $\dfrac{T_2}{T_1}=\dfrac{v_2}{v_1}$	

基本热力过程	过程方程	状态方程	p—v 图
等温过程	$pv = $ 常数	$T_2 = T_1$ $\dfrac{p_2}{p_1} = \dfrac{v_2}{v_1}$	
绝热过程	$pv^k = $ 常数	$p_1 v_1^k = p_2 v_2^k$ $\dfrac{T_2}{T_1} = \left(\dfrac{v_1}{v_2}\right)^{k-1}$ $\dfrac{T_2}{T_1} = \left(\dfrac{p_2}{p_1}\right)^{\frac{k-1}{k}}$	
多变过程	$pv^n = $ 常数	$p_1 v_1^n = p_2 v_2^n$ $\dfrac{T_2}{T_1} = \left(\dfrac{v_1}{v_2}\right)^{n-1}$ $\dfrac{T_2}{T_1} = \left(\dfrac{p_2}{p_1}\right)^{\frac{n-1}{n}}$	

1.2　发动机的工作循环

1.2.1　发动机理论循环

1. 基本循环

发动机实际循环的所有热力过程都是非常复杂的，为了便于分析，根据实际工作过程所表现的特征，将其抽象简化，这种简化后的循环称为理论循环。通过对理论循环的研究，可指出提高发动机动力性和经济性的途径。

将实际循环简化为理论循环，需作如下条件假设：

工质为理想气体，比热容为定值；系统是闭口系统，工质与外界无质量交换，不计进、排气过程及其流动损失；工质的压缩和膨胀过程均为绝热过程，不计缸壁传热、漏气等热损失；燃烧过程为外界高温热源以等容过程、等压过程向工质加热，排气过程用等容放热过程代替；可逆循环。发动机的理论循环常用示功图来说明，如图 1-8 所示。

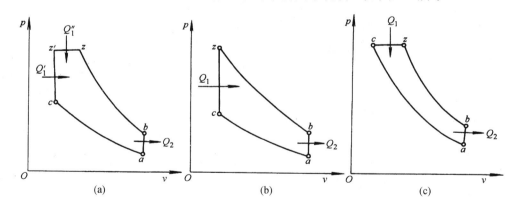

图 1-8　发动机的理论循环

（1）混合加热循环

特点：每循环加入到汽缸中的热量 Q_1 分为两部分，一部分热量是在等容情况下加入；另一部分热量，是在等压情况下加入。图 1-8 中：$a{\rightarrow}c$ 是绝热的压缩过程；$c{\rightarrow}z'$ 是等容加热过程；$z'{\rightarrow}z$ 是等压加热；$z{\rightarrow}b$ 是绝热的膨胀过程；$b{\rightarrow}a$ 是等容放热过程。

高速柴油机的实际循环很接近混合循环，因为先喷入汽缸的燃料燃烧迅速，加热近似等容，后喷入汽缸的燃料燃烧缓慢，加热近似等压。

（2）等容加热循环

每循环加入到汽缸中的热量 Q_1 是在等容情况下加入的。汽油机因混合气燃烧非常迅速，其实际循环很接近等容加热循环。

（3）定压加热循环

每循环加入到汽缸中的热量 Q_1 是在定压情况下加入的。这是与高增压的低速大型柴油机的实际循环相对应的循环模式。

2. 循环热效率和循环平均压力

（1）循环热效率

这是评定理论循环的经济性的指标，它等于转变为循环净功的热量与每循环加给工质的总热量之比，即

$$\eta_t = \frac{W}{Q_1} = \frac{Q_1 - Q_2}{Q_1} = 1 - \frac{Q_2}{Q_1} \tag{1-8}$$

$\varepsilon = \dfrac{v_a}{v_c}$，压缩比；$\lambda = \dfrac{p_z}{p_c}$，压力升高比；$\rho = \dfrac{v_z}{v_{z'}}$，预胀比；$k = \dfrac{c_p}{c_v}$，绝热指数。

经过推导，混合加热循环热效率计算公式为：

$$\eta_t = 1 - \frac{1}{\varepsilon^{k-1}} \cdot \frac{\lambda \rho^k - 1}{(\lambda - 1) + k\lambda(\rho - 1)} \tag{1-9}$$

经过推导，定容加热循环热效率计算公式为：

$$\eta_t = 1 - \frac{1}{\varepsilon^{k-1}} \tag{1-10}$$

经过推导，定压加热循环热效率计算公式为：

$$\eta_t = 1 - \frac{1}{\varepsilon^{k-1}} \cdot \frac{\lambda \rho^k - 1}{k(\rho - 1)} \tag{1-11}$$

（2）循环平均压力

这是评定理论循环动力性的指标，它等于循环净功与汽缸工作容积的比值。

$$p_t = \frac{W}{V_h} \tag{1-12}$$

根据热力学公式的推导，混合加热循环的平均压力为：

$$p_t = \frac{\varepsilon^k}{\varepsilon - 1} \cdot \frac{p_a}{k - 1} [\lambda - 1 + k\lambda(\rho - 1)] \cdot \eta_t \tag{1-13}$$

说明混合加热循环的 p_t 随压缩始点的参数 p_a、ε、λ、ρ 和 k 的增加而增大。

对于定容加热循环（$\rho = 1$），其平均有效压力为：

$$p_t = \frac{\varepsilon^k}{\varepsilon - 1} \cdot \frac{p_a}{k - 1} (\lambda - 1) \cdot \eta_t \tag{1-14}$$

对于定压加热循环（$\lambda = 1$），其平均有效压力为：

$$p_t = \frac{\varepsilon^k}{\varepsilon - 1} \cdot \frac{p_a}{k-1} k (\rho - 1) \cdot \eta_t \qquad (1\text{-}15)$$

（3）理想循环的分析与比较

① 影响因素分析

压缩比：随着 ε 的增大，三种循环的 η_t 和 p_t 都将提高。这是因为在加热量 Q_1 相同的情况下，提高 ε，可提高循环最高温度及平均吸热温度，降低循环平均放热温度，扩大循环温度差，增大膨胀比，使循环做功较多，η_t 和 p_t 均随之提高。但 η_t 的增长随着 ε 的不断增大而逐渐变缓。如图 1-9 所示。

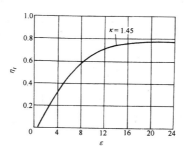

图 1-9　循环热效率与压缩比关系

绝热指数 k：随着 k 的增大，三种循环的 η_t 都将提高。k 取决于工质的性质。当工质及温度不同时，k 值不同。混合气变稀时，k 值增加，η_t 提高，见图 1-10。

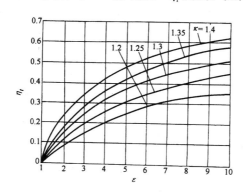

图 1-10　循环热效率与绝热指数、压缩比的关系

压力升高比 λ：在定容循环中，随着循环加热量 Q_1 的增加，λ 值与之成正比增加。若 ε 保持不变，则工质的膨胀比也不会变化，这样，循环热量 Q_2 也相应增加，而 Q_2/Q_1 不变，η_t 也不变。

在混合加热循环中，随着循环总加热量 Q_1 的增加和 ε 不变时，λ 增加，而 ρ 减小。等容线 $c-z'$ 延长，定压线 $z'-z$ 短了，保持 Q_1 不变，循环包围的面积不变，相应的点左移，Q_2 减小，η_t 提高。

预膨胀比 ρ：在定压加热循环中，若 ε 保持不变，随着加热量 Q_1 增加，ρ 值也加大，从公式 1—11 知，η_t 下降。

在混合加热循环中，从图 1—8 中看 ρ 增加，为了保持 Q_1 不变，等容加热减少，定压加热增加，循环包围的面积不变，相应的点右移，Q_2 增加，同样 η_t 下降。

② 三种循环的比较

初态相同，加热量 Q_1、ε 相同，比较见图 1—11。图中 1—2—4—9—1 是等容加热循环，1—2—3—5—8—1 是混合加热循环，1—2—6—7—1 是定压加热循环。由于 ε 相同，三种循环绝热线 1—2 重合，只不过是放热量 Q_2 稍有变大。从图 1—11 中可以看出循环做功围成的面积为等容循环＞混合循环＞定压循环，所以有：

$$等容循环效率（\eta_{tv}）＞混合循环效率（\eta_{t混}）＞定压循环效率（\eta_{tp}）$$

放热量 Q_2、最高压力相同，比较见图 1—12。图 1—12 中 1—2—6—7—1 是等容加热循环，1—3—5—6—7—1 是混合加热循环，1—4—6—7—1 是定压加热循环。由于最高压力 p_6、p_5、p_4 重合，而且放热量 Q_2 相同，从图中可以看出循环做功围成的面积为定压循环＞混合循环＞等容循环，所以有：

$$定压循环效率（\eta_{tp}）＞混合循环效率（\eta_{t混}）＞等容循环效率（\eta_{tv}）$$

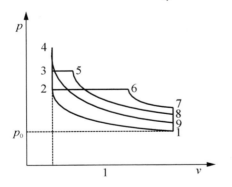

图 1-11　初态相同，加热量 Q_1、ε 相同

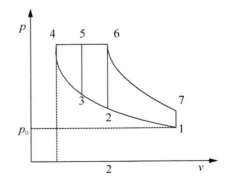

图 1-12　放热量 Q_2，最高压力相同

1.2.2　四冲程发动机实际循环

发动机的实际循环比理论循环复杂得多，要了解它与理论循环之间的差异及其各项热损失，指出提高实际循环指示功和热效率的方向。四冲程发动机是由曲轴旋转两圈完成一个实际工作循环，分为进气、压缩、燃烧、膨胀和排气五个过程，如图 1-13 所示。

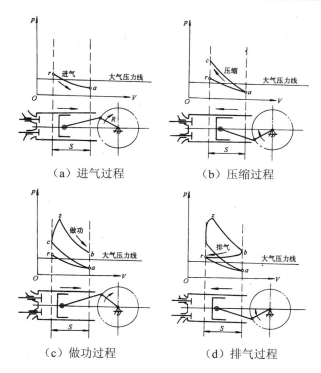

（a）进气过程   （b）压缩过程

（c）做功过程   （d）排气过程

图 1-13 四冲程发动机进气、压缩、做功和排气过程

1. 四冲程发动机实际循环

（1）进气过程（$r-a$ 线）

此过程进气门开启，排气门关闭。随着活塞由上止点向下止点移动，首先是上一循环留在汽缸中的残余废气膨胀，排气终了压力下降，然后新鲜气体被吸入汽缸。汽缸充气量常以能够充入汽缸的空气或可燃混合气量多少来衡量，进气压力越高，进气温度越低，则进入汽缸的充气量越多，燃烧过程可能放出的热量也越多，发动机动力性能越好。因此，应尽量增加充气量。

（2）压缩过程（$a-c$ 线）

进、排气门均关闭，活塞由下止点向上止点移动，缸内工质被压缩，温度和压力上升。压缩的程度用压缩比表示。压缩过程的作用是增大工作循环的温度差，以获得最大的膨胀比，提高热功转换效率，为迅速完成燃烧创造条件，且压缩后气体的高温是保证柴油机燃料着火的必要条件。压缩过程是一个复杂的多变过程，有热交换和漏气损失。

（3）燃烧过程（$c-z$ 线）

此时进、排气门均关闭，活塞位于上止点附近。燃烧过程的作用是将燃料的化学能转变为热能，使工质的压力、温度升高。放热量越多，放热时越靠近上止点，热效率就越高。因此，要求燃烧过程正常、完全、及时。

汽油机，必须在上止点前开始点火，汽油与空气形成的可燃混合气被电火花点燃后火焰迅速传播到整个燃烧室，燃烧所放热量使工质压力、温度剧增，而容积无显著变化，整个燃烧接近于等容加热。

柴油机，在上止点前就开始喷柴油，微粒迅速蒸发与空气混合，借助压缩终了高温空气的热量自燃。燃烧开始进行得很快，所放热量使工质的压力、温度剧增，容积变化不大，接近于等容加热；接着是边喷油，边混合，边燃烧，燃烧速度缓慢，随着活塞向下止点移动，汽缸容积增大，所以工质压力增高不大，而温度继续上升，接近于定压加热。可见柴油机燃烧过程可视为由接近等容循环和定压循环两部分组成。

（4）膨胀过程（$z-b$ 线）

进、排气门仍关闭，高温、高压气体在汽缸内膨胀，推动活塞由上止点向下止点移动，气体容积不断增大，压力与温度均降低。燃烧气体所积聚的内能，在膨胀过程中被转变为机械功。

在理论循环中，假定膨胀过程是绝热过程，实际上总有一部分燃料因在燃烧过程中不能及时完全燃烧而拖到膨胀过程，即存在补燃现象，还有热交换、漏气损失和高温热分解的影响，使膨胀过程的多变指数也是变化的，故实际的膨胀过程是一个变指数的多变膨胀过程。

（5）排气过程（$b-r$ 线）

进气门关闭，排气门在 b 点开始开启，废气迅速排出。当活塞由下止点向上止点移动时，继续将废气排出缸外。由于排气系统有阻力，使排气终了压力高于大气压力 P_0，压力差用来克服排气系统的阻力。阻力越大，P_r 越高，残余废气越多。

2. 理论循环与实际循环比较

将实际循环与理论循环进行比较，目的就是了解实际循环的热量分配情况，寻找它的损失所在。首先这里用的理论循环是最简单的空气标准循环，它除了不可避免地向冷源放热外，还存在其他损失。分析损失和差异的原因，可探求提高热量有效利用的途径。图 1-14 给出四行程非增压发动机示功图与理论循环的比较，其差别由以下几项损失引起。

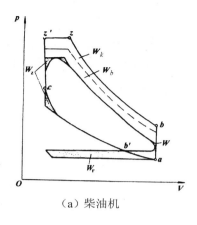
（a）柴油机

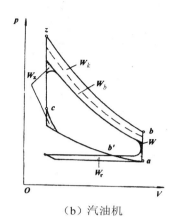
（b）汽油机

图 1-14　发动机实际循环与理论循环的比较

W_k—实际工质的损失；W_r—换气损失；W—提前排气损失；

W_z—燃烧损失；W_b—传热损失

（1）W_k 实际工质的损失

理论循环的工质是空气，比热设为定值。

① 实际循环的工质是空气、燃料和燃烧产物，其比热随温度上升而增大，燃烧后生成 CO_2、H_2O 等多原子气体，比热大于空气；

② 同样的循环加热量，实际循环的最高压力、温度均较理论循环要低些；

③ 实际循环还存在泄漏，使工质数量减少。

（2）W_r 换气损失

为了使循环重复进行而更换工质所消耗的功。

① 因工质流动，需要克服进、排气系统阻力所消耗的功称为泵气损失，如图 1-14 中 r—a—b—r 所围成的面积所示；

② 因排气门在下止点前提前开启而产生提前排气损失，如图 1-14 中面积 W 所示。

（3）W_z 燃烧损失

由于燃料燃烧需要一定时间，使喷油或点火在上止点前开始，且燃烧还延续到膨胀过程，形成非瞬时燃烧损失和补燃损失，如图 1-14 中 W_z 所示。

① 有部分燃料由于缺氧产生不完全燃烧损失；

② 高温下部分燃烧产物分解而吸热，使循环最高温度下降，产生燃烧损失。

（4）W_b 传热损失

由于汽缸壁散热，使压缩、膨胀线均脱离理论循环的绝热压缩、膨胀线，引起传热损失，如图 1-14 中的 W_b 所示。

　　结论：由于上述各项损失的存在，使实际循环的指示功小于理论循环的指示功，实际循环的热效率也小于理论循环，实际循环的经济性、动力性指标均比理论循环低。

　　对于汽油机，提高 ε，可降低膨胀终了的压力和温度，使热效率提高；采用稀混合气，促进燃料完全燃烧，减少不完全燃烧损失；采用不使用节气门的缸内汽油直接喷射系统，可大幅度减少进、排气过程产生的泵气损失；选用无触点高能点火系统，可减少非瞬时燃烧损失；正确选择点火时刻及利用电控的调节系统实现点火定时的多维调节，可减少燃烧不完全损失。

复习思考题

　　1．工程热力学是研究什么的科学？

　　2．请叙述工质的概念。工质的基本状态参数有哪些？

　　3．在汽油机中实际的工质是什么？

　　4．绝对压力、表压力、真空度三者之间有何区别和联系？其中哪一个是基本状态参数？

　　5．"p—v"图为什么叫做示功图？在"p—v"图上的各种基本热力过程如何表示和绘制？

　　6．试将满足以下要求的多变过程在"p—v"图上表示出来：

　　（1）工质既膨胀又放热；　（2）工质既膨胀又升压；　（3）工质既压缩、升温又放热；（4）工质既压缩、升温又吸热；　（5）工质既压缩、降温又降压；　（6）工质既升压、降温又放热。

　　7．理想气体概念是什么？什么是理想气体状态方程？

　　8．发动机循环热效率的影响因素有哪些？

　　9．发动机的实际循环由哪几个过程组成？

　　10．与理论循环比较，实际循环存在哪些损失？

第 2 章　发动机的性能指标

发动机性能指标所包括的内容很广泛，主要有动力性能指标、经济性能指标及运转性能指标。

衡量一台发动机的质量主要是对以上性能指标进行评定，但在评定时不仅要考虑性能指标，还要考虑可靠性、耐久性、结构工艺、生产实际条件以及使用特点等多方面，并把各种性能有机地结合起来。

本章通过阐述发动机的动力性、经济性及运转性能指标，并对它们进行分析，从中找出影响因素及提高性能的方法与规律。

2.1　发动机的指示指标和有效指标

2.1.1　发动机的指示指标

指示指标是用指示功、平均指示压力和指示功率来评定循环动力性——即做功能力，用循环热效率及燃油消耗率来评定循环经济性。

以工质在汽缸内对活塞做功为基础的指标称为发动机的指示指标。包括动力性指标和经济性指标，它们用来评价实际循环进行的好坏。

（1）指示功（W_i）

工质在汽缸内完成一个实际循环对活塞所做的有用功，称为指示功。

（2）平均指示压力（p_i）

平均指示压力的概念是发动机单位汽缸工作容积的指示功。因此可以认为：每循环的指示功等于一个假想的大小不变的压力 p_i 作用在活塞顶上，使活塞移动一个行程 s 所做的功。p_i 值越高，则同样大小的汽缸工作容积发出的指示功越多，汽缸工作容积的利用程度越高。p_i 是衡量实际循环动力性能的一个重要指标。

（3）指示功率（P_i）

发动机单位时间内所做的指示功，是评价循环动力性的重要指标之一。

（4）指示热效率（η_i）

发动机实际循环的指示功与所消耗的燃料热量之比值。

（5）指示燃油消耗率（b_i）

简称指示耗油率，是指单位指示功的耗油量。

2.1.2　发动机的有效指标

发动机有效指标代表发动机的整机性能。有效指标是以曲轴对外输出的功率为基础的性能指标，称为发动机的有效指标。用以评定整个发动机的性能，它比指示指标更有实用价值。

1．有效功率（P_e）

（1）概念

由发动机曲轴输出的功率称为有效功率。

（2）计算

发动机的指示功率（P_i）不可能完全对外输出。这是因为发动机在工作过程中存在很多损失。这些损失包括发动机内部运动件的摩擦损失，驱动附属机构的损失，泵气损失等。上述损失所消耗功率的总和称为机械损失功率（P_m）。因此，有效功率为

$$P_e = P_i - P_m \quad (\text{kW}) \qquad (2\text{-}1)$$

2．机械效率（η_m）

（1）概念

机械效率是指有效功率与指示功率之比。

（2）计算

$$\eta_m = \frac{P_e}{P_i} = 1 - \frac{P_m}{P_i} \qquad (2\text{-}2)$$

3．有效转矩（T_{tp}）

（1）概念

由发动机曲轴输出的转矩称为有效转矩。

（2）计算

$$T_{tq} = 9550 \frac{P_e}{n} \qquad (2\text{-}3)$$

$$P_e = M_e \cdot 2\pi \cdot \frac{n}{60} \times 10^{-3} = \frac{M_e \cdot n}{9549} \quad (\text{kW}) \qquad (2\text{-}4)$$

4．平均有效压力（p_e）

发动机单位汽缸工作容积输出的有效功，称为平均有效压力。

5．有效燃料消耗率（b_e）

有效燃料消耗率是指单位有效功的耗油量，简称耗油率。通常以每有效 kW·h 的耗油量表示。

6. 有效热效率（η_e）

有效热效率是循环的有效功与所消耗燃料的热量之比。

2.2　发动机的热平衡

进入发动机的燃料，燃烧后所放出的热量只有 20%～45%转化为有效功，其他大部分热量随废气和冷却水从发动机中排出。

1. 发动机所耗燃油的热量（Q_T）

在发动机中，热量是由燃料燃烧产生的；假设燃料完全燃烧，则每小时所放出的热量为 Q_T。

2. 转化为有效功的热量（Q_e）

转变为有效功的热量越多，发动机性能越好。

3. 传递给冷却介质的热量（Q_s）

冷却介质泛指冷却液或冷却空气及润滑油等。在这部分损失的热量中，包括循环工质向缸壁的传热损失，部分机械损失转化为热量后传给冷却介质的损失，废气通过排气管道时传给冷却介质的热量以及经润滑油传给冷却介质的热量等。

4. 废气带走的热量（Q_r）

废气带走的热量不可避免，废气具有很高温度，热量损失较大。

5. 燃料不完全燃烧的热损失（Q_b）

为获得较大的功率，汽油机常用较浓的可燃混合气工作，柴油机则由于燃料与空气混合不均，必然造成部分燃料不完全燃烧。

6. 其他热量损失（Q_L）

Q_L 包括所有未计的损失，由于不能给予它们准确的估计，一般根据下式确定：

$$Q_L = Q_T - (Q_e + Q_s + Q_r + Q_b) \qquad (2-5)$$

为使不同发动机热平衡的各相应组成部分之间可以相应比较，并估计各组成部分的相对值，热平衡方程可以用燃料的总热量的百分比表示，即热平衡方程：

$$q_e + q_s + q_r + q_b + q_T = 100\% \qquad (2-6)$$

为了能够把热平衡中各项热量的分配和转移情况更加直观地予以表示，可以采用热平衡图（图 2-1）进行研究。研究热平衡的目的，是设计冷却系统依据，估算强化发动机高温零件的热负荷。

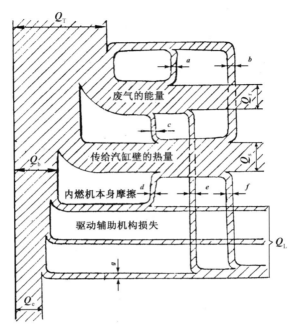

图 2-1　发动机的热平衡图

a—从残余废气和排气中回收的热量；*b*—由汽缸壁传给进气的热量；

c—排出的废气传给冷却水的热量；*d*—在摩擦热中传给冷却水的部分；

e—从排气系统辐射的热量；*f*—从冷却系统和水套壁辐射的热量；

g—从曲轴箱壁和其他不冷却部分辐射的热量

2.3　发动机的机械损失

发动机的功率在内部传递过程中存在各种损失，这些损失称为机械损失，它主要包括以下三方面。

（1）发动机内部运动件的摩擦损失。如活塞及活塞环与缸壁、各处轴承间、配气机构中的摩擦损失，占 60%～75%。

（2）驱动水泵、机油泵、燃油泵、风扇、发电机等的损失，占 10%～20%。

（3）从汽缸清除废气和向汽缸填充新气引起的泵气损失，约占 10%～20%。

由于这些损失，使发动机输出功率小于指示功率。因此，减少机械损失，尤其是摩擦损失，可提高发动机的动力性能。

2.3.1 机械效率

由于机械损失使发动机有效功率减少的程度，用机械效率 η_m 表示，它等于有效功率与指示功率的比值。

对于不同类型的发动机，绝对损失大的，其相对损失却不一定也大。必须有一个衡量标准，故引进机械效率的概念。

有效功率与指示功率的比值

$$\eta_m = \frac{P_e}{P_i} = 1 - \frac{P_m}{P_i} \qquad (2\text{-}7)$$

机械效率（η_m）值越高，表示 P_e 越接近于 P_i，说明机械损失功率（P_m）小，则发动机性能好。机械效率（η_m）的大致范围是：

$$\eta_{m,\text{柴}} = 0.7 \sim 0.85 \qquad \eta_{m,\text{汽}} = 0.7 \sim 0.9$$

2.3.2 影响机械效率的因素

1. 转速

发动机转速增加时，活塞平均速度也增加，活塞环与汽缸壁之间的摩擦及轴承中的摩擦损失增加，且泵气损失、驱动辅助装置的损失随之增大，因此，机械损失功率增加，机械效率下降。

据实测统计资料，转速增加时，平均机械损失功率 P_m 成直线上升。当负荷不变时，机械损失功率与转速平方近似成正比，故转速上升，机械效率下降，如图 2-2 所示。而提高转速是强化发动机动力性的措施之一，所以要强化发动机必须设法采取一系列技术措施。例如：在不增加窜气和机油消耗率的前提下，降低活塞环的张力；采用汽缸内汽油直接喷射系统；使用发动机时应使润滑油的温度在启动后尽快上升到正常工作温度等，以减少摩擦损失和泵气损失，抵消由于转速上升导致的机械损失功率增大、机械效率下降。

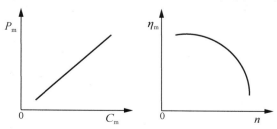

图 2-2 P_m 与 C_m、η_m 与 n 的关系

2. 负荷

试验表明，与转速相比，发动机负荷对摩擦损失的影响较小。转速一定，负荷下降时，发动机燃烧剧烈程度下降，平均指示功率 P_i 下降；而由于转速不变，平均机械损失功率 P_m 基本保持不变，则根据公式 $\eta_m = 1 - \dfrac{P_m}{P_i}$ 可知，机械效率下降。

当发动机怠速运转时，有效功率 $P_e = 0$，指示功率 P_i 全部用来克服机械损失功率 P_m。即 $P_i = P_m$，因此，$\eta_m = 0$。

由于车用柴油机普遍在高转速、较低负荷下工作，机械效率下降严重。因此，机械效率对于车用柴油机尤为重要。

3. 润滑油品质和冷却水温度

润滑油黏度对摩擦损失影响较大，将直接影响机械损失及机械效率的大小。因为摩擦损失占机械损失的比例最大，所以正确选用润滑油，保持润滑油正常的黏度，减少摩擦损失，意义极大。黏度大则机油内摩擦力大，流动性差，使摩擦损失增加，但其承载能力强，易保持液体润滑状态；反之，机油黏度小，则流动性能好，消耗的摩擦功小，但承载能力差，油膜易破裂而失去润滑作用。

如图 2-3 所示，如果发动机润滑油黏度下降，发动机的水温上升，使得润滑油温度上升，那么由于润滑油黏度的下降，使润滑效果变好，摩擦损失下降，因此，机械效率（η_m）上升。

若发动机润滑油黏度继续下降，而冷却水温度上升，使得润滑油温度同样上升，那么由于润滑油黏度进一步下降，使油膜破裂趋势增加，摩擦损失同样增加，从而机械效率（η_m）下降。

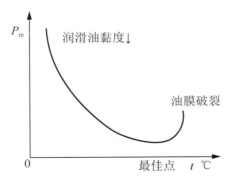

图 2-3　机械损失功率与润滑油温度的关系

随着发动机的使用，润滑油中杂质增加，致使发动机内部摩擦增加，P_m 也随之增加而使机械效率（η_m）下降。所以，对发动机润滑系要定期维护，清洗机油滤清器，使用 5000～10 000 千米需要更换发动机润滑油。

复习思考题

1. 发动机的指示指标有哪些？有效指标有哪些？
2. 研究发动机的热平衡的目的是什么？
3. 提高发动机机械效率的基本途径是什么？可以采取哪些基本措施？
4. 总结提高发动机动力性能和经济性能指标的基本途径。
5. 简述发动机的实际工作循环过程。
6. 简述汽油机与柴油机的工作循环区别。

第 3 章 燃料与燃烧

3.1 发动机燃料

3.1.1 发动机的燃料介绍

目前汽车发动机所用的燃料主要是汽油与柴油两种液体燃料，汽油和柴油主要是由石油炼制出来的。石油的主要化学元素是碳和氢，含量约为97%～98%，其余还有少量的硫、氧、氮等。石油即复杂的碳氢化合物的混合物，这些碳氢化合物统称为烃。组成石油的烃，按化学结构不同，可以分为烷烃、环烷烃、烯烃、芳香烃四种。

（1）烷烃

烷烃是链状分子结构的碳氢化合物，它的每一个碳原子的价键上都被氢原子充满，所以又称为饱和烃，其分子式为 C_nH_{2n+2}。碳原子的数目 n 可以由 1 开始称为甲烷，随着碳原子数的增加称为乙烷（两个碳原子）、丙烷（三个碳原子）以至十三烷、十六烷等。

碳原子为直链排列的烷烃称为正构烷烃。碳原子带有侧链分支的烷烃称为异构烷烃。

正构烷烃由于碳原子成直链状排列，碳链易于破坏而生成过氧化物，着火性好。分子内碳链越长，形成过氧化物的倾向增加，越易着火。因此，作为点燃式发动机的燃料成分，不是很理想（容易爆震），但对压燃式发动机很合适。异构烷烃的性质与正构烷烃有很大不同。异构烷烃分子结构紧凑，有较高的抗爆性能，是点燃式发动机的理想燃料成分。烷烃是饱和烃，常温下化学性质稳定，不易变质，而密度小，热值高。

（2）环烷烃

环烷烃是环状分子结构的饱和烃。它的分子式为 C_nH_{2n}。环烷烃较直链烷烃不易分解，形成过氧化物的倾向较小，其着火性、抗爆性介于正构烷烃和异构烷烃之间。

（3）烯烃

烯烃是链状结构的不饱和烃，分子式为 C_nH_{2n}。因为烯烃含有不饱和的双键，故在常温下化学稳定性较差，长期保存容易氧化形成大分子的胶质。在高温下形成过氧化物的倾向较小，着火性较差，故比烷烃抗爆性好。不饱和烃在天然石油里含量很少，但在裂化石油里含量较多。

（4）芳香烃

芳香烃是一种碳原子为环状结构的不饱和烃，分子式为 C_nH_{2n-6}。它的最低碳原子数为 6，称为苯。苯与环烷烃的区别在于碳原子之间有对称分布的三个双价键。在芳香烃中，还有萘，其分子式为 C_nH_{2n-12}，n 从 10 开始。具有代表性的萘族化合物为 α-甲基萘，分子式为 $C_{11}H_{10}$。

　　芳香烃因具有双键和环状结构，故难于生成过氧化物，不易着火，抗爆性能极强，是优异的点燃式发动机的燃料成分。但在直馏汽油中所含数量较少。

　　表 3-1 是汽车发动机常用烃燃料种类及其不同的分子结构。

表 3-1　烃分子化学结构的分类

类　别		分子通式	结构式示例	结构特点
烷烃	正构烷烃	C_nH_{2n+2}	正庚烷 C_7H_{16} 	C 原子间单键相连；链状一字排列；饱和烃
	异构烷烃	C_nH_{2n+2}	异辛烷 C_8H_{18} 	C 原子间单键相连；链状排列中具有分支结构；饱和烃
	环烷烃	C_nH_{2n}	环己烷 C_6H_{12} 	C 原子间单键相连；C 原子环状排列；饱和烃
烯烃		C_nH_{2n}	己烯 C_6H_{12} 	C 原子间链状排列；其中一个为双键相连；不饱和烃
芳香烃	苯	C_nH_{2n-6}	苯 C_6H_6 	6 个 C 原子环状排列；单双键交替相连形成"苯核"；以"苯核"为基础的不饱和烃
	萘	C_nH_{2n-12}	α－甲基萘 $C_{11}H_{10}$ 	两个苯核并在一起（10 个 C 原子）形成的不饱和烃

上述组成石油的各种烃的显著差异是沸点不同，所以可用蒸馏的物理方法，把石油分成不同馏出温度的组分，即馏分。从地下采出的石油称为原油，现代化的炼油厂是使用专用的炼油塔将原油加热蒸馏，将不同温度下的石油蒸气分别引出塔外冷凝，即可得到各液体燃料。根据烃分子中碳原子数的不同，进行分馏后依次得到石油气、汽油、煤油、轻重柴油、渣油和沥青，如表 3-2 所示。

表 3-2　烃分子中碳原子数对馏分的影响

C 原子数	沸点	品种	相对分子质量	理化性质的变化趋势
$C_1 \sim C_4$	常温	石油气	16～58	质轻　易挥发　黏度增大　化学安定性变好　易自燃　易点燃
$C_5 \sim C_{11}$	50～200℃	汽油	95～120	
$C_{11} \sim C_{19}$	180～300℃	煤油	100～180	
$C_{16} \sim C_{23}$	250～360℃	轻、重柴油	180～200	
C_{23} 以上	360℃以上	渣油和沥青	220～280	

这种炼制方法是直馏法，所得产品称为直馏产品。用直馏法取得的液体燃料约占原油的 25%～40%。

为了从原油中提取更多的汽油和柴油，即提高轻馏分的产量，可以把原油中高分子量的成分裂解为分子量较轻的成分。通过加温加压的方法进行裂解称为热裂化法。使用触媒进行裂解的称为催化裂化法。通过裂解得到的产品称为裂化产品。此外还有加氢、异构化、迭合、芳构化等方法可以生产轻质燃料。

汽油和柴油也是多种烃的混合物，不同的汽油或柴油所含各种烃的种类和比例不同，其性能因而有很大差异。直馏汽油主要由饱和烃组成，含烷属烃和环烷烃 90%～95%，芳香烃不超过 5%～9%，不含有不饱和的链状烃，如烯、炔等。因而直馏汽油的化学性质稳定，存储中不易生胶质。其抗爆性因原油的产地不同差别较大。催化裂化汽油的品质要比直馏汽油高得多，抗爆性能很高，辛烷值可达 77～84；因为它含芳香烃达 32%～40%，含烷属烃 50%～60%，环烷烃 8%～10%。热裂化汽油中含有较多的不饱和烃，在存储中易生胶质，抗爆性略优于直馏汽油。

柴油根据化学成分可分为石蜡基、环烷基及环烷芳香基三种。石蜡基柴油的十六烷值较高，达 55～60 甚至更高。十六烷值是表示柴油着火性的指标，十六烷值高的柴油容易自燃。环烷基和环烷芳香基柴油的十六烷值较低，约为 30～50。催化裂化柴油性能较好，可做高级柴油使用。热裂化柴油十六烷值低，不适用于高速柴油机。

3.1.2　汽油的使用性能

汽油对发动机性能有重要影响的特性有：挥发性、抗爆性、燃烧热值、汽化潜热、化学安定性。

1. 汽油的挥发性

馏程和蒸气压是评价汽油挥发性的指标。汽油及其他石油产品是多种烃类的混合物，没有一定的沸点，它随着温度的上升，按照馏分由轻到重逐次沸腾。汽油馏出温度的范围称为馏程。汽油馏程用蒸馏仪（图 3-1）测定。将 100mL 试验燃料放在烧瓶中，加热产生蒸气，经冷凝器燃料蒸气凝结，滴入量筒内。将第一滴凝结的燃料流入量筒时的温度称为初馏点。随着温度升高，依次测出对应油量的馏出温度，将蒸馏所得的数据画在以温度和馏出百分数为坐标的图上，就成为蒸馏曲线（图 3-2）。

为了评价燃料的挥发性，以 10%、50% 和 90% 的馏出温度作为几个有代表意义的点。

（1）馏出 10% 的温度。汽油馏出 10% 的温度标志着它的启动性。如果 10% 馏出温度较低，说明在发动机上使用这种燃料容易冷车启动。但是此温度过低，在管路中输送时受发动机温度较高部位的加热而变成蒸气，在管路中形成"气阻"，使发动机断火，影响它的正常运转。所谓气阻是指汽油在输送管路中过快蒸发形成气泡，堵塞供给，致使发动机转不稳定或停车的故障。但是，用汽油的饱和蒸气压来判断形成气阻的倾向更为可靠。

（2）馏出 50% 的温度。馏出 50% 的温度标志着汽油的平均蒸发性。它影响着发动机的暖车时间、加速性以及工作稳定性。若此温度较低，则说明这种汽油的挥发性较好，在较低温度下可以有大量的燃料挥发而与空气混合，这样可以缩短暖车时间，而且从较低负荷向较高负荷过渡时，能够及时供应所需的混合气。

（3）馏出 90% 的温度。馏出 90% 的温度标志着燃料中含有难于挥发的重质成分的数量。当此温度低时，燃料中所含的重质成分少，进入汽缸中能够完全挥发，有利于燃料过程的进行。此温度过高，燃料中含有较多的重质成分，在汽缸中不易挥发而附着在汽缸壁上，燃烧容量形成积碳；或者沿着汽缸壁流入油底壳，稀释机油，破坏轴承部位的润滑。

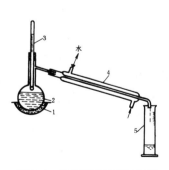

图 3-1　汽油蒸馏试验装置

1—加热器；2—试验燃料；3—温度计；
4—冷凝器；5—量筒

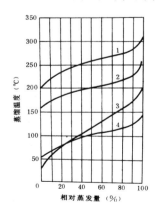

图 3-2　燃料蒸馏曲线一例

1—轻柴油；2—煤油；3—车用汽油；
4—航空煤油

2. 汽油的抗爆性

（1）汽油的抗爆性

汽油的抗爆性是指汽油在发动机中燃烧时，不发生爆震的能力。

汽油在发动机中正常燃烧时，火焰的传播速度大致在 50m/s 左右，汽缸内温度与压力都均匀上升。但当使用抗爆性差的汽油时，燃烧情况就不同了，当混合气被点燃后，火焰前锋以一定速率扩散传播，但火焰前锋尚未到达的那部分混合气，在汽缸内高温、高压的作用下，生成大量的过氧化物。过氧化物是一种极不稳定的化合物，积聚量达一定值时，不等火焰前锋传播到，它就会自行分解，导致爆炸燃烧，形成压力冲击波，使汽缸内产生清脆的金属敲击声，这种不正常燃烧现象就称之为爆震。产生爆震的因素较多，除汽油牌号过低、发动机负荷过重以及发动机过热外，发动机的压缩比也和爆震的产生关系极大。高压缩比发动机经济性好，但产生爆震的趋向明显增大。所以，应根据汽油机压缩比合理选用汽油，压缩比高，要求汽油的牌号也就高。另外，驾驶操作水平及发动机结构设计也对爆震产生影响。因此，爆震限制了发动机压缩比的提高，使发动机的经济性下降，长时间爆震还会使发动机过热，甚至使零件损坏。

（2）汽油抗爆性的评价指标

汽油抗爆性可用汽油的辛烷值来评价。辛烷值是代表点燃式发动机燃料抗爆性的一个约定数值。在规定条件下的标准发动机试验中，通过和标准燃料进行比较来测定。采用和被测定燃料具有相同抗爆性的标准燃料中异辛烷的体积百分数来表示。测定辛烷值的方法不同，所得值也同，因此，引用辛烷值时，应指明所采用的方法。

马达法辛烷值是按 GB/T 503—1985（1991）的规定进行测定，研究法辛烷值是按 GB/T 5487—1988（1991）的规定进行测定。马达法辛烷值与研究法辛烷值（辛烷值在 100 或 100 以下时）在测定时，都是在标准条件下，把试样与已知辛烷值的标准燃料的爆震倾向进行比较。标准燃料是由异辛烷（辛烷值为 100）和正庚烷（辛烷值为 0）混合而成的。与试样爆震强度相当的标准燃料中所含的异辛烷的体积百分数，就是该试样的辛烷值。

研究法辛烷值与马达法辛烷值测定方法与设备基本相同，不同的只是测定时的标准条件不同。最主要的不同在于马达法辛烷值以较高的混合气温度（一般加热至 149℃）和较高的发动机转速（900r/min ± 10r/min）的苛刻条件为其特征所测得。一般用以测定在发动机节气门全升和发动机高速运转时汽油的抗爆性。而研究法辛烷值则以较低的混合气温度（一般不加热）和较低的发动机转速（600r/min ± 6r/min）的中等苛刻条件为其特征所测得。一般用以评定发动机由低速过渡到中速运行时汽油的抗爆性。同一种汽油的研究法辛烷值一般要比马达法辛烷值高，可用下列关系式来近似换算两者的数值，即：

$$马达法辛烷值 = 研究法辛烷值 × 0.8 + 10$$

研究法辛烷值与马达法辛烷值之差称为汽油的敏感性。

马达法辛烷值与研究法辛烷值都是在专门的单缸发动机上，在标准试验条件下测定而

得的，它们都不能全面反映车辆运行条件下燃料的抗爆性能。因此，计算车辆实际运行条件下的抗爆性能经验关系式被提出了，即

$$抗爆指数 =(RON + MON)/2$$

式中：RON——研究法辛烷值；

　　　 MON——马达法辛烷值。

显然，抗爆指数所反映的是一般运行条件下汽油的平均抗爆性能。

由上述可知，汽油的辛烷值越高，它的抗爆性就越好，发动机的动力性与经济性就越能得到发挥。

3. 汽油的安定性及其对发动机工作的影响

汽油在其正常的储存与使用过程中，保持其性质不发生永久变化的能力，称为汽油的安定性。安定性差的汽油，在储存及运输过程中易发生氧化反应，生成胶状与酸性物质，使辛烷值降低，酸值增加。汽油中生成的胶质过多时，会使发动机工作时，油路易被阻塞，供油不畅，混合气变稀，气门被粘着而关闭不严；还会使积碳增加，导致散热不良而引起爆震和早燃；沉积于火花塞上的积碳，还可能造成点火不良，甚至不能产生电火花。以上所述，都会造成发动机工作不正常，油耗增加。

表 3-3 为车用无铅汽油标准主要项目的技术要求。

表 3-3　车用无铅汽油标准主要项目的技术要求

项　　目		质　量　指　标		
		90 号	93 号	95 号
抗爆性：				
研究法辛烷值（RON）	不小于	90	93	95
抗爆指标(RON + MON)/2	不小于	85	88	90
铅含量　g/L	不大于	0.005		
馏程：				
10%蒸发温度，℃	不高于	70		
50%蒸发温度，℃	不高于	120		
90%蒸发温度，℃	不高于	190		
终馏点，℃	不高于	205		
残留量，%　（V/V）	不大于	2		
蒸气压，K/Pa：				
从 9 月 16 日至 3 月 15 日	不大于	88		
从 3 月 16 日至 9 月 15 日	不大于	74		
硫含量，%　（m/m）	不大于	0.10（0.08）		
苯含量，%　（V/V）	不大于	2.5		
芳烃含量，%　（V/V）	不大于	40		
烯烃含量，%　（V/V）	不大于	35		

3.1.3　柴油的使用性能

车用高速柴油机（1000r/min 以上）使用轻柴油，低速柴油机使用重柴油。对燃烧有重要影响的柴油性能如下。

1．柴油的低温流动性

温度降低时，柴油开始析出固态石蜡而呈混浊状态的温度称为浊点。温度继续下降，柴油失去流动性的温度称为凝点。柴油达到浊点时，虽然仍具有流动性，但石蜡结晶颗粒容易堵塞滤清器和油路。从流动性考虑，希望柴油的凝点低，凝点与浊点的温差小。选用柴油时，一般要求凝点比最低工作温度低 3～5℃以上，浊点不得高出凝点 7℃。我国的柴油规格就是以凝点编号的。例如：国产 0 号柴油，它的凝固点为 0℃，适合于夏季使用。−20 号柴油凝固点为−20℃，适合于冬季或寒冷地区使用。

2．柴油的挥发性和黏度

挥发性和黏度这两种特性是不能独立变化的。和汽油相比，柴油的挥发性较差，黏度较高，而且挥发性和黏度的变化范围较大。

一般来说，挥发性和黏度都会影响喷注特性和混合气形成，从而影响在一定燃空比时柴油机的功率和效率。通常用黏度表示柴油的雾化性。黏度是液体分子的内聚力，它表现为液体抵抗运动的阻力。柴油的黏度低时，自喷油器喷出的燃料容易雾化成细碎的油滴，便于和空气均匀混合。柴油的黏度对高压喷油泵柱塞副的润滑和通过柱塞副的漏泄有重要影响。柴油黏度过低时，柱塞副的润滑状况变坏，磨损增加，漏泄也增加。

柴油的挥发性也用馏程曲线来表示，主要用的是 50%、90% 和 95% 馏出温度。50% 馏出温度低，说明这种柴油的挥发性较好，喷入汽缸以后能够迅速蒸发与空气混合，有利于燃烧的进行，并使柴油机的冷启动较容易。但 50% 馏出温度过低的柴油通常也不被采用，因为其着火性较差。90% 和 95% 馏出温度标志柴油中所含重质成分的数量，90% 和 95% 馏出温度高，说明柴油中重质成分较多，其挥发性较差，在汽缸内不易蒸发，和空气混合不均匀，导致排气冒烟和积炭增加。因此，一般应对 90% 和 95% 馏出温度有所控制，要求其值较低。

3．柴油的着火性

燃料的着火性，泛指燃料在燃烧过程中，其着火温度与着火落后期之间的关系特性，它标志燃料的自燃能力。评定柴油着火性的指标是十六烷值。十六烷值高，着火性好。这意味着柴油机在一定的压缩比、转速、进气温度和冷却水温度等条件下，着火落后期短。

柴油机是依靠燃料自燃发火而燃烧的。它要求燃料的发火性好，即着火落后期短。以保证柴油机具有良好的性能。首先是启动性，燃料的十六烷值提高，所有类型的压燃式发动机的冷启动性均得到改善，这是提高十六烷值的主要优点之一。其次是发动机的粗暴性，所谓粗暴性是指由汽缸内的高压力升高率（单位曲轴转角的压力升高量）所引起的发动机零件振动的强烈程度。着火性好的燃料，着火落后期短，着火时已喷入汽缸的燃料少，燃烧放热量也少，发动机工作平稳。着火性差的燃料，着火落后期长。在此时期内已喷入汽缸内的燃料较多。这些燃料同时参加燃烧，造成较大的压力升高率，引起某些机件强烈的振动，发动机工作粗暴。为避免发生工作粗暴现象，要求柴油有较好的着火性。

测定十六烷值的方法与测定辛烷值类似，也是在一专门的单缸发动机上通过试验确定。选用两种着火性截然不同的燃料，十六烷着火性好，将它的十六烷值定为 100；α—甲基萘的着火性差，将它的十六烷值定为 0。将十六烷和 α—甲基萘按不同的容积比例混合，便可得到十六烷值从 0～100 的各种等级的标准燃料。在标准燃料中十六烷含量的百分数，即为它的十六烷值。

为确定某种燃料的十六烷值，将待测燃料与标准燃料在单缸试验机上进行对比试验，在特定的条件下，比较两者的着火性质。当待测燃料在试验时表现的着火性质与所配制的标准燃料的着火性质相同时，标准燃料中十六烷的容积百分数即定为待测燃料的十六烷值。

柴油的十六烷值也取决于其化学组成。烷烃十六烷值最高，环烷烃次之，芳香烃最低。正构烷比异构烷高，烷烃同系物的十六烷值与碳原子数成正比。

十六烷值低的柴油，着火落后期长，压力升高率大，引起柴油机工作粗暴，加速机件的磨损。十六烷值高的柴油，自行发火的温度低，着火落后期短，适合于高速柴油机使用。一般高速柴油机使用的柴油，其十六烷值为 40～60。十六烷值过高的柴油对一般的柴油机也是不适当的：因为馏分重，燃料蒸发性差，容易裂化，导致排气中出现碳烟，燃料消耗率增加。所以，十六烷值常限制在 65 以下。表 3-4 为车用轻质柴油主要项目的技术要求。

表 3-4　车用轻质柴油主要项目的技术要求

项　　目		质　量　指　标				
		10 号	0 号	-10 号	-20 号	-35 号
十六烷值	不小于	50	50	50	45	43
馏程：						
50%馏出温度，℃	不高于	300	300	300	300	300
90%馏出温度，℃	不高于	355	355	350	350	-
95%馏出温度，℃	不高于	365	365	-	-	350
运动黏度（20℃）（mm²/s）		3.0～8.0	3.0～8.0	3.0～8.0	2.5～8.0	2.5～7.0
含硫量（%）	不大于	0.2	0.2	0.2	0.2	0.2
凝点（℃）	不高于	10	0	-10	-20	-35
闪点（闭口）（℃）	不低于	60	60	60	60	50
密度（20℃）（kg/m³）		实　　测				

3.2　代用燃料及应用

到目前为止,汽车发动机绝大多数还是使用由石油提炼出的液体燃料——汽油和柴油。尽管二者有不少缺点,比如有害排放相对严重等,但目前来看,还不能被其他燃料大量替代。所以汽油、柴油习惯上被称为汽车发动机的常规燃料,而其余则叫做代用燃料。

3.2.1　代用燃料分类

1.　代用燃料按物态区分

可分为气体代用燃料、液体代用燃料两类。

（1）气体代用燃料

气体代用燃料包括压缩天然气、液化石油气等,其他有氢气（H_2）、沼气（CH_4）、发生炉煤气（CO）、水煤气（$CO + H_2$）等,此外,某些化工产品的气体燃料,如二甲醚（CH_3—O—CH_3）可用作柴油机代用燃料。

（2）液体代用燃料

液体代用燃料包括甲醇（CH_3OH）、乙醇（C_2H_5OH）和某些动、植物油及可燃的化工液体副产品。

2.　代用燃料按化学成分区分

可分为除汽油、柴油之外的烃燃料 C_nH_m 和含氧燃料两类。

（1）除汽油、柴油之外的烃燃料

除汽油、柴油之外的烃燃料 C_nH_m 主要成分是碳和氢。C、H 含量适中时多为液体。C 分子数减少多为气体,如 CH_4、天然气、液化石油气等,极限情况不含 C 就是纯氢（H_2）;反之,C 分子增加多为重质燃料,C 分子进一步增多,基本不含 H 时就成为煤炭。

（2）含氧燃料

含氧燃料成分中,除 C 和 H 外,还含有一定比例的氧。甲醇（CH_3OH）,乙醇（C_2H_5OH）以及动、植物油,煤气（CO）都是含氧燃料。氧不能自燃但能助燃,所以含氧燃料的热值都不高,但因本身有氧,所需外界空气量也相应减少,其混合气热值并不一定比烃类燃料低。

代用燃料能否在汽车上得到应用,受到其理化特性、安全与环保特性、价格、供给等因素的影响,以下介绍已有成功实例的代用燃料汽车发动机。

3.2.2　天然气

天然气可以用压缩天然气（compressed natural gas, CNG）、液化天然气（liquefied natural gas，LNG）和吸附天然气（absorbed natural gas，ANG）技术或水合物（hydrate）的方式在汽车发动机中加以利用，其中 CNG 的利用方式采用得最多。由于天然气的储藏量很大，将其作为一种洁净燃料被应用，至今已分别在汽油机和柴油机上开发了多种利用技术。

1. 天然气的性质

天然气以甲烷为主要成分，随产地不同，甲烷的含量为 83%～99%。由于组成变化，理论混合比、发热量也将产生差异，故与常温下处于液态的汽油与柴油的运输和存储方法有很大差异。由于天然气的密度低于汽油，使吸入发动机的新鲜空气质量减少，发动机的输出功率将会下降，只为液体燃料的 90%左右，因此，对于车用天然气，各国都制定了相应的标准或技术要求。

天然气的研究法辛烷值为 130，十六烷值为 0，只能点燃不能压燃。常温常压下呈气态，容易形成混合气，为实现稀薄燃烧提供了条件，便于应用稀燃技术降低一氧化碳（CO）及碳氢化合物（HC）的排放量。

由于天然气是气体燃料，容易与空气混合均匀，故冷启动后，有害排放物 HC 和 CO 的量很少，碳烟、微粒的量也很少。燃料分子中的碳原子数少，单位发热量的 CO_2 排出量比较少。同时排放物中的未燃烧的碳氢化合物是甲烷，所以产生光化学烟雾的可能性小。

2. 天然气发动机

（1）单燃料天然气发动机

专用的天然气发动机通常都具有较高的压缩比，并且多采用燃料喷射系统和特制的天然气汽车用催化转化器。如图 3-3 所示为丰田公司开发的 5S—FNE 型天然气汽车发动机的燃料供给系统示意图。由压缩气瓶出来的 CNG 经过滤清器过滤后，流入压力调节装置；调节后的 CNG 经油气分离器进入喷射系统，由喷油器喷入各缸的进气道。为了对喷射的燃气量进行精确控制，燃料供给系统中安装了温度传感器和压力传感器。

天然气发动机的燃气供给方式通常有混合器式、单点喷射式和多点喷射式三种。不同的燃气供给方式的优缺点如表 3-5 所列。由表 3-5 可见，单点喷射式是一种较好的折中方案。

表 3-5　燃气供给方式的优缺点

类　　型	响 应 性	功　　率	混合气形成	开发费用	缸内混合均匀性	成　　本
单点喷射式	较好	较好	较好	较好	较好	较好
混合器式	较差	较差	较好	较好	较好	较好
多点喷射式	好	好	好	差	好	较差

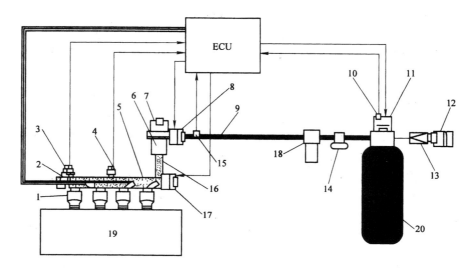

图 3-3　丰田公司 5S—FNE 型天然气发动机的燃料供给系统

1—喷油器；2—出气阀；3—压力传感器；4—温度传感器；5—输气管；6—分离器；7—压力调节器；8—阀门；

9—气管；10—温度传感器；11—内置电磁切断阀；12—加气嘴；13—单向阀；14—手动阀；15—压力传感器；

16—燃气管；17—切断阀；18—滤清器；19—发动机；20—燃气瓶

（2）双燃料天然气发动机

双燃料天然气发动机主要是在现有的汽油机、柴油机的基础上加装 CNG 供给系统改装而成，以柴油机改装为例，供油系统仅喷入少量柴油，用于引燃天然气与空气的混合气。CNG 经过电磁阀、滤清器、压力调节器进入混合器与空气混合后进入燃烧室燃烧。这种方式比较容易实现，排气中颗粒物和碳烟含量较少。但这种方式与压缩天然气专用方式相比，排气的清洁程度还不够理想，汽缸和活塞的热负荷会增大，使这些零部件的可靠性和耐久性出现问题。双燃料发动机由于必须携带两套燃料系统，因而结构复杂；另外，柴油和天然气燃烧的最佳比例控制也较困难。

3.2.3　液化石油气

液化石油气（LPG）分为油田液化气和炼油厂液化气两种。液化石油气的主要成分是丙烷（C_3H_8）和丁烷（C_4H_{10}）。油田液化气来自各油田，不含烯烃，可直接用作车用燃料。炼油厂液化气主要是催化裂化过程和延迟焦化炼油过程的产物，含有大量丁烯（C_4H_8）、丙烯（C_3H_6）以及少量乙烷及异丁烯。因烯烃类为不饱和烃，燃烧后结胶，积炭严重，对发动机的火花塞、气门、活塞环等零件损坏较大，不适于直接用作车用燃料。一般烯烃含量要低于 6% 才能用作车用燃料。

与天然气发动机一样,可将 LPG 发动机分为单燃料、两用(可切换)燃料及双燃料(LPG和柴油)三类。单燃料指发动机的燃料供给系统专为燃烧 LPG 燃料而设计,其结构保证气体燃料能有效利用。两用燃料是可在两种燃料中进行转换使用,设有两套燃料供给系统,无论是使用 LPG 还是汽油,发动机都能正常工作,利用选择开关实现发动机从一种燃料到另一种燃料的转换,两种燃料不允许同时混合使用。双燃料车是指汽车发动机工作时同时使用两种燃料的汽车,一般用压燃的少量柴油引燃 LPG 与空气的混合气而实现燃烧,这种发动机也可用纯柴油工作。因此,该系统有同时供给汽车两种燃料的装备,配备两个供给系统及两个独立的燃料储存系统。依据发动机的运行工况、燃料品质和发动机参数,按一定比例同时向发动机供给 LPG 和柴油。低负荷及怠速时自动转换到纯柴油工作方式。

带有混合器的 LPG 汽车的燃料供给系统的结构如图 3-4 所示。系统主要由气瓶、滤清器、蒸发调节器、混合器、连接管路、水加热系统、控制线路、电磁阀、开关等组成。液态的 LPG 靠其自身的蒸气压力被压出容器,通过高压管路经滤清器将杂质滤掉,然后经电磁阀流入蒸发调节器,在调节器内被降压、汽化、调压,从而变成气态,最后通过混合器与空气混合,进入发动机。滤清器的作用是过滤 LPG 中的杂质,以保证电磁阀的功能和蒸发调节器的减压、调压功能不下降;蒸发调节器的作用是将来自高压管路的 LPG 减压,使其汽化并保持适当的压力供给混合器;冷却液加热系统的作用是利用冷却液的热量加热LPG,促使 LPG 汽化。

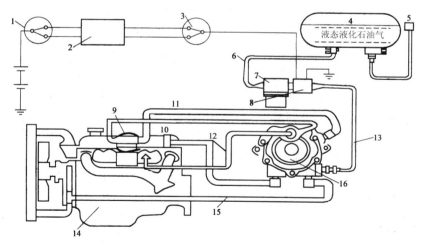

图 3-4　混合器式 LPG 发动机燃料系统图

1—点火开关;2—电磁阀继电器;3—LPG 开关;4—气瓶;5—瓶充气口;6—高压管路;
7—滤清器;8—电磁阀;9—混合器;10—低压通道;11—主通道;12—负压通道;
13—高压管路;14—发动机;15—冷却水路;16—蒸发调节器

　　我国的石油产量已远远不能满足汽车增长的需要，已经成为石油净进口国。我国的天然气的产量、储量很大，大力发展天然气、液化石油气发动机是一条可行的道路。

　　天然气和液化石油气燃料相比具有以下特点：

　　（1）热值高

　　天然气的体积低热值和质量低热值略高于汽油，但理论混合气热值比汽油低，甲烷含量越高，相差越大，纯甲烷理论混合热值比汽油低 10%左右；液化石油气则介于汽油和天然气之间。

　　（2）抗爆性好

　　天然气的主要成分是甲烷，甲烷的研究法辛烷值为 130，具有高抗爆性能。燃用天然气的专用发动机应采用的合理压缩比为 12，允许压缩比可达 15。采用高压缩比，从而可大幅度提高发动机的动力性能和经济性能。如采用较高的压缩比，天然气发动机的燃烧效率可相当于柴油机，有利于减少 CO_2 的排放。装有电子燃料控制系统和三元催化转化器的轻型天然气汽车的尾气排放比最严格的加州超低排放车（ULEV）标准还低。液化石油气的辛烷值也比较高，为 100～110。

　　（3）混合气着火界限宽

　　天然气与空气混合气有很宽的着火界限，其过量空气系数的变化范围为 0.6～1.8，可在大范围内改变混合比，提供不同成分的混合气。通过采用稀薄燃烧技术，可进一步提高发动机的经济性能和改善排放。

　　（4）点火能量高

　　天然气和液化石油气比汽油的着火温度高，传播速度慢，因此需要较高的点火能量。

　　（5）燃烧更清洁

　　由于天然气和液化石油气的燃烧温度低，NO_x 的生成量少，与空气同为气相，混合均匀，燃烧较完全，CO 和微粒的排放很低。采用柴油和天然气双燃料工作的发动机，尾气的烟度值很低，为采用纯柴油的 1/10 左右，几乎呈无烟状态运行。未燃烧的甲烷等成分性质稳定，在大气中不会形成有害的光化学烟雾。但会对大气造成温室效应，应在内燃机缸外烧掉或选用催化剂进行机外处理。

3.2.4　醇类燃料

　　醇类燃料主要是指甲醇（CH_3OH）和乙醇（C_2H_5OH），它们都是相对分子质量较小的单质，燃烧产物中基本没有碳烟，NO_x 的排放浓度也很低，是一种低污染性燃料。甲醇可以由一氧化碳和氢气合成，因此它可以较方便地由天然气、油页岩及煤制取，乙醇可利用发酵的方法，从甘蔗、玉米、薯类等农作物及木质纤维素中提取，这些原料不仅储量较大，而且大都可以再生，这就保证了醇类燃料的稳定生产。值得指出的是从大多数植物中提取乙醇时消耗的能量过大，如由土豆、小麦、玉米、甜菜中提取乙醇时所消耗的能量与获得的能量之比分别为 1.32、1.28、1.15、0.96；并且在乙醇的制造过程还要消耗大量的水，增加水污染。每生产 1L 乙醇要消耗水 10～12L，可见廉价的、对水污染低的乙醇制造技术也并未成熟。在 2008 年上半年，粮食危机遍及全球，尤其在一些发展中国家，粮价大幅度上涨。联合国粮食官员曾表示用粮食提炼醇类燃料简直就是"犯罪"。这些因素都限制了醇类燃料的推广应用。

1. 醇类燃料性质

甲醇或乙醇作为汽车发动机燃料具有以下一些性质。

（1）热值高

甲醇的热值是优质汽油的 47%，乙醇为 64.5%，在理论空燃比下单位质量的醇类燃料与空气混合气的热值和石油燃料混合气的热值基本一样，相应调整供油系统，增加供油量，不影响发动机的输出功率。

（2）沸点及凝点低

相对于汽油来说，醇类燃料的沸点低，这有助于燃料与空气混合气的形成，但因其中缺乏高挥发性组分，产生气阻的倾向大，对启动不利。醇类燃料的凝点很低，在环境温度较低时无须担心结冰。

（3）汽化潜热高

醇的分子间有强氢键，汽化潜热大，混合气形成后温度下降较大。当过量空气系数为 1 时，在绝热条件下，汽油的温降约 20℃，而纯甲醇的温降为 122℃。高汽化潜热产生的冷却效应妨碍了在运行温度下的完全汽化，使甲醇的雾化、汽化困难，难以形成良好、均匀的混合气。压缩终了缸内温度降低，使着火延迟期变长，还会影响启动性能。但高的汽化潜热可降低压缩负功，提高充气效率。

（4）辛烷值高

醇类燃料的辛烷值高，是点燃式内燃机好的代用燃料，也可作为提高汽油辛烷值的优良添加剂。

（5）十六烷值低

醇类燃料的十六烷值很低，同时，醇类自燃温度又高，这使得在压燃式内燃机中使用醇类燃料很困难。

（6）着火极限

醇类燃料的着火上下限都比石油燃料宽，能在稀混合气区工作，有利于排气净化和降低油耗，也利于空燃比控制。

（7）火焰传播速度

醇类燃料的火焰传播速度比汽油高，这对醇类燃料的使用十分有利。

（8）有毒性

甲醇有一定的毒性，对视神经有损伤，对金属有腐蚀，因此使用中应采取相应措施。

2. 醇类燃料在汽车发动机上的使用

近年来，我国在河南等省试行使用车用乙醇汽油，并颁布了 GB 18350—2001《变性燃料乙醇》国家标准。变性燃料乙醇是以淀粉质（玉米、小麦等）、糖质（薯类）为原料，经发酵、蒸馏制得乙醇，脱水后再添加变性剂（车用无铅汽油）变性的燃料乙醇。标准中规定了燃料乙醇与变性剂的体积混合比范围应为（100∶2）～（100∶5），即变性剂在变性燃料乙醇中的体积分数为 1.96%～4.76%，且变性剂的质量应符合车用无铅汽油（GB 17930—1999）的要求。添加变性剂的目的是为了防止人们当食用酒精误食。

甲醇（或乙醇）与汽油的混合燃料称为甲醇（或乙醇）汽油或称汽醇。按照醇在燃料中所占的体积分数，甲醇汽油习惯上称为 Mx（x 为甲醇的体积分数），如 M5（含甲醇 5%）、M10 含甲醇 10%）、M85（含甲醇 85%）等，乙醇汽油习惯上称为 Ex（x 为乙醇的体积分数），如 E10（含乙醇 10%）、E20（含乙醇 20%）等。

点燃式内燃机燃烧醇类燃料，与燃烧纯汽油相比有如下优点：

（1）提高辛烷值，在无铅汽油中加入醇类燃料，可达到含铅汽油所具备的抗爆能力。

（2）可扩大混合气着火界限，采用稀混合气，提高燃油经济性能。

（3）可提高压缩比，从而提高内燃机的动力性能和经济性能。

（4）减少燃烧室表面的燃烧沉积物。

（5）改善排放性能。

目前，研究较多的燃烧甲醇是 M15，这是发动机稍作变动可接受的最高燃烧比极限。较高压缩比实验中，使用 M30 对发动机性能几乎没有什么影响。采用 M40 在压缩比为 9.7、过量空气系数为 1 进行实验时，其动力性能和经济性接近汽油机，而排放则在使用汽油和纯甲醇之间。添加乙醇可提高汽油的辛烷值，以提高抗爆性，E22 可完全代替含铅汽油。

3. 醇类燃料在应用中的主要问题

（1）对金属的腐蚀性

甲醇和乙醇对汽车燃料系统的许多金属都有腐蚀性，它们可以腐蚀铜、铁、铝、铅、锌、镁及它们的许多合金。混合燃料中即使含有 3%的醇也使燃料腐蚀性大大增强，醇含量越高，腐蚀性越大。防止醇类燃料腐蚀发动机金属的基本途径有两个：一是改变发动机金属材料，使用耐腐蚀的金属制造发动机；二是在燃料中加防腐蚀添加剂。相比之下，前者成本高，只适用于新发动机的制造；而后者则更简便，而且成本低，效果好。实践证明，在燃料中加入少量防腐剂就能有效防止金属腐蚀。

（2）对其他材料的影响

醇燃料还对橡胶和塑料部件有腐蚀作用。发动机燃料系中的多种零部件都是由橡胶、塑料等材料制成的，在醇燃料中会溶胀、变黏或皲裂；燃油泵隔膜和燃油软管是橡胶制品，在醇燃料中会发生溶胀、变硬、变脆或软化等现象，纤维垫片会逐渐软化而导致漏油。

当使用混合燃料，或用汽油作为改善醇燃料冷启动性能的添加剂时，对橡胶和塑料部件的腐蚀性更强。这是由于混合燃料中的醇能增强燃料在橡胶和塑料表面的润湿作用，从而有利于汽油组分向其内部渗透的缘故。

应该注意的是，不同橡胶或塑料在汽油、混合燃料和纯的甲醇或乙醇中的溶胀作用有明显差异，因此在使用醇燃料或混合燃料时，应选择合适的橡胶或塑料材料作为燃料系部件。

（3）发动机磨损

醇燃料发动机在使用中，汽缸和活塞环的磨损加重。这被认为是由于甲醇或乙醇能够将这些部位的润滑油膜洗掉。另外，醇燃烧时会生成有机酸（甲酸或乙酸），能直接腐蚀金属，造成腐蚀磨损。进入润滑油中的甲酸或乙酸还能与润滑油中的抗氧防腐剂发生反应而使其失效，从而增大各摩擦部位的腐蚀与磨损。

3.2.5 二甲醚

二甲醚 DME（dimethyl ether）是重要的化工原料，化学分子式为 $CH_3—O—CH_3$。它与甲醇（CH_3OH）和乙醇（C_2H_5OH）一样是含氧燃料，即分子结构中含有氧原子。含氧燃料燃烧时需要的空气少，易充分燃烧，基本不产生碳烟。

1. 二甲醚的性质

（1）二甲醚是最简单的醚类化合物，只有 C—H 和 C—O 键，没有 C—C 键，又是含氧（含氧量为 34.8%）燃料，容易完全燃烧，在燃烧时不会像柴油那样产生碳烟，即有利于减少燃烧生成的烟度和微粒。同时，还可使用更大的废气再循环（EGR），降低 NO_x 排放。

（2）二甲醚的十六烷值为 55～60，一般柴油的只有 40～55，二甲醚的着火温度为 235℃，低于柴油的 250℃，着火性能优于柴油。在柴油机上燃用二甲醚不需采用助燃措施。

（3）二甲醚不发生光化学反应，对人体无毒，当体积分数超过 10%时，才会产生轻微的麻醉作用，因此对环境和人体无害。

（4）二甲醚是一种可再生燃料，不仅可以从石油及天然气中提取合成，而且可从煤、植物、生活垃圾中提取合成。

（5）二甲醚的低热值只有柴油的 64.7%，为达到柴油机最佳动力性，必须增大二甲醚的循环供应量。

（6）二甲醚在常温、常压下的饱和蒸气压为 0.5MPa。随着温度的升高，其饱和压力增大，为防止气阻现象发生，燃料供给系的压力远高于柴油机燃料供给系的压力。

2. 二甲醚在柴油机上的应用

柴油机的冒烟问题是很难克服的一个致命缺点。由于 DME 的特殊的性质，使它具有优良的低污染燃烧特性，因此 DME 在柴油机上的应用受到了高度重视。DME 在柴油机的应用主要有以 DME 和柴油掺烧与直接燃用纯液态 DME 两种方式，以下只介绍后者。

利用燃油喷射装置直接向汽缸内喷射液态 DME，靠发动机的活塞压燃着火的方式是最常见的 DME 在发动机上的应用方法。直喷式涡轮增压柴油机上进行的燃用 DME 的研究表明，在未改变原有供油系统的情况下，就可获得低的 NO_x 排放和无烟运行。就经济性而言，能量的消耗与燃用柴油时相当。

在改进了喷油器，安装了降低进气温度的中冷器后，在各种转速和负荷下，甚至在过量空气系数小于 1 的情况下，发动机可实现无 PM（微粒）排放。无 PM 排放意味着可以采用大比例的 EGR，使得 NO_x 排放降到很低的水平。由于 DME 沸点低，容易形成良好的可燃混合气，DME 的喷射无须很高的压力，采用峰值为 22MPa 的压力即可获得无烟运行等好的排放指标。

二甲醚的排放特性与燃烧特性有关。其放热规律与柴油燃烧时有明显区别。二甲醚的着火落后期明显短于柴油，初始燃烧速率及放热峰值低于柴油，扩散燃烧部分放热速率大于预混合燃烧部分，整个燃烧持续期和柴油机相当。发动机缸内温度比柴油机低，NO_x 排放明显降低，二甲醚含氧，快速的扩散燃烧抑制了碳烟的生成，二甲醚发动机的 CO 和 HC 的排放比柴油机低，这与二甲醚含氧、低沸点、易蒸发混合等特性有关。

另外，发动机燃用二甲醚在中低负荷下的效率高于柴油机，而在高负荷时则稍低于柴油机，这是由于高负荷时循环喷油量增加、喷油持续期长的缘故。

3. 二甲醚实用化应解决的问题

二甲醚作为压燃式发动机的燃料，实用上还存在一些亟待解决的问题。

（1）二甲醚的沸点是-25℃，在常温下呈气态，在室温 20℃ 条件下，加压到 0.53MPa 以上可使其液化，这就使供油系统，包括油箱必须密封，并保持一定压力，造成供油系统成本高，且需专门的加油站。

（2）二甲醚的黏度低，润滑性差，容易造成油泵柱塞和喷油器针阀等精密偶件磨损、卡死和泄漏，难以直接使用柴油机的燃油供给系统。

（3）喷油量难以保证，其原因主要是 DME 的黏度低，通过柱塞间隙的泄漏量大；且 DME 的压缩性受温度的影响大，当柱塞间隙等处的温度提高后，DME 供给量难以满足发动机运转要求。

（4）二甲醚对金属无腐蚀，其贮存使用不需特殊材料，但长时间接触会使橡胶制品老化。

（5）使用电控燃油共轨系统代替传统的柱塞泵供油系统。

3.3　燃　烧　化　学

3.3.1　理论空气量（L_0）

发动机中燃料的燃烧，是燃料中的碳、氢等元素和空气中的氧之间的剧烈氧化反应，并伴随有发光和发热的现象。燃料中的碳和氢，氧化以后分别生成 CO_2 和 H_2O，称为完全燃烧。理论空气量就是指 1kg 燃料完全燃烧时所必需的最低空气量。

理论空气量的计算，是根据碳、氢完全燃烧的化学反应方程式及燃料与空气的组成成分而进行的。首先根据燃料的成分计算出理论氧气量，然后再根据空气成分换算出理论空气量。

发动机燃料的主要成分是碳、氢、氧，其他成分很少，可以略去不计。设 1kg 燃料中有 g_C kg 的 C，g_H kg 的 H 和 g_O kg 的 O，即

$$g_C + g_H + g_O = 1$$

空气的主要成分是氧和氮。按质量计算空气中含氧量约为 23.2%，含氮量约为 76.8%；按体积计算含氧量占 21%，含氮占 79%。

燃料中 C、H 完全燃烧的化学反应方程式分别是

$$C + O_2 = CO_2$$

$$H_2 + \frac{1}{2}O_2 = H_2O$$

按照化学反应的当量关系，计算出 1kg 燃料完全燃烧所需的理论空气量 L_0 为

$$L_0 = \frac{1}{0.232}\left(\frac{8}{3}g_C + 8g_H - g_O\right) \quad (\text{kg/kg}) \qquad (3\text{-}1)$$

将汽油和柴油中含碳、氢、氧的百分数代入上式，则可算得 1kg 汽油完全燃烧所需的理论空气量 $L_0 \approx 15$ kg，柴油的理论空气量 $L_0 = 14.5$ kg。

几种主要液体燃料的质量成分、热值和理论空气量等数值列于表 3-6。

表 3-6　常见液体燃料的成分、热值和理论空气量

名称	密度（g/cm³）	质量成分（%）			低热值（kJ/kg）	理论空气量			混合气热值 kJ/m³
		g_C	g_H	g_O		kg/kg	m³/kg	kmol/kg	
汽油	0.70～0.75	85.5	14.5	–	44 000	14.9	11.54	0.515	3810
煤油	0.80～0.84	86	13.7	0.3	43 200	14.6	11.30	0.504	3820
轻柴油	0.82～0.88	87	12.6	0.4	42 500	14.5	11.22	0.500	3790

续表

名称	密度 (g/cm³)	质量成分（%）			低热值 (kJ/kg)	理论空气量			混合气热值 kJ/m³
		g_C	g_H	g_O		kg/kg	m³/kg	kmol/kg	
重柴油	0.88~1.05	87	12.5	0.5	41 900	14.2	11.10	0.491	3770
酒精	0.79	52.1	13.1	34.8	25 100	9	6.97	0.311	3600

3.3.2　过量空气系数与空燃比

在发动机工作过程中，实际所供给的空气量往往并不等于理论空气量。将燃烧 1kg 燃料实际供给的空气量（L）与燃烧 1kg 燃料理论上需要的空气量（L_0）之比称为过量空气系数，以 α 来表示，即

$$\alpha = \frac{L}{L_0} \tag{3-2}$$

当 $\alpha = 1$ 时称为标准混合气，$\alpha < 1$ 时称为浓混合气，$\alpha > 1$ 时称为稀混合气。α 值的大小与发动机的类型、混合气形成方法、燃料种类、发动机工况和功率调节的方法有关。

柴油机的 α 值总是大于 1，以保证喷入汽缸的柴油能完全燃烧。在吸入空气量一定的情况下，α 小意味着可以向汽缸内多喷油，缸内空气利用率高，发动机可以发出较大的功率，所以 α 是反映混合气形成和燃烧完善程度及整机性能的一个重要参数，应该在保证发动机经济性较高的前提下力求减少 α 值。减少 α，对高速小型柴油机来说主要受燃烧完善程度的限制，在大型及增压柴油机中主要受热负荷的限制。柴油机在全负荷时 α 的一般数值如下：

低速柴油机 $\alpha = 1.8 \sim 2.0$

高速柴油机 $\alpha = 1.2 \sim 1.5$

增压柴油机 $\alpha = 1.7 \sim 2.2$

对于汽油机，由于燃烧时用的是预先混合好的均匀混合气，α 值变化范围较小，一般 $\alpha = 0.85 \sim 1.1$。

除了用 α 表示混合气浓度外，还可用空气燃料比（A/F）来表示。它们之间的关系为：

$$空燃比\ A/F = \frac{空气流量率}{燃料流量率} \tag{3-3}$$

设 $(A/F)_0$ 为燃料完全燃烧时的理论空燃比，则汽油的 $(A/F)_0 = 14.7$。

应用空燃比直观方便，其数值即为对每 1kg 燃料实际供给空气量的千克数。空燃比小于 14.7 的为浓混合气，空燃比大于 14.7 的为稀混合气。

实际发动机的 α 可由废气分析测出，对于非增压四冲程发动机也可由耗油量及耗气量按下式算出。

$$\alpha = \frac{G_\text{h}}{G_\text{T} L_0} \tag{3-4}$$

式中：G_h —— 每小时进入汽缸的空气量（kg/h）；

　　　G_T —— 每小时耗油量（kg/h）；

　　　L_0 —— 理论空气量（kg/kg）。

3.3.3　燃料与可燃混合气的热值

1. 燃料的低热值

1kg 燃料完全燃烧时所放出的热量，称为燃料的热值，以 kJ/kg 为单位。燃烧产物中的水，在高温时以气态存在，它的汽化潜热只有在冷却之后才能释放出来。将水的汽化潜热计算在内的燃料热值称为高热值，不包括水的汽化潜热的燃料热值称为低热值。在发动机的工作中，排气温度较高，水的汽化潜热不能利用。因此，发动机上应用燃料的低热值。

2. 可燃混合气的热值

可燃混合气的热值，即燃料的低热值 H_u 与单位燃料形成的可燃混合气数量之比，以 H_m（kJ/kg）、H_m'（kJ/m³）表示。

用 H_m 表示，lkg 可燃混合气的热值为：

$$H_\text{m} = \frac{H_\text{u}}{1+\alpha L_0} \quad (\text{kJ/kg}) \tag{3-5}$$

空气的分子量为 28.9，设燃料的分子量为 m_T，lkg 燃料形成的可燃混合气的容积为：

$$\alpha L_0' = \left(\frac{\alpha L_0}{28.9} + \frac{1}{m_\text{T}} \right) \times 22.4 \quad (\text{m}^3/\text{kg})$$

式中：L_0' —— 理论空气量（m³/kg）；

　　　m_T —— 燃料的分子量。

由于燃料的分子量较大，$\dfrac{1}{m_\text{T}}$ 的数值很小，可略去不计，则

$$\alpha L_0' \approx \frac{\alpha L_0}{28.9} \times 22.4$$

用 H_m' 表示，则 lm³ 可燃混合气的热值为：

$$H_\text{m}' = \frac{H_\text{u}}{\alpha L_0'} \quad (\text{kJ/m}^3) \tag{3-6}$$

由此可见，可燃混合气的热值取决于燃料的热值和过量空气系数 α 值。为提高发动机

的升功率，在其他条件相同的情况下，要选择可燃混合气热值大的燃料，而不是单纯选择热值大的燃料。

3.4　燃烧的基础知识

从燃料与氧化剂相互混合形成可燃混合气，直到燃烧终了全部形成燃烧产物为止的整个燃烧过程，要经历一系列的物理化学准备阶段。通常以形成火焰为界面，将燃烧过程分为着火阶段和燃烧阶段两部分。

3.4.1　着火方式及着火机理

所谓着火，是指可燃混合气在一定的压力、温度和浓度条件下，其氧化反应速度突然加速，以至出现火焰的现象。

1. 着火方式

燃料和氧化剂混合形成可燃混合气后，其着火方式有两种，即自然着火（通常简称自燃）和强迫着火（简称点燃或点火）。

自燃是一定体积的可燃混合气被预热，在一定温度下混合气的反应速率会自动加速，急剧增大而产生火焰的现象。着火后，可燃混合气所释放的能量足以使燃烧过程自行继续下去，不需要外部供给任何能量。

点燃是在可燃混合气内的某一局部用火源引燃相邻一层的混合气之后形成的燃烧波自动地传播到混合气其余部分。显然，点燃包括用火源在局部引燃和继之而来的火焰传播两个阶段。所使用的点火热源可以是电火花、电热丝、炽热物体和点火火焰等。

2. 着火机理

着火尽管是一个瞬间现象，却是一个极为复杂的过程，至今仍有许多问题不清楚。对于发动机着火过程的解释迄今有两种理论，即热着火理论和链式反应着火理论。

热着火机理指出，可燃混合气在充满燃烧容器后受热，使混合气达到一定温度，由于进行化学反应所释放的热量多于从容器壁面向外散失的热量，产生热量累积而使混合气的温度上升，这又促使混合气的反应速率增加，放出更多热，不断相互促进结果，导致反应速率急剧加快而达到着火。

链式着火机理指出，可燃混合气在外部能量的作用下，反应物中产生活性中心使反应继续下去，最重要的是出现分支反应使活性中心数目迅速增多，造成反应速率剧烈升高达到着火。即使在等温条件下，也会由于活性浓度急剧增大而造成自发着火。

3.4.2　燃烧方式

所谓燃烧，是指燃料与氧化剂进行剧烈放热的氧化反应过程。燃烧过程中往往伴有复杂的传热、化学反应和流动现象。

燃烧可分为气相燃烧和固相燃烧。气相燃烧是指燃料以气体状态与空气混合所进行的燃烧。固相燃烧是指固体燃料没有挥发而在表面与空气燃烧。内燃机中，汽油和柴油尽管都是液体燃料，但燃烧是以气相方式进行的。

气相燃烧可分为预混合燃烧和扩散燃烧两类。预混合燃烧是指着火前燃料气体或燃料蒸气与氧化剂（空气）已按一定比例形成混合气。扩散燃烧是指着火前燃料与氧化剂（空气）是相互分开的，着火后燃料边蒸发边与空气混合并一同燃烧。

内燃机中所有燃烧都属于这两类燃烧中的某一类或两类燃烧的组合。例如，汽油机和气体燃料发动机的燃烧属于预混合燃烧方式；而柴油机的燃烧基本属于扩散燃烧方式，但其燃烧初期有不同程度的预混合燃烧。两种燃烧方式的主要特点对比如下：

（1）扩散燃烧时，由于燃料与空气边混合边燃烧，因而燃烧速度取决于混合速度；而预混合燃烧时，因燃烧前已均匀混合，因而燃烧速度主要取决于化学反应速度，即取决于混合气温度和过量空气系数。

（2）扩散燃烧时，为保证燃烧完全，一般要求过量空气系数 $\alpha \geqslant 1.2$，并且在 $\alpha \geqslant 6.8$（相当于空燃比大于 100）的条件下也能稳定燃烧；而预混合燃烧时，一般 $\alpha = 0.8 \sim 1.2$，可燃混合气浓度范围小，难以稀燃。

（3）扩散燃烧时，混合气浓度和燃烧温度分布极不均匀，易产生局部高温缺氧现象，生成碳烟；而预混合燃烧时，由于混合均匀，一般不产生碳烟。

（4）扩散燃烧时，由于有碳烟产生，碳粒的燃烧会发出黄或白色的强烈辐射光，因此也称为有焰燃烧；而预混合燃烧时，无碳粒燃烧问题，火焰呈均匀透明的蓝色，因此也称为无焰燃烧。

（5）预混合燃烧由于燃烧前已形成可燃混合气，有回火的危险；而扩散燃烧一般无此危险。

复习思考题

1. 汽油和柴油的组分中主要含有哪些烃？
2. 启动性、气阻、机动性和加速性用什么指标来评定？
3. 什么是汽油的抗爆性？用什么指标来评价？

4．柴油的着火性用什么指标来评定？

5．柴油的"十六烷"值高或低对燃烧有什么影响？

6．常用的代用燃料有哪些？

7．什么是理论空气量、过量空气系数和空燃比？

8．比较汽油机和柴油机的燃烧方式有哪些不同。

第4章　发动机的换气过程

　　发动机的进气过程和排气过程统称为换气过程。对换气过程的基本要求是：进气要充足，排气要彻底。

　　进气充足是提高发动机动力性的重要保证，发动机所能发出的转矩和功率，决定于换气过程进入汽缸充气量的多少。这是因为在发动机中，燃料是以一定的比例与空气混合而燃烧的。如汽油机工作时所用混合气中，汽油与空气的体积比约为 1 : 10 000。可见，在可燃混合气中燃料所占的比例是很小的，而且燃料是强制供给，通过对燃料供给系统的调整或控制程序的修正多提供一些燃料容易做到，而使发动机吸入较多空气却较困难。如果能使每循环进入汽缸的空气量增多，就可以多供一些燃料，使燃烧放出的热量增加，从而提高发动机的转矩和功率。对汽缸容积一定的发动机而言，提高动力性的关键是提高充气量。

　　本章对发动机的换气过程进行较深入的分析研究，目的是了解换气过程进行情况，分析影响换气过程的各种因素，以寻找提高充气量、减少换气损失的措施。

4.1　四冲程发动机的换气过程

4.1.1　换气过程

　　四冲程发动机的换气过程是指从排气门开始开启到进气门完全关闭的整个过程。换气过程超过两个活塞行程，约占 410°～490° 曲轴转角。换气过程由排气过程和进气过程组成，排气过程又可分为自由排气和强制排气两个阶段，如图 4-1 所示。

　1. 排气过程

　　排气过程是指从排气门开始开启到排气门完全关闭的这段时间。由于排气门的早开晚关，排气过程超过一个活塞行程，约占 220°～290° 曲轴转角。

　　（1）自由排气阶段

　　从排气门开始开启到汽缸内压力接近排气管内压力这段时间，由于汽缸内压力高于排气管内压力，废气是靠自身的压力经排气门自行流出缸外，所以称为自由排气阶段。此阶段一般在下止点前 30°～80° 曲轴转角开始，在下止点后 10°～30° 曲轴转角结束。历时虽短，但排气流速甚高，排出废气量可达 60%。

　　在膨胀冲程末期，排气门提前开启有两项益处。一是当排气冲程开始时，排气门已有较大的开度，二是可以减小排气所消耗的功。

　　由于配气机构惯性力的限制，气门的开闭速度不能过快，只能逐渐增大其流通截面，不可能瞬时达到全开或全闭。如果活塞到达下止点时，排气门才开启，则在排气过程初期排气门开度增加很慢，废气流出不畅，缸内压力下降迟缓。在活塞向上止点回行时，将受到较大的反压力，使排气冲程所消耗的功增加。所以排气门总是在下止点前开始开启。从排气门开始开启到活塞运行至下止点这段曲轴转角，称为排气提前角，一般为30°～80°曲轴转角。

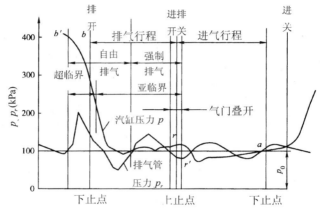

（a）汽缸内压力和排气管内压力随曲轴转角的变化

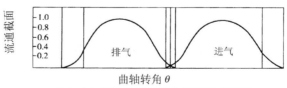

（b）气门相对流通截面随曲轴转角的变化

图 4-1　四冲程发动机换气过程

　　由图 4-1 可见，自由排气阶段的初期，汽缸内压力 p 为排气管内压力 p_r 的二倍以上。这种排气流动状态称为超临界流动状态。流过排气门最小通过截面处的气体流速等于该处气体状态下的音速。废气流量与排气门前后的压力差无关，它只取决于缸内气体的状态和气门的开启面积。超临界流动伴有刺耳的噪音，故必须安装排气消声器。

　　当汽缸内压力逐渐下降到排气管内压力的 1.9 倍以下时，排气流动为亚临界状态，废气流量由汽缸内和排气管内的压力差决定。

综上所述，自由排气阶段，废气排量与发动机转速无关。转速升高时，同样的自由排气时间所占曲轴转角增大。所以在高速发动机中，为使缸内压力及时下降，有必要加大排气提前角。

（2）强制排气阶段

在这一阶段，汽缸内的废气被上行的活塞强制推出，汽缸内平均压力比排气管内平均压力略高，一般高出 9.8 kPa 左右。此差值主要为排气门节流所致，流速越高，差值越大。

排气门迟后关闭可以减少残余废气量和排气功的消耗。若要排气门在活塞到达上止点时完全关闭，则它就要在上止点前开始关小，产生较大的节流作用，而活塞还在向上运动，这必然使缸内压力上升，其结果使得排气消耗功和残余废气量都增加。排气门迟后关闭还可以利用气流的惯性继续排气。所以排气门应在活塞过了上止点之后关闭。从上止点到排气门关闭终了这段曲轴转角称为排气迟闭角。一般排气迟闭角为 10°～30°曲轴转角。

2. 进气过程

进气过程是指从进气门开始开启到进气门完全关闭的这段时间。由于进气门的早开晚关，进气过程与排气过程一样，超过一个活塞行程，约占 220°～290°曲轴转角。

为保证活塞进入进气行程时，进气门有足够的开度，以减小进气损失，必须在排气行程活塞到达上止点前进气门就开始开启。从进气门开始开启到活塞运行至上止点这段曲轴转角称为进气提前角，一般为 10°～30°曲轴转角。

为避免因进气门在下止点前开始关小而增大进气损失，并利用进气流的惯性充分进气，进气门都是在活塞到达下止点之后关闭。从活塞运行至下止点到进气门完全关闭这段曲轴转角，称为进气迟闭角，一般为 30°～80°曲轴转角。

由图 4-1（a）可以看出，在进气门刚开启的一段时期内，由于汽缸内压力高于大气压力，新鲜空气或混合气不可能进入汽缸。活塞进入进气行程后，随着活塞下移，汽缸内压力迅速下降，直到进气管内压力与汽缸内压力（最低点）的差值，即进气压差足以克服进气阻力和气流惯性时，进气管内气体开始经进气门流入汽缸。在随后的进气过程中，由于不再需要克服气流惯性使之加速，进入汽缸的气体又受到残余废气和高温机件的加热，所以汽缸内的压力逐渐回升。进气行程的最后阶段，进气流的部分动能转化为压力能，使汽缸内压力进一步提高，直到进气门关闭时，汽缸内的压力接近或略高于大气压。

3. 扫气过程

由于进气门的提前开启和排气门的迟后关闭，在排气行程上止点附近存在着进、排气门重叠开启的现象，称为气门叠开。气门叠开的角度等于进气门提前开启角与排气门迟后关闭角之和，一般非增压发动机为 20°～60°曲轴转角，增压发动机为 80°～160°曲轴转角。

　　在气门叠开期间，当新鲜空气或混合气流入汽缸时，只要合理控制气流方向，就可利用新鲜空气或混合气进一步扫除缸内废气，这一过程称为扫气过程。叠开角过小，扫气过程的作用不明显；但过大的叠开角，可能导致废气倒流；合理的气门叠开角应通过试验确定。增压发动机的进气压力比较高，不易产生废气倒流，采用较大的气门叠开角，可获得更好的扫气效果。

　　图 4-2 给出了一般非增压四冲程发动机进、排气门开启和关闭的定时范围。

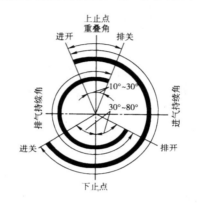

图 4-2　一般非增压发动机的配气定时图

4.1.2　换气损失

　　换气损失由排气损失和进气损失两部分组成，如图 4-3 所示。

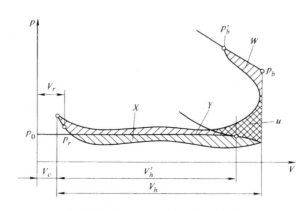

图 4-3　四冲程发动机的换气损失

W—自由排气损失；*Y*—强制排气损失；*X*—进气损失；*Y*+*X*−*u*—泵气损失

发动机实际循环的指示功，总是小于理想循环的指示功，因为进排气门总是早开迟闭，而且换气过程有流动损失。

1. 排气损失

从排气门提前打开，直到进气行程开始，缸内压力到达大气压力前循环功的损失称为排气损失。它可分为自由排气损失和强制排气损失。自由排气损失（图 4-3 中面积 W）是因为排气门提前打开，排气压力线从 p_b' 点开始偏离理想循环膨胀线，引起膨胀功的减少。强制排气损失（图 4-3 中面积 Y）是活塞将废气推出所消耗的功。

如图 4-4 所示，随着排气提前角的增大，自由排气损失面积 W 增加，而此时强制排气损失面积 Y 应减小。因而最有利的排气提前角应使面积（$W+Y$）之和为最小。当排气门截面小，发动机转速高时，按曲轴转角计算的实际超临界排气时期延长，为减少排气损失，应适当加大排气提前角。

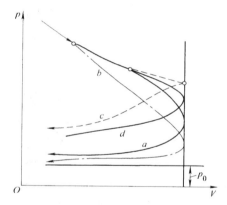

图 4-4　排气门提前角和排气损失

a—最合适；b—过早；c—过晚；d—排气门面积过小

减小排气系统阻力及排气门处流动损失是降低排气损失的主要办法。排气消声系统的结构和布置形式对排气阻力影响也很大，关系到排气管内的排气背压。排气背压每升高 3.39kPa，增压柴油机耗油率在各种负荷下平均增加 0.5%，而非增压柴油机耗油率平均增加 1%，因而，应在不牺牲消声性能的前提下最大限度地降低排气背压，提高经济性。

2. 进气损失

由于进气系统的阻力，进气过程的汽缸压力低于进气管压力（非增压发动机中一般设为大气压力），损失的功相当于图 4-3 中 X 所表示的面积，称为进气损失。它与排气损失相比，相对较小。合理地调整配气正时，加大进气门的流通截面积，正确设计进气管流道以及降低活塞平均速度可以减少进气损失。

排气损失与进气损失之和称为换气损失，如图 4-3 中面积（$W+X+Y$）。而实际示功图中将面积（$X+Y-u$）表示的损耗称为泵气损失。

4.1.3　充气系数

在发动机的进气过程中，实际进入汽缸的新鲜充量与在进气状态下充满汽缸工作容积的新鲜充量的比值，称为充气系数，用符号 η_v 表示，即

$$\eta_v = \frac{\Delta G}{\Delta G_0} = \frac{\Delta m}{\Delta m_0}$$

式中：ΔG、Δm ——实际进入汽缸的新鲜充量的重量、质量；

　　　ΔG_0、Δm_0 ——进气状态下充满汽缸工作容积的新鲜充量的重量、质量。

所谓进气状态，是指空气滤清器后进气管内的气体状态。为测量上的方便，在非增压发动机上一般都采用当时的大气状态。在增压发动机上采用增压器出口状态。

若大气压力和温度为 p_0、T_0，汽缸工作容积为 V_h，则理论上能进入汽缸的充气量 ΔG_0 为

$$\Delta G_0 = \frac{p_0 V_h}{R T_0} \tag{4-1}$$

式中：R—空气的气体常数。

实际上，气体高速流入汽缸时，要克服进气系统的阻力，使进气终了汽缸压力 p_a 低于 p_0；新鲜充量受高温机件及残余废气加热，进气终了温度 T_a 大于 T_0；残余废气占有部分汽缸容积，也使实际进入汽缸的气体容积小于 V_h，因此易知

$$\Delta G < \Delta G_0 \qquad 即 \quad \eta_v < 1$$

为了便于分析影响充气系数的因素，可以简化一些条件，推导出充气系数的估算公式。

假定进气门关闭时汽缸内容积为 $V_h' + V_c$，如图 4-3 所示。此时汽缸内压力、温度、密度为 p_a、T_a、ρ_a，则缸内气体的总质量为

$$m_a = (V_c + V_h') \rho_a$$

假定排气门关闭时汽缸内容积为 V_r，残余废气的压力、温度、密度为 p_r、T_r、ρ_r，则残余废气的质量为：$m_r = V_r \rho_r$，根据 η_v 的定义，每循环实际充气量可写成

$$\Delta m = \eta_v V_h \rho_0$$

式中：ρ_0 ——大气状态下空气密度（kg/m³）；

　　　V_h ——汽缸工作容积（m³）。

并且　　　　　　　　　　　$\Delta m = m_a - m_r$

所以　　　　　　　$\eta_v V_h \rho_0 = (V_c + V_h') \rho_a - V_r \rho_r \tag{4-2}$

设 $(V_c + V_h')/V_c = \varepsilon_e$，称为有效压缩比。一般 $\varepsilon_e = (0.8 \sim 0.9)\varepsilon$。为分析方便，可令 $\varepsilon_e \approx \varepsilon$，$V_r \approx V_c$，则得

$$\eta_v = \frac{1}{(\varepsilon - 1)} \frac{1}{\rho_0} (\varepsilon \rho_a - \rho_r)$$

假定残余废气与新鲜充量的气体常数近似相等，并应用气体状态方程代入上式，可得

$$\eta_v = \frac{1}{\varepsilon - 1} \frac{T_0}{p_0} \left(\varepsilon \frac{p_a}{T_a} - \frac{p_r}{T_r} 0 \right) \tag{4-3}$$

式中：T_0、p_0——大气的温度和压力；

　　　T_a、p_a——进气终了时的气体温度和压力；

　　　T_r、p_r——残余废气的温度和压力。

公式（4-3）只能对 η_v 进行极初略的估算，但可以定性地分析影响 η_v 的诸因素。

由式（4-3）可见，充气系数与汽缸容积无关，因而，可用来评定不同排量的发动机换气过程的良好程度。η_v 的值越大，说明每循环实际充气量越多，每循环可燃烧的燃料随之增加，因而单位汽缸工作容积的有效功及发动机的转矩和功率也越大，发动机的动力性好。因此，总是希望 η_v 值高。但对于非增压的发动机来说，η_v 总是小于 1 的。因为进气终了的压力总是低于大气压力，进气终了温度总是高于大气温度。实际发动机的充气系数多用实验方法测定。一般非增压的发动机在全负荷工况工作时，η_v 数值的大致范围如表 4-1 所示。

表 4-1　η_v 值的大致范围

汽油机	顶置气门	0.75～0.85
	侧置气门	0.70～0.80
柴油机	0.75～0.90	

4.1.4　充气系数与发动机功率、转矩的关系

由式（4-1）得知理论充气量

$$\Delta G_0 = \frac{p_0 V_h}{R T_0}$$

则

$$\Delta G = \eta_v \Delta G_0$$

$$\Delta G = \eta_v \frac{p_0 V_h}{R T_0} \tag{4-4}$$

设 1kg 燃油实际供气量 $L = \alpha L_0$，则实际充气量为 ΔG 时，应供给的供油量为

$$q = \frac{\Delta G}{L} = \frac{\Delta G}{\alpha L_0} \tag{4-5}$$

式中：α——过量空气系数；

　　　L_0——1kg 燃料完全燃烧所需的理论空气量。

发动机每一工作循环所放出的热量

$$Q_1 = qH_u$$

式中：H_u——燃料的低热值（kJ/kg）。

将式（4-4）代入，得

$$Q_1 = \frac{p_0 V_h}{RT_0} \cdot \frac{H_u}{\alpha L_0} \cdot \eta_v$$

根据内燃机热力循环理论，指示功 W_i 为

$$W_i = Q_1 \eta_i = \frac{p_0 V_h}{RT_0} \cdot \frac{H_u}{\alpha L_0} \cdot \eta_i \eta_v$$

设 $\dfrac{p_0}{RT_0} \cdot \dfrac{H_u}{L_0} = k$，则

$$W_i = k \frac{V_h}{\alpha} \eta_i \eta_v$$

k 只是与大气、燃料有关的常数，又因为 $W_i = P_i t = \dfrac{30\tau}{in} P_i$，$P_e = \eta_m P_i$，故发动机的有效功率为

$$P_e = k \frac{V_h}{\alpha} \frac{in}{30\tau} \eta_v \eta_i \eta_m \tag{4-6}$$

对一定的发动机而言，汽缸的工作容积 V_h、汽缸数 i 和冲程数 τ 都是固定的，令

$$K_1 = k V_h \frac{i}{30\tau}$$

则

$$P_e = K_1 \frac{n}{\alpha} \eta_v \eta_i \eta_m \tag{4-7}$$

式（4-7）中：K_1——对一定的发动机为比例常数。

发动机有效转矩为

$$M_e = 9550 \frac{P_e}{n} = K_2 \frac{1}{\alpha} \eta_v \eta_i \eta_m \tag{4-8}$$

式（4-8）中：K_2——对一定的发动机也为比例常数，$K_2 = 9550 K_1$。

由以上方程式的推导过程知，对每一种发动机来说，P_e、M_e 与发动机的工作过程有关，η_v、η_i、η_m 与发动机的动力性、经济性有直接关系，所以也称 η_v、η_i、η_m 为发动机的三大效率，提高充气系数是提高发动机动力性的重要措施之一。

4.2　影响充气系数的主要因素

由充气系数的公式可知：影响充气系数的因素包括进气终了的压力 p_a 和温度 T_a、排气终了的压力 p_r 和温度 T_r、大气压力 p_0 和温度 T_0、压缩比 ε 和残余废气系数。其中影响最大的是进气终了压力 p_a，因为 p_a 变化时，对 η_v 的影响会放大 ε 倍。

1. 进气终了的压力（p_a）

由充气系数的计算式可知：随进气终了压力提高，充量系数提高。因为在汽缸容积、进气终了温度和残余废气量一定时，进气终了压力越高，缸内气体的密度越大，意味着实际充气量（质量）越多。

在实际发动机工作中，进气终了压力受进气系统阻力的影响。进气系统的阻力越大，进气时引起的压力降就越大，进气终了的压力越低。进气时的压力降 Δp 可用下式表示

$$\Delta p = \frac{\delta \rho v^2}{2}$$

式中：δ ——进气系统的阻力系数；

　　　　ρ ——进气状态下的气体密度（kg/m^3）；

　　　　v ——进气流速（m/s）。

由此可见，进气系统的阻力主要取决于进气系统阻力系数和进气流速。

进气系统阻力系数取决于进气系统的结构，等于各段进气通道阻力系数的总和，包括空气滤清器、进气管、进气道及进气门等。流通截面越小，截面变化越突然，转弯越急，表面越粗糙，阻力系数越大。在使用中，进气管、进气门等的结构都是不可改变的，但应注意空气滤清器的维护，以保证良好的滤清效果和较小的进气阻力。

此外，在汽油机上，进入汽缸的是空气和燃油的混合气，负荷的调节是通过改变节气门的开度，控制进入汽缸的混合气量来实现的。在使用中，当汽油机的负荷减小时，节气门开度减小，阻力系数增加，进气阻力增大，进气终了压力降低，充气系数下降，如图 4-5 所示。图 4-5（b）中的 r 表示残余废气系数，即每循环进气行程结束时，汽缸内的残余废气量与实际充气量的比值（质量比或体积比）。对柴油机而言，负荷的调节是通过改变喷油量来实现的，负荷变化对进入汽缸的空气量基本没有影响，所以进气终了压力和充气系数与负荷无关。

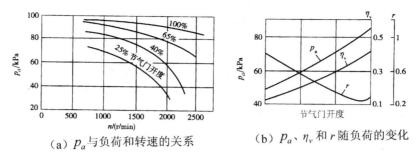

（a）p_a 与负荷和转速的关系 　　（b）p_a、η_v 和 r 随负荷的变化

图 4-5　汽油机负荷对 p_a 和 η_v 的影响

进气时的压力降与进气流速的平方成正比，而发动机工作时，进气流速取决于发动机转速，所以随着转速的提高，进气终了压力和充气系数迅速下降，如图 4-6 所示。

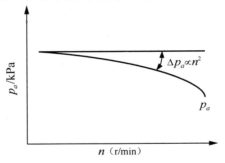

图 4-6　发动机转速对 p_a 的影响

2. 进气终了温度（T_a）

由充气系数公式可知，随进气终了温度的提高，充气系数下降。因为在汽缸容积、进气终了压力和残余废气量一定时，进气终了温度越高，缸内气体的密度越小，意味着实际充气量（质量）越少。

进气终了的温度总是高于大气温度，这是因为新鲜气体进入汽缸后，与高温机件接触和与残余废气混合而被加热。此外，在汽油机上，常利用排气管或冷却水对进气进行预热，以改善混合的形成，这必然会导致进气终了温度升高，充气系数下降。

为提高充气系数，应尽可能降低进气终了温度。如结构上，使进气流在进气门关闭之前不直接冲刷高温机件，在保证混合气形成质量的前提下，尽量减小进气预热强度，采用进、排气管分置等，均可有效降低进气终了温度。在实际使用中，主要应注意对冷却系统加强维护，保证发动机的冷却强度，防止发动机过热，以降低进气终了温度，提高充气系数。

3. 排气终了压力和温度

随排气终了压力的提高，充气系数下降。因为在其他参数一定时，排气终了压力越高，残余废气量越多，能够进入汽缸的新鲜充气量减少，所以充气系数降低。

与进气终了压力类似，排气终了压力取决于排气系统的阻力，随阻力增大，排气终了压力升高。排气系统的阻力取决于各段排气通道的阻力系数和发动机转速。

从充气系数公式来看，随排气终了温度升高，充气系数也应提高，但实际并非如此。因为排气终了温度直接影响进气终了温度，排气终了温度升高时，进气终了温度也升高，两者综合影响，充气系数变化不大。

4. 大气压力和温度

从充气系数公式可以得出，随大气压力降低、温度升高，充气系数提高。一般来说，充气系数提高，实际充气量增加，发动机性能提高，但实际上随着大气压力降低、温度升高，实际充气量会减小，发动机性能会下降。

产生上述矛盾的原因是：大气压力和温度同时影响实际充气量和理论充气量。随大气压力降低、温度升高，主要是理论充气量减少；同时，随大气压力降低、温度升高，进入汽缸的新鲜气体密度降低，进气终了压力降低，实际进气量也减少。只是由于随大气压力降低、温度升高，理论充气量的减少的幅度比实际充气量大，所以充气系数提高。

5. 压缩比

压缩比增加，燃烧室容积相对减小，使残余废气量相对下降，所以充量效率提高。但压缩比对充气系数的影响很小，而且其数值的选择主要是考虑燃烧和机件负荷的限制，一般原则是：汽油机在保证正常燃烧的前提下，尽可能提高压缩比，以提高热效率；柴油机在保证各工况正常着火自燃的前提下，不过分追求高压缩比，以免机件承受的机械负荷过大。

6. 配气相位

配气相位包括进、排气门的提前开启角和迟后关闭角。在推导充气系数公式时，为简化而没有考虑配气相位对充气系数的影响，实际上，配气相位直接影响进、排气是否充分，即影响实际进气量和残余废气量，所以会对充气系数产生影响。

在配气相位中，对充气系数影响最大的是进气门迟闭角，其次是气门叠开角。进、排气门的迟后关闭角一方面是为了减小进、排气损失，但更主要的是为了利用气流惯性充分进气和充分排气。进气迟闭角过小，不能利用气流惯性充分进气，但迟闭角过大，容易造成已进入汽缸的新鲜气体又被压出缸外，都会使实际充气量减小，充气系数下降。气门叠开角过小，不能利用气流惯性充分排气，但气门叠开角过大，容易造成废气倒流，都会使残余废气量增加，实际充气量减小，充气系数下降。

最佳的进气迟闭角和气门叠开角应根据进、排气流惯性来确定，而气流惯性取决于发动机的转速。

7. 残余废气系数

残余废气系数，即每循环进气行程结束时，汽缸内的残余废气量与实际充气量的比值（质量比或体积比）。残余废气系数也影响充气系数。

随进气终了压力提高和温度降低，实际充气量增多，残余废气量相对减小，残余废气系数减小，使充气系数提高。随排气终了的压力提高和温度降低，残余废气量增多，残余废气系数增大，使充气系数下降。随压缩比的增大，燃烧室容积相对减小，残余废气量相对减少，使残余废气系数相对减小，充气系数提高。合适的配气相位，有利于减少残余废气量，使残余废气系数减小，充气系数提高。

4.3　提高充气系数的措施

4.3.1　降低进气系统的阻力

进气终了压力 p_a 是影响 η_v 的最主要因素，而进气系统的阻力又是影响 p_a 的基本因素，它取决于进气系统的结构，是进气系统各段通路阻力的总和。

1. 减小进气门处的阻力

整个进气系统中，进气门处的通过截面最小，而且不断变化，其流动阻力最大，应予优先考虑。

（1）增大进气门直径并配置适当大小的排气门。增大气门直径可以扩大通过截面，但要受到燃烧室结构的限制。由于 p_a 的影响比 p_r 大，故常常不得不适当减小排气门的直径，以求得增加进气门的直径，一般进气门直径比排气门直径大 15%～20%。现代发动机单进气门结构中，进气门直径可达活塞直径的 45%～50%，气门和活塞面积比为 0.2～0.25。

（2）增加气门数目。采用 2 进 2 排的 4 气门或 3 进 2 排的 5 气门结构。每缸 4 气门的发动机与每缸 2 气门的发动机相比，在汽缸直径相同的情况下，进气门面积可增大 30%，排气门面积可增大 40%，这对换气过程十分有利，可提高充气系数和降低泵气损失。

（3）适当增加气门的升程。在惯性力容许的条件下，使气门开闭得尽可能快，可以提高气门处的通过能力。

（4）改善气门座及气门头部到杆身的过渡形状，均有利于改善气体的流动。气门升起后，气门头和缸壁及燃烧室壁的距离称为壁距，它也不宜过小，以免增加气体的流动阻力。

2. 减小进气道、进气管和空气滤清器的阻力

（1）缸体或缸盖内的气道形状。缸体或缸盖内的进气道形状复杂，又受到气门导管凸台的影响，截面形状急剧改变，进气阻力增大。为减少进气道阻力，气道通路断面应有足够的面积，各断面要避免突变。进气道内部过渡圆角半径应大一些，避免急剧转弯等。柴油机的进气道，不仅要考虑减小阻力，更主要的是考虑其对进气涡流的影响，以改善混合气的形成和燃烧。

（2）进气管道。进气管道要保证具有足够的流通截面积，管道表面光洁，避免急转弯及流通截面突变，以减少阻力。为保证各汽缸进气均匀，各缸进气管独立，长度尽可能一致。在汽油机中还要保证气体有一定的流速，以利于混合气的形成和分配，流通截面大小要适当。进气管截面的形状一般有三种：圆形、矩形、D 字形。在相等截面的情况下，圆形断面流动阻力最小，但沉积油膜厚度不均匀，且蒸发面积最小。矩形断面流动阻力最大，但沉积油膜厚度均匀，蒸发面积最大。D 形居中。故汽油机宜选用 D 形断面，柴油机没有燃料蒸发的问题，多采用圆形断面。

（3）空气滤清器。为减轻发动机的磨损，延长其寿命，必须装空气滤清器。为提高 η_v 须避免空气滤清器阻力过大。其阻力随结构和使用情况而不同，要根据滤清效果的要求和发动机吸气量的大小合理选用。油浴式滤清器的原始阻力，对小功率发动机要小于 980Pa，对于中等以上发动机则大于 980Pa。随使用时间的增加，阻力可增至 2990Pa。纸质滤芯原始阻力不大于 390Pa，但积垢以后阻力可能增至 3900～5900Pa。在使用中要注意经常清洗保养，以免阻力过分增大，尤其是纸质滤芯要注意及时更换。

4.3.2　合理选择配气相位

1. 对配气相位角度的要求

配气相位角度主要包括进气门提前开启角、进气门迟后关闭角、排气门提前开启角和排气门迟后关闭角等。在发动机工作时，配气相位角度直接影响换气过程进行的好坏，对发动机动力性、经济性有很大影响。在配气相位角度中，对换气过程影响最大的是进气门迟后关闭角，其次是排气门的提前开启角和气门重叠角。

进气门迟后关闭角即进气迟闭角，在实际发动机工作中，进气门迟后关闭是为充分利用进气流惯性进气，气流惯性取决于发动机转速，当发动机转速一定时，最佳的进气迟闭角也一定，进气迟闭角过大或过小均会使充气系数下降。转速一定时，进气门迟闭角对充气系数的影响如图 4-7 所示。进气迟闭角为 25°～30° 时，充气系数 η_v 取得最大值，这说明发动机在该转速时的最佳进气迟闭角为 25°～30°。

发动机的转速不同，气流惯性也不同，最佳的进气迟闭角应随转速变化。如图 4-8 所示是发动机转速变化时，进气迟闭角对充气系数 η_v 和有效功率 P_e 的影响。分析图中曲线可得如下重要结论：

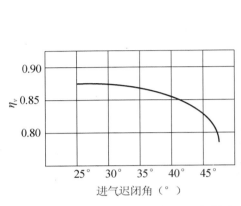

图 4-7 转速一定时进气迟闭角对 η_v 的影响   图 4-8 转速变化时进气迟闭角对 η_v 和 P_e 的影响

（1）进气迟闭角一定时，仅在某一转速下充气系数和有效功率最高。高于此转速时，因气流惯性较大，进气迟闭角度相对不足，不能充分利用气流惯性进气，所以充气系数和有效功率下降；低于此转速时，因气流惯性较小，进气门关闭相对过迟，在压缩过程中使部分新鲜气体被压回进气管，充气系数和有效功率也减小。

（2）发动机转速变化时，在较低的转速范围内，采用较小的进气迟闭角，可获得较高的充气系数和有效功率。在较高转速范围内，则采用较大的进气门迟后关闭角，可获得较高的充气系数和有效功率。

（3）改变进气迟闭角，可改变 η_v 和 P_e 随转速的变化关系，从而改变发动机的速度特性（见第 8 章）。增大进气迟闭角，最大充气系数略有降低，但最大充气系数对应的转速提高，这对最大功率提高有利，但发动机中、低速性能和最大转矩会降低。反之，减小进气迟闭角，可提高发动机中、低速性能和最大转矩，但最大功率下降。

由上述分析可见，即使同一台发动机，转速变化时，由于进气时的气流惯性不同，进气迟闭角也要随之变化。为使发动机工作时进气更充分，应随转速的提高适当增大进气迟闭角。与进气迟闭角一样，为使排气更干净，排气门的迟后关闭角也应随转速的提高而适当增大。排气门的提前开启角对排气损失有重要影响，最佳的排气提前角应保证提前排气损失和强制排气损失之和最小。

此外，适当的气门重叠角，可利用扫气减小残余废气量，提高充气系数。在转速低和为使怠速时的稳定性好，气门重叠角要小，而在其他工况下，为提高充气系数和降低氮氧化物的排放，气门重叠角要大。

　　传统的汽车发动机一般都是根据性能要求，通过试验来确定某一常用转速下较合适的配气相位，在装配时，对正配气正时标记，即可保证已确定的配气相位，且在发动机使用中，已确定的配气相位是不能改变的。那么发动机性能只有在某一常用转速下最好，而在其他转速下工作时，发动机的性能相对较差。

　　为使配气相位适合发动机全工况的要求，就需要设计可变的配气相位。

2. 可变配气相位控制系统

　　目前具有代表性的可变配气相位控制系统分为 VTEC 系统和 VVT-i 系统。

　　（1）VTEC 系统

　　VTEC（Variable Valve Timing and Lift Electronic Control System）系统是日本本田公司开发的可变气门正时和升程电子控制系统，是本田公司的专有技术，它能随发动机转速、负荷、水温等运行参数的变化，而适当地调整配气正时和气门升程，使发动机在高、低速下均能达到最高效率。

　　这种系统将凸轮改制成三段工作凸轮，如图 4-9 所示。将摇臂组件改制成相应的可分别动作的三根摇臂。凸轮的外包络线曲率不同使气门升程不一样，三根摇臂可以作为一个整体动作，又可分别根据需要单个动作。在正常工况下这些机构像单体一样动作，当工况发生变化时摇臂相应动作，配合凸轮不同升程完成符合工况进气的需要，达到改变气门升程和正时的目的。现将 VTEC 系统作为实例进行分析。

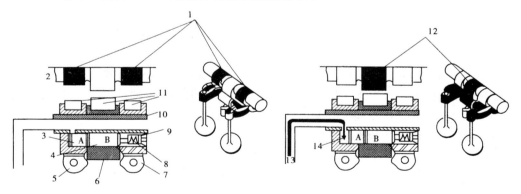

（a）低速时的摇臂传动　　　　　　　（b）高速时的摇臂传动

图 4-9　VTEC 构造原理

1—低速凸轮；2—凸轮轴；3—液压柱销 A；4—液压柱销 B；5—主摇臂；6—中间摇臂；7—次摇臂；

8—复位弹簧；9—止推销；10—摇臂轴；11—从动件；12—高速凸轮；13—机油；14—液压压力

　　工作原理是：凸轮轴上每缸设置有三个凸轮，低速凸轮（1）、高速凸轮（12）分别推动主摇臂（5）、中间摇臂（6）和次摇臂（7）。摇臂组件里有油道，油道里的机油可以推动液压柱销（A、B）。三个摇臂绕同一根摇臂轴摆动，通常中间摇臂只作空摇摆不与气门接触，液压柱销（A、B）正好处在图4-9（a）的位置。当发动机处于高速工况时，压力油通入液压腔推动液压柱销（A、B）向右移动，正好处于图4-9（b）的位置，将中间摇臂（6）与摇臂（5、7）连成一体，这时高速凸轮（12）起作用推动摇臂（5、7）并按照高速凸轮（12）的升程控制气门。

　　装用此类发动机的汽车动力性和经济性都有明显提高。尤其是发动机的转矩曲线在整个转速范围内变得平坦，如图4-10所示。

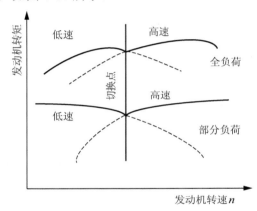

图4-10　装有 VTEC 系统的发动机转矩曲线

（2）VVT-i 系统

VVT-i 即为 Variable Valve Timing-intelligent 的英文缩写，VVT-i 技术是一种智能型可变气门正时控制技术，由日本丰田公司发明，在发动机上利用机油控制阀，通过机油压力使进气凸轮轴相对曲轴位置连续改变，由此来改变配气相位，使之达到最佳状态，以改善发动机的动力性、经济性和排放性能。

　　在自然进气的发动机上应用 VVT-i 技术具有以下优点。

　　① 气门重叠角可控制。在低速、小负荷时，采用小的重叠角，使缸内残余废气减少，改善了燃烧品质，提高了怠速稳定性。在高速、大负荷时，采用大的气门重叠角，延迟进气门的关闭时刻，利用进、排气惯性，可以多进气和多排气，提高输出转矩，增加动力性。

　　② 进气门的早开或迟关的控制。采用进气门的早开或迟关的控制方法，以取消节气门与节气门配合控制负荷，减少节流损失，改善部分负荷工况的经济性。

　　③ 降低有害物排放。在大负荷时，通过对气门重叠角的控制，实现机内的排气再循环（EGR），增加残余废气量，稀释工质，降低燃烧温度，从而使 NO_x 排放量降低。

4.3.3　谐振进气与可变进气歧管

1. 进气管的惯性效应

在进气行程前半期，由于活塞下行的吸入作用，汽缸内产生负压，新鲜工质从进气管流入，同时传出负压波，经气门、气道沿进气管向外传播，传播速度为声速。当负压波传到稳压室等空腔的开口端时，又从开口端向汽缸方向反射回正压波，如果进气管的长度适当，从负压波发出到正压波返回进气门所经历的时间，正好与进气门从开启到关闭所需时间配合，即正压波返回进气门时，正值进气门关闭前夕，从而提高了进气门处的进气压力，达到增压效果。若进气管的长度不适当，进气门关闭时，此处压力不是处于波峰而是在波谷位置，即负压波返回时刻，就会降低汽缸压力，得到相反的效果。

2. 进气管的波动效应

当进气门关闭后，进气管的气柱还在继续波动，对各汽缸的进气量有影响，这称为波动效应。进气门关闭时，进气管内流动的空气因急速停止而受到压缩，在进气门处产生正压波，向进气管的开口端（即入口端）传播，当正压波传到管端时，产生反射波，由于边界条件（开口、管外压力不变）的作用，反射波的性质与入射波的性质相反，即为负压波，该波又向进气门处传播。当它到达进气门处时，若气门尚未打开，则其边界条件为封闭型（速度为 0），那么气门处反射波的性质与入射波的性质相同，即为负压波，此负压波向进气管的管端传播，在开口端再次反射时，反射波为正压波，该波又向进气门处传播，这样周而复始，气波在进气管中来回传播，进气门处的压力也时高时低，形成压力波动。如果使正压波与下一循环的进气过程重合，就能使进气终了时压力升高，因而提高充气系数。如果是与负压波重合，则气门关闭时压力便会下降，充气系数降低。

3. 谐振进气与可变进气歧管

（1）发动机转速与进气管长度的关系

压力波的固有频率 f_0 为

$$f_0 = \frac{c}{L}$$

式中：c ——进气管内声速（m/s）；

　　　　L ——进气管当量长度（m）。

当发动机转速为 n（r/min）时，进气频率 f_n 为

$$f_n = \frac{n}{60 \times 2} = \frac{n}{120}$$

　　f_0 与 f_n 之比为波动次数 q_2，说明进气管内压力波的固有频率与发动机进气频率的配合关系。

　　对惯性效应，发动机进气周期应与压力波半周期相配，即

$$q_1 = \frac{2f_0}{f_n} = \frac{60c}{nL} \qquad (4\text{-}9)$$

　　对波动效应

$$q_2 = \frac{f_0}{f_n} = \frac{30c}{nL} \qquad (4\text{-}10)$$

　　当 $q_2 = 1\frac{1}{2}, 2\frac{1}{2}, \cdots$ 时，下一次气门开启期间，恰好与正的压力波相重合，使 η_v 增加，当 $q_2 = 1, 2, \cdots$ 时，进气频率与压力波固有频率合拍，下一次气门开启期间，恰好与负的压力波重合，使 η_v 减小。

　　q_1 或 q_2 越小，则需要进气管越长；q_1 或 q_2 越大，则由摩擦引起的压力波衰减大。由式（4-9）和式（4-10）可见，若 q 一定，则管长与转速成反比，即高转速时所需进气管短，低转速所需进气管长。在进气系统不变的情况下，只能选某一转速范围考虑动态效应，其充气系数增大超过 5%～10% 是不适宜的，因为会在其他某些转速出现性能低谷。

　　利用进气系统动态效应时，除了必须精心选择进气管长度外，还应对管径、管道的截面变化和弯曲方式、稳压室容积、节流位置等作周密考虑。在多缸机上应使各缸进气歧管长度相同并避免各缸气波之间的互相干扰。

　　压力波在管道中的变化非常复杂，常根据管道中气体非定常流动的数值进行计算和优选方案，再通过试验最后确定进气管的结构尺寸。

　　（2）可变进气歧管技术

　　汽车发动机工作转速范围宽广。转速不同，理想的进气管长度不同，一般高转速用较短进气管，低转速所需进气管较长。传统的进气管常常是只能满足在某一常用的转速区域运转时，进气动态效果较佳。

　　谐振进气系统利用一定长度和直径的进气歧管与一定容积的谐振室，在特定的转速下产生大幅值压力波，从而增加进气。在此基础上，随转速变化控制谐振室接入进气道，可以在特定的高、低两个转速阶段，利用进气管的惯性效应和波动效应来提高充气系数。

　　随着电子控制技术的发展，出现了可变进气歧管。如图 4-11 所示为一种可变进气歧管的结构。当发动机低速运转时，发动机电子控制单元（5）发出指令，转换阀控制装置（4）关闭转换阀（3），这时空气经空气滤清器（1）和节气门（2）沿着细长的进气歧管流进汽缸。弯曲细长的进气歧管提高了进气速度，气流的动能增大，使进气量增多。当发动机转速增高时，转换阀开启，空气通过空气滤清器和节气门直接进入粗短的进气歧管。粗短的进气歧管进气阻力小，也使进气量增多。

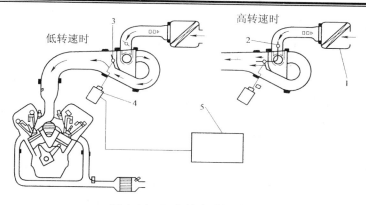

图 4-11　可变长度进气歧管

1—空气滤清器；2—节气门；3—转换阀；4—转换阀控制装置；5—电子控制单元

4.3.4　废气涡轮增压系统

1. 废气涡轮增压系统的结构与原理

废气涡轮增压系统如图 4-12 所示，利用发动机排出的具有一定能量的废气进入涡轮并膨胀做功，废气涡轮的全部功率用于驱动与涡轮机同轴旋转的压气机工作叶轮，在压气机中将新鲜空气压缩后再送入汽缸。废气涡轮与压气机通常装成一体，称为废气涡轮增压器。其结构简单，工作可靠，增压效果好，可提高功率 30%～50%，降低油耗 5% 左右，改善了整机动力性能、经济性能及排放品质，因而得到广泛应用。

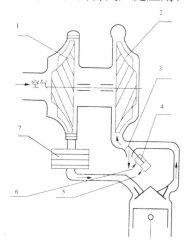

图 4-12　废气涡轮增压系统结构示意图

1—压气机；2—涡轮机；3—叶片阀门；4—调压箱；5—通真空；6—通大气；7—中冷器

　　中冷器也是增压器的主要构件之一，是中间冷却器的简称。它的作用是对经压气机增压后的空气在进入汽缸之前使其冷却后再进入汽缸。这是因为气体经过压缩后温度会升高，如果不降温则进气密度减小，影响功率增加。中冷器一般安装在压气机出气口与汽缸进气口之间的进气管上。实验证明增压空气温度每降低 10℃，柴油机的循环平均温度可降低 25～30℃，进气量比不用中冷器时提高 10%～20%，发动机的动力性和经济性都得到改善。

　　2. 增压系统的控制

　　增压后的发动机的有效进气压力增加，为了保证发动机在不同转速和负荷工况下都能得到最佳增压值，并防止汽缸爆燃和限制热负荷，一般都对增压压力进行控制，在增压系统中设置进气旁通阀或排气旁通阀。其工作原理是当压气机出口压力低于设计值时，膜片控制阀会关闭，使排气全部进入涡轮；当压力大于设计值时控制阀会打开，使部分排气不进入涡轮叶片直接从排气管排出，达到控制增压压力及涡轮转速的目的。图 4-13 是旁通阀涡轮增压器结构原理图。当发动机的转速低即排气流量小时，则旁通阀关闭，由旁通阀控制器完成。所有排气在涡轮机内膨胀做功，驱动与之同轴的压气机使进气流增压。当发动机转速高时，从增压后的增压气管中引出压力气体到真空膜片控制阀，作用在膜片上的压力大于弹簧与大气的压力之和时，旁通阀才打开，部分排气直接从排气管排出，降低进气流压力，因此该系统满足发动机的运行要求，提高发动机的动力性和经济性。

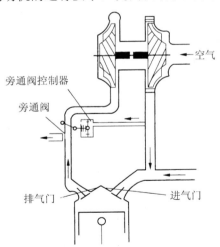

图 4-13　旁通阀涡轮增压器结构原理图

　　随着电子技术的发展，发动机电控技术已经应用到进气增压系统，其工作原理和上述旁通阀涡轮增压器一样，只不过是通过发动机电控单元根据传感器送来的信息计算后发出相关指令，指挥有关执行器（例如旁通阀）进行有效调整。

4.3.5　降低进气温度和减小排气阻力

1. 降低进气温度

降低进气温度，可提高充气系数。降低进气温度的主要措施之一就是在结构布置上，减少进气管受热，如采用进、排气管分置方案，使进气管远离排气管，但在汽油机上，混合气的形成主要是在汽缸外部的进气管内进行的，进气温度对混合气的形成有重要影响，所以降低进气温度受到限制。

在使用中，为降低进气温度，提高充气系数，还应注意加强冷却系统的维护，尽量避免长时间的大负荷工作，以防止发动机舱内温度过高。

目前，部分轿车发动机上采用的热空气供给装置，主要作用是在发动机启动后温度较低时，从排气管附近给发动机提供温度较高的热空气，以保证混合气的形成，降低排放污染。发动机温度升高后，通过控制阀改变吸气口位置，不再从排气管附近供给发动机热空气，这对降低进气温度、提高充气系数起到一定作用。

2. 减小排气阻力

减小排气阻力是降低残余废气系数、减小排气损失的重要措施。减小排气阻力主要是在结构上采取措施，减小排气系统各段的阻力系数，包括排气门、排气管道、排气消声器等，具体要求与减小进气系统阻力基本相同。但应注意：由于进气系统阻力对发动机性能的影响比排气系统阻力大，所以当减小进气阻力与减小排气阻力的要求发生矛盾时，应适当照顾减小进气阻力的要求，如进、排气门直径和数量的选择。

复习思考题

1. 简述四冲程发动机的换气过程。
2. 进、排气门为什么要提前打开和迟后关闭？
3. 试分析影响充气系数的主要因素。
4. 提高充气系数有哪些措施？
5. 什么叫发动机的进气增压技术？有什么好处？
6. 什么叫增压度、增压比？
7. 试述废气涡轮增压器的基本结构、工作原理。

第 5 章　汽油机混合气的形成和燃烧

燃烧过程是将燃料的化学能转变为热能的过程。燃烧完全的程度影响热量产生的多少和排出废气的成分，而燃烧时间和时刻又关系到汽缸压力变化和热功转换的程度，所以燃烧过程是影响发动机经济性、动力性和排气污染的主要过程，对噪声、振动、启动性能和使用寿命也有很大影响，传统汽油机的特点是形成均质混合气，燃烧过程是由定时的火花点火，火焰以正常的速度传遍整个燃烧室。燃烧过程要避免不规则燃烧和不正常燃烧。混合气的制备须满足汽油机工况要求，在混合气的形成方式上，汽油喷射已经逐步取代化油器，在燃烧室结构上，以缸内直喷为代表的稀燃系统也逐渐走向成熟。

5.1　汽油机混合气的形成

汽油机混合气的形成有两种方式：一种是化油器式，即利用化油器在汽缸外部形成大体均匀的可燃混合气，靠控制节气门开度调节混合气数量；另一种是汽油直接喷射式，即利用喷油器在一定压力下直接向进气管、进气道或汽缸内喷射汽油，与吸入的空气相混合形成可燃混合气，汽油喷射大多数是靠机械或电脑根据发动机进气量或进气管压力等参数来控制。

1. 化油器式汽油机的混合气形成过程

液体燃料混合气的形成过程，就是液体燃料在空气中雾化、蒸发、扩散并与空气混合的过程。图 5-1 是化油器制备混合气的原理简图。化油器式混合气的形成过程是：空气经空气滤清器进入化油器，在流经喉管时，流速增加，压力降低，在喉管中形成一定的真空度，将汽油从浮子室经主喷管吸出，被吸出来的汽油正好喷入流过喉管的空气中，在高速空气流的冲击下被雾化成细小颗粒，并不断蒸发、扩散，与空气混合成可燃混合气。

改变设置在喉管后的节气门开度，即可改变进入汽缸中的混合气数量，也就改变了发动机功率。节气门开度一定，转速升高，喉管真空度及进气管真空度均增加。可见转速增加和节气门关小时，由于进气管内的真空度增加，燃料易于蒸发。

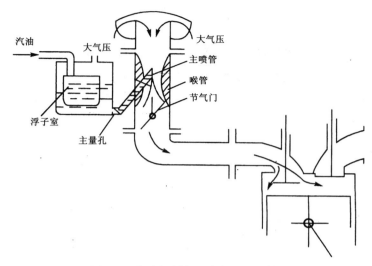

图 5-1 化油器制备混合气的原理简图

2. 汽油直接喷射式的混合气形成过程

汽油直接喷射系统混合气的形成是在进气管或汽缸中进行的。如图 5-2 所示，喷油器将来自供油系统具有一定压力的汽油喷到各缸进气道的进气门前（多点喷射）、喷到节气门前方的进气管内（单点喷射）或直接喷入汽缸（缸内喷射），与来自空气供给系统的新鲜空气在缸外（进气管喷射）或缸内（缸内喷射）相混合形成可燃混合气。

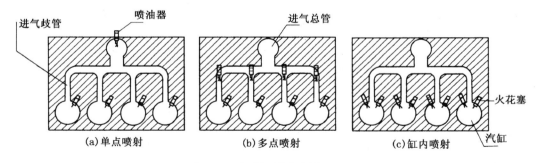

图 5-2 汽油机燃油喷射方式

与化油器式混合气形成方式相比，汽油不是利用化油器中的真空度吸出，汽油的雾化也不利用吸入的空气流的动能来实现，而是利用喷油器在低压（进气管喷射）或高压（缸内喷射）下将汽油从细小的喷嘴喷出，使汽油得以充分雾化。由于燃料雾滴较细，因此能够与空气均匀地混合，保证混合充分。此外，由机械或电脑控制喷油量，提供最合适的混合气。通过燃料喷射，还可按汽缸不同的位置实现燃料的分层燃烧。

　　3. 化油器与汽油喷射系统的比较

　　电子控制汽油喷射系统是以燃油喷射装置取代化油器，通过微电子技术对系统实行多参数控制。概括起来，与化油器相比，汽油喷射具有下列优点。

　　（1）可以对混合气空燃比进行精确控制，使发动机在任何工况下都处于最佳工作状态，特别是对过渡工况的动态控制，更是传统化油器式发动机所无法做到的。

　　（2）由于进气系统不需要喉管，减少了进气阻力，加上不需要对进气管加热来促进燃油的蒸发，所以充气效率高。

　　（3）由于进气温度低，使得爆燃燃烧得到了有效控制，从而有可能采取较高的压缩比，这对发动机热效率的改善是显著的。

　　（4）保证各缸混合比的均匀性问题比较容易解决，相对化油器式发动机可以使用辛烷值低的燃料。

　　（5）发动机冷启动性能和加速性能良好，过渡圆滑。

5.2　汽油机燃烧过程

5.2.1　正常燃烧过程

　　汽油机正常燃烧过程是由定时的火花点火开始，且火焰前锋以一定的正常速度传遍整个燃烧室的过程。

　　研究燃烧过程的方法很多，但简单易行且经常使用的方法是测量并绘出示功图，它反映了燃烧过程的综合效应。汽油机典型的示功图如图 5-3 所示。为分析方便，按其压力变化特点，将燃烧过程分成着火延迟期、明显燃烧期和补燃期三个阶段。

　　（1）着火延迟期（图 5-3 中 1～2 段）：指从火花塞点火到火焰核心形成的阶段，即从火花塞点火（点 1）至汽缸压力线明显脱离压缩线而急剧上升时（点 2）的时间或曲轴转角，这段时间占整个燃烧时间的 15%左右。火花塞放电时两极电压可达 10～35kV，击穿电极间隙的混合气，造成电极间电流通过。电火花能量点燃电极附近的混合气，形成火焰中心。在着火延迟期，汽缸压力线较压缩压力线无明显变化。

　　着火延迟期长短与混合气成分（$\alpha = 0.8 \sim 0.9$ 时最短）、开始点火时汽缸内气体温度和压力、缸内气体流动、火花能量及残余废气量等因素有关。它对每一循环都可能有变动，有时最大值可达最小值的数倍。显然，为了提高效率，我们希望尽量缩短着火延迟期。为了发动机运转稳定，我们希望着火延迟期保持稳定。

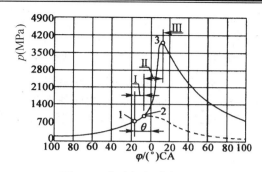

图 5-3　汽油机的燃烧过程

Ⅰ—着火延迟期；Ⅱ—明显燃烧期；Ⅲ—补燃期

1—开始点火；2—形成火焰中心；3—最高压力点；θ—点火提前角

（2）明显燃烧期（图 5-3 中 2～3 段）：指火焰由火焰中心烧遍整个燃烧室的阶段，因此也可称为火焰传播阶段。在示功图上指汽缸压力线脱离压缩线开始急剧上升（图 5-3 中 2点，图中虚线是压缩线）直到压力达到最高点（图 5-3 中点 3）为止。明显燃烧期是汽油机燃烧的主要时期。

在均质混合气中，当火焰中心形成之后，火焰向四周传播，形成一个近似球面的火焰层，即火焰前锋，从火焰中心开始层层向四周未燃混合气传播，直到连续不断的火焰前锋扫过整个燃烧室。

因为绝大部分燃料在这一阶段燃烧，此时活塞又靠近上止点，在这一阶段内，压力升高很快，压力升高率 $\mathrm{d}p/\mathrm{d}\varphi = 0.2\sim0.4\mathrm{MPa}/(°)$。一般用压力升高率代表发动机工作粗暴度和等容度。类似于柴油机，明显燃烧期平均压力上升速度可用式（5-1）表示

$$\frac{\Delta p}{\Delta \varphi} = \frac{p_3 - p_2}{\varphi_3 - \varphi_2} \tag{5-1}$$

式中，p_2、p_3 分别为第二阶段起点和终点的压力（MPa）；φ_2、φ_3 分别为第二阶段起点和终点相对于上止点的曲轴转角（°）。压力升高率越高，则燃烧的等容度越高，这对动力性和经济性是有利的，但同时会使燃烧噪声和震动增加。火焰传播速率与压力升高率密切相关，火焰传播速率高的可燃混合气会促使 $\mathrm{d}p/\mathrm{d}\varphi$ 增加，同样火花塞位置、燃烧室型式对压力升高率也有影响。

图 5-3 中最高燃烧压力点 3 到达的时刻，对发动机的功率、经济性有重大影响。如点 3到达时间过早，则混合气必然过早点燃，从而引起压缩过程负功的增加，压力升高率增加，最高燃烧压力过高。相反，如 3 点到达时间过迟，则膨胀比将减小，同时，燃烧高温时期的传热表面积增加，也是不利的。点 3 的位置可以用调整点火提前角来调整。

（3）后燃期（图 5-3 中点 3 以后）：相当于明显燃烧期终点 3 至燃料基本上完全燃烧为止，p—φ 图上的点 3 表示燃烧室主要容积已被火焰充满，混合气燃烧速度开始降低，加

上活塞向下止点加速移动，使汽缸中压力从点 3 开始下降，在后燃期中主要是湍流火焰前锋后面没有完全燃烧掉的燃料，以及附在汽缸壁面上的混合气层继续燃烧。此外，汽油机燃烧产物中 CO_2 和 H_2O 的离解现象比柴油机严重，在膨胀过程中温度下降后又部分复合而放出热量，一般也看做后燃。为了保证高的循环热效率和循环功，应使后燃期尽可能短。

为了保证汽油机工作柔和、动力性能良好，一般应使点 2 在上止点前 $12°\sim15°$、最高燃烧压力点 3 在上止点后 $12°\sim15°$ 到达，$(\mathrm{d}p/\mathrm{d}\varphi)=0.175\sim0.25\mathrm{MPa}/(°)$，整个燃烧持续期在 $40°\sim60°$ 曲轴转角。

5.2.2　不正常燃烧过程

由火花点火引燃并以火核为中心的火焰传播燃烧过程称为汽油机的正常燃烧。若设计或控制不当，汽油机偏离正常点火的时间及地点，由此引起燃烧速率急剧上升，压力急剧增大，如爆燃、表面点火和激爆等异常现象，都属于不正常燃烧。

1．爆燃

（1）爆燃的现象

爆燃（爆震）是汽油机最主要的一种不正常燃烧，常在压缩比较高时出现。如图 5-4 所示，爆燃时，缸内压力曲线出现高频大幅度波动（锯齿波），同时发动机会产生一种高频金属敲击声，因此也称爆燃为敲缸（knock）。

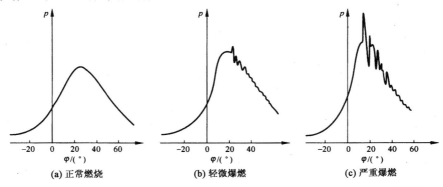

（单缸机，排量为 $381\mathrm{cm}^2$，$n=4000\mathrm{r/min}$，节气门全开，喷油提前角由（a）到（c）依次加大）

图 5-4　汽油机爆燃时的示功图

汽油机爆燃时一般出现以下外部特征。

① 发出频率为 $3000\sim7000\mathrm{Hz}$ 的金属振音；

② 轻微爆燃时，发动机功率略有增加，强烈爆燃时，发动机功率下降，转速下降，工作不稳定，机身有较大震动；

③ 冷却系统过热，汽缸盖温度、冷却液温度和润滑油温度均明显上升；

④ 爆燃严重时，汽油机甚至冒黑烟。

（2）爆燃的机理

如图 5-5 所示，火花塞点火后，火焰前锋面呈球面波形状以 30～70m/s 的速度迅速向周围传播，缸内压力和温度急剧升高。燃烧产生的压力波（密波）以音速向周围传播，远在火焰前锋面之前到达燃烧室边缘区域，该区域的可燃混合气（即末端混合气）受到压缩和热辐射，其压力和温度上升，燃前化学反应加速。一般来说，这些都是正常现象，但如果这一反应过于迅速，则会使末端混合气在火焰锋面到达之前即以低温多阶段方式开始自燃。由于这种着火方式类似于柴油机，即在较大面积上多点并同时着火，因而放热速率极快，使局部区域的温度压力陡增。这种类似阶跃的压力变化，形成燃烧室内往复传播的激波，猛烈撞击燃烧室壁面，使壁面产生振动，发出高频振音（即敲缸声），其频率主要取决于燃烧室尺寸（主要是缸径）和激波波速，这就是爆燃。爆燃发生时，火焰传播速度可陡然高达 100～300m/s（轻微爆燃）或 800～1000m/s（强烈爆燃）。

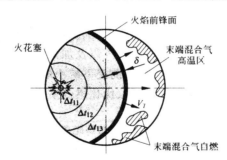

图 5-5　汽油机爆燃的机理

（3）爆燃的危害

① 热负荷及散热损失增加。爆燃发生时，剧烈无序的放热使缸内温度明显升高，加之压力波的反复冲击破坏了燃室壁面的层流边界层和油膜，从而使燃气与燃室壁面之间的传热速率大大增加，散热损失增大，汽缸盖及活塞顶部等处的热负荷上升，甚至造成铝合金活塞表面发生烧损及熔化（烧顶）。

② 机械负荷增大。发生爆燃时，最高燃烧压力和压力升高率都急剧增高，$(\mathrm{d}p/\mathrm{d}\varphi)_{\max}$ 可高达 65MPa/(°)，受压力波的剧烈冲击，相关零部件所受应力大幅度增加，严重时会造成连杆轴瓦破损。

③ 动力性和经济性恶化。由于燃烧极不正常，以及散热损失大大增加，使循环热效率下降，导致功率和燃油消耗率恶化。

④ 磨损加剧。由于压力波冲击缸壁破坏了油膜层，导致活塞、汽缸和活塞环磨损加剧。

⑤ 排气异常。爆燃时产生的高温会引起燃烧产物的热裂解加速，严重时析出碳粒，排

气产生黑烟，燃室壁面形成积碳，而这又构成了表面点火（见后述）的起因。

总之，爆燃会给汽油机带来极大危害。为防止爆燃，汽油机的压缩比一般不超过8～10，这是汽油机经济性始终低于柴油机的一个主要原因。

（4）爆燃燃烧的影响因素

如果由火核形成至火焰前锋传播到末端混合气为止所需时间为 t_1，由火核形成至末端混合气自燃着火所需时间为 t_2，由于爆燃是在火焰前锋尚未到达时末端混合气发生自燃引起的，因而不发生爆燃的充分必要条件是：$t_1 < t_2$。凡是使 t_1 减少和 t_2 增加的因素均可抑制爆燃倾向，反之，均使爆燃倾向增加。

图 5-6 给出了各种因素对 t_1 和 t_2 的影响，从中可以得出防止爆燃的技术措施。概括起来为三类，即燃烧室结构参数、运转参数、燃料特性。由图 5-6 中不难看出，对于压缩比、点火提前角、残余废气系数、过量空气系数及进气温度等因素的要求往往是矛盾的。实践表明，这些矛盾因素中，加长滞燃期的效果更好，即降低压缩比、推迟点火提前角、降低进气温度，采用稀混合气以及加大残余废气系数都会减轻爆燃的倾向。实际中，要在尽可能保证燃烧热效率的前提下减小爆燃，因而最主要和最有效的方法是，适当减小点火提前角和降低压缩比、优化燃烧室设计、提高燃料抗爆性等。

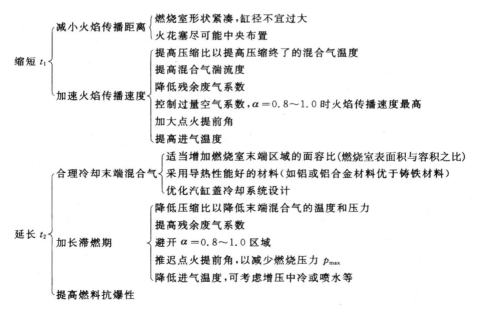

图 5-6　爆燃燃烧的影响因素

2. 表面点火及其防止措施

在汽油机中，不是靠电火花点燃，而是由燃烧室内炽热表面点燃引起的着火称为表面点火。表面点火使汽油机燃烧过程变得不可控制，引发一系列不良后果。

（1）表面点火的起因及危害

容易形成炽热表面的部位有，排气门头部、火花塞裙部（可高达 800～900℃）、燃烧室内壁凸出部位等；另外，燃烧室壁面积炭的导热性差，难以冷却，易形成炽热表面。有资料表明，含有铅化合物的积炭更容易引燃混合气，因为铅化合物的催化作用可使积炭着火温度由 600℃降低到 340℃。

发生在火花塞点火之前的表面点火也称早火（早燃），反之则称为后火（后燃）。早火对发动机的危害最大，由于早火使实际着火时间提前，并且这种炽热表面点火的面积远比火花塞点火时的大，一旦着火，火核面积和燃烧速度都较正常燃烧大得多，汽缸压力和温度急剧增高，发动机工作粗暴。如图 5-7 所示，早火使压缩行程的负功增大，动力性和经济性恶化。燃烧室热负荷和机械负荷增加，由于活塞和连杆等零部件在压缩行程末期受到较大的冲击载荷产生振动，因而发出一种沉闷的低频敲缸声（600～1200Hz），可与爆燃时的高频敲击声相区分。推迟点火提前角可以减轻和消除爆燃，但无法消除表面点火引起的不正常燃烧。

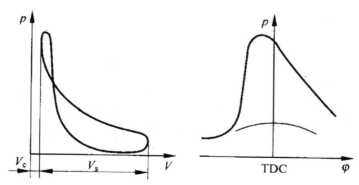

图 5-7　汽油机早火时的示功图

后火若不引发爆燃，一般危害不大，甚至对循环热效率稍有改善，但会使燃烧温度逐渐升高，有演化为早火的可能。另外，有后火的发动机在停车以后，有时出现仍像有火花塞点火一样继续运转的现象，也被称为续走。

（2）爆燃性表面点火

程度严重或长时间的早火，往往会引起爆燃性表面点火，也称激爆，其危害程度比普通爆燃更甚。由于表面点火的产生，使发动机实际着火时间提前，导致爆燃产生，而爆燃又明显提高了燃烧室的温度水平，使表面点火愈发严重，两者相互促进，导致激爆产生。此时压力升高率为正常值的 5 倍，最高燃烧压力为正常燃烧时的 1.5 倍。由于表面点火的时间随温度水平上升逐渐前移，有时会造成单缸机停车和多缸机破损。

（3）影响表面点火的因素和防止措施

凡是能促使燃烧室温度和压力升高以及积炭形成的因素，都能促成表面点火。例如，表面点火多发生在高压缩比（$\varepsilon > 9$）的常规的强化汽油机上。此外，点火能量小的燃料也容易产生表面点火。苯、芳香烃、醇类燃料抗表面点火性较差；而异辛烷抗表面点火性好，抗爆性也好，所以是很优良的燃料成分。

防止表面点火的主要措施有：

① 防止燃烧室温度过高，这包括与降低爆震同样的方法，如降低压缩比和减小点火提前角等。

② 合理设计燃烧室形状，使排气门和火花塞等处得到合理冷却，避免尖角和突出部。

③ 选用低沸点汽油，以减少重馏分形成积炭。

④ 控制润滑油消耗率，因为润滑油容易在燃烧室内形成积炭，同时应选用成焦性较小的润滑油。

⑤ 有些汽油和润滑油添加剂有消除或防止积炭作用。

⑥ 提高燃料中抗表面点火性好的成分，如异辛烷等。

5.2.3　影响汽油机燃烧的主要因素

1. 使用因素的影响

（1）点火提前角的影响

点火提前角是用来表示点火时刻的。图 5-3 中从火花塞跳火开始到活塞运行到上止点为止的曲轴转角 θ，即为点火提前角。它对燃烧过程的有效性和发动机工作的正常性有很大的影响。

对一般的发动机来说，在压缩行程时，如活塞到达上止点时才点火是不合理的，这叫点火过迟。实际上，燃烧不是瞬时完成的，电火花点火以后，要经过着火延迟期，然后才进入猛烈的急燃期。如点火提前角过小，将使混合气一面燃烧，而活塞一面下行，即燃烧过程是在容积不断增大的膨胀过程中进行。这就使炽热气体与汽缸壁的接触面积增加，散热损失增大，而燃烧放热量未得到充分利用，最高燃烧压力降低，气体的膨胀功减少。其结果导致发动机过热，功率下降，耗油量增加。

若点火提前角过大，则在压缩过程后期燃烧的燃料量增多，使压力升高率增大，消耗的压缩功增加，最高燃烧压力较高，加重了零件的机械负荷。这同样会使发动机过热和功率下降，并使产生爆燃的倾向增加和可能引起发动机运转不稳定。

对于确定的发动机，在一定的运转状况下，总可以选择到一个最合适的点火提前角。在这种情况下，由于燃烧比较及时，热量利用较好，传给汽缸壁和废气带走的热量都较少，压力升高率也适当。因而发动机功率大，油耗率最低，与这种良好工况相对应的点火提前角称为最佳点火提前角。最佳点火提前角，是相当于使最高燃料压力出现在上止点后 $12°\sim15°$ 曲轴转角。最佳点火提前角的选择，要考虑在发动机的整个运行范围内能保证最大功率而无爆燃发生。

最佳点火提前角并非常值，发动机在不同的转速、不同的节气门开度和不同的技术状况下，其最佳点火提前角也不相同。因此，必须随着使用情况的不同，及时地对点火提前角进行相应的调整，使之接近最佳值。

不同点火提前角的示功图如图 5-8 所示（在试验范围内可见）。

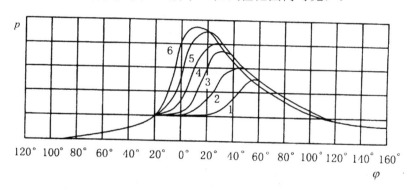

图 5-8　不同点火提前角的示功图

① 随着点火提前角增大，从示功图上压力偏离压缩线（大致相当于火焰中心形成）开始到最高燃烧压力 p_z 出现（大致相当于火焰传遍整个燃烧室）的时间 t_1 减小，即 p_z 出现较早。

② 随着点火提前角增大，p_z 值也增大。增大对提高发动机的功率来说，一般是有利的。但是增大对终燃混合气的挤压作用也增大，使其温度升高，自燃准备时间 t_2 减少。由实验得知，在实用的点火提前角范围内，θ 增大时，t_1 减小，t_2 减小，但 t_2 起主导作用，因此，增大则爆燃倾向也增加。

汽油机的低转速、节气门全开时最容易产生爆燃。因此，在此种工况下调整点火提前角，调至节气门急开时有轻微爆燃，则其他工况都不会出现爆燃。这就是点火提前角的最佳调整。

此外，汽缸压缩压力的大小会影响压缩过程终了时气体的压力和温度，因而也会影响混合气的燃烧速度。因此，当汽车经过一段时间的使用之后，发动机汽缸的压缩压力会有所降低，此时便应将点火提前角适当地调大，以补偿由于燃烧速度降低使燃烧过程延长的时间。

（2）混合气浓度的影响

混合气的浓度常用过量空气系数或空燃比表示。混合气浓度对火焰传播能否进行、火焰传播速度的大小及是否发生爆燃都有很大的影响。

混合气的浓度不同，燃烧时火焰传播速度也不同，如图 5-9 所示。

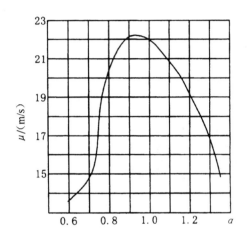

图 5-9　混合气浓度对火燃传播速度的影响

试验表明，当 $\alpha = 0.85 \sim 0.95$ 时火焰传播速率最高，因而燃烧速率最大，使燃烧最高温度和压力都提高。此时，循环指示功最大。这样的混合气常称为功率混合气。使用的混合气，还有另外两方面的有利影响。其一是由于燃料蒸发量增多使进气温度下降，因而 η_v 增大。另一方面是燃烧后气体的分子变化系数增大，分子数增多，有利于提高气体的压力。这些有利于燃烧最高压力与温度及指示功的提高。$\alpha < 1$ 的不利影响是燃烧不完全，燃料消耗率 g_e 略有增加。

当 $\alpha = 1.05 \sim 1.15$ 时，燃料消耗率最低，此种混合气常称为经济混合气。因为混合气形成不可能绝对均匀，在 $\alpha = 1$ 时不能实现完全燃烧。混合气稍稀，燃烧比较完全，热效率因而提高。但此时指示功略有下降。

对于 $\alpha < 0.85 \sim 0.95$ 的过浓混合气，由于混合气中严重缺氧而使燃烧不完全，一部分燃料的热能不能释放出来，所以热效率下降。当 $\alpha > 1.05 \sim 1.15$ 时，火焰传播速率下降较多，使燃烧过于缓慢，补燃量增多，也使热效率下降。如果混合气太稀，补燃会一直延续到排气终了，可能引起化油器回火。

汽车在实际使用中发动机经常是在部分负荷下工作，这时使用经济的 α 值可以提高汽车的燃料经济性。汽车在满负荷时要求汽油机产生最大功率，此时应使用最大功率的 α 值。此外，汽车在低负荷或怠速时，进入汽缸的可燃混合气数量少，而汽缸残余废气相对增多，混合气受到稀释，这样就容易产生断火现象。为此，供给较浓的混合气能保证发动机的稳定运转。

使用 $\alpha = 0.85 \sim 0.95$ 的混合气时，产生爆震燃烧的倾向增加。此种混合气的火焰传播速度最高，控火焰传播时间 t_2 缩短。但是，此种混合气的着火延迟期也最短。而且由于汽缸内的 $\Delta p / \Delta \varphi$、燃烧产物的压力和温度都有较高的数值，更使末端混合气的自燃准备时间 t_2 缩短。试验证明，t_2 起主导作用，因此在 $\alpha = 0.85 \sim 0.95$ 时，爆震燃烧的倾向最大。过浓或过稀的混合气均有助于减少爆燃。

可燃混合气的浓度只有在一定的范围内，才能保证火焰进行传播，这就是火焰传播界限。当 $\alpha = 0.4 \sim 0.5$ 时，由于混合气严重缺氧，燃烧不完全而放出的热量减少，因而燃烧温度降低，不足以使相邻的未燃燃料分子活化，火焰无法传播。因此 $\alpha = 0.4 \sim 0.5$ 的混合气成分称为火焰传播上限。当 $\alpha = 1.3 \sim 1.4$ 时，由于其热值过低，燃烧放热量少，同样不能进行火焰传播，称为火焰传播下限。

为保证混合气正常燃烧，混合气浓度必须在火焰传播界限之内。汽油机火焰传播界限为 $\alpha = 0.5 \sim 1.2$。混合气浓度在这一范围内，可以保证发动机稳定可靠的运转。火焰传播上限的最小数值，在汽油机工作中并无实际意义上的限制。

值得指出的是，火焰传播界限并不是一成不变的常数。它随引起燃烧的条件变化而略有增减。例如，混合气的温度高，火焰传播界限就略有扩大；混合气中废气含量多，火焰传播界限就变窄。压力的影响比温度的影响更大，但它没有一定的规律。压力上升时，由于混合气的能量增加，一般来说，火焰传播界限变宽；但 CO 则相反，火焰传播界限反而变窄。

同样，上面叙述的过量空气系数 α 值的最有利范围，即功率混合气和经济混合气的 α 值，都是指节气门全开情况下测定的数值。当节气门开度减小时，由于残余废气的稀释作用，功率混合气和经济混合气的 α 值均应略小一些，才能符合要求。因此，在一定转速下，不同节气门开度所要求的功率混合气或经济混合气都是不相同的。

（3）转速的影响

① 对着火延迟的影响。转速增高时，按秒计的着火延迟期变化不大，按曲轴转角计的着火延迟期则随之增大。因为当转速增高时，一方面由于紊流加强，混合气的形成更趋均匀，加之压缩终了时气体温度升高，使着火延迟期缩短。但另一方面残余废气系数增加，气流吹走电火花的趋势增大，又使着火延迟期增长。两者综合，按秒计的着火延迟期基本不变，按曲轴转角计的着火延迟期增大。因此，汽油机设有离心式点火提前角自动调节装

置，在转速增加时，自动增大点火提前角。

② 对火焰传播速率和爆燃的影响。当转速增高时，进气与挤气紊流均增强，火焰传播速率大体上与转速成正比例增加，因而最高燃烧压力 p_z 及 $\Delta p/\Delta \varphi$ 的值随转速变化不大。

由于转速增高，火焰传播速率增加，火焰传播时间 t_1 缩短，爆燃的倾向减小。可用提高转速的方法消除爆燃或降低对辛烷值的要求。

（4）负荷的影响

汽油机的负荷变化时，是靠改变节气门开度，调节进入汽缸的混合气数量达到不同的负荷要求。这种调节方法称为量调节。

① 对着火延迟期的影响。负荷减小时，节气门的开度减小，进入汽缸的混合气量减小，而缸内残余废气量基本不变，残余废气系数 γ 增大，对混合气有稀释作用。同时，因每循环燃烧的燃烧量减小，故缸内温度下降。这些都使着火延迟期增长。为此，必须相应地增大点火提前角。用真空式点火提前角调节装置来自动调节。

② 对火焰传播速率的影响。负荷减小时，由于残余废气的稀释作用增大，燃烧温度下降，火焰传播速率下降，因此，最高燃烧压力、最高温度、$\Delta p/\Delta \varphi$ 均下降，同时散热损失相对增加，因而比油耗增大。

③ 对爆燃的影响。负荷减小，由于残余废气的稀释作用增加，汽缸内的温度、压力下降，使自燃准备时间增大，故爆燃的倾向减小。

（5）燃烧室沉积物的影响

发动机工作过程中，在燃烧室零件表面上逐渐产生一层沉积物。沉积物的成分变化很大，使用非乙基汽油时，主要是碳，使用乙基汽油时，主要是铅化物。

由于沉积物导热不良，温度较高，它不断加热混合气并使终燃混合气温度升高；而且它本身占有容积，使压缩比相对增大，因而使爆燃倾向增加。

2. 结构因素对燃烧过程的影响

（1）压缩比 ε 的影响

压缩比增大时，汽缸内的温度、压力上升，使火焰传播速度加快。同时燃烧产物的膨胀比增大，使热效率提高。在压缩比较低的区间，效果尤为明显。还必须着重指出的是，提高压缩比可以有效地改善汽油机部分负荷时的经济性。这一点对车用汽油机尤为重要。因此，目前提高压缩比仍是提高汽油机燃料经济性的主要措施之一。

压缩比对实际汽油机油耗的影响，可用不同型式燃烧室在单缸机上的试验结果来说明。由图 5-10 可见，在全负荷工况下，当 ε 由 8 提高到 13 时，平均指示比油耗约降低了 8%。但 ε 增大受到爆燃和排气污染的限制，必须适当降低 ε 的数值，一般不超过 10.5。

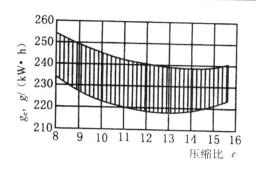

图 5-10　全负荷时指示比油耗与压缩比的关系

此外，提高压缩比，还能扩大火焰传播界限，便于采用稀混合气。

（2）燃烧室结构的影响

燃烧室结构对火焰传播距离、火焰传播速度、爆燃、散热损失以及充气效率均有较大的影响。为使汽油机的动力性高、经济性好、工作柔和平顺、燃烧正常、排气污染小，对燃烧室的要求如下。

① 燃烧室结构要尽量紧凑。

紧凑的燃烧室，火焰传播距离短，火焰传播时间缩短，抗爆性提高。由于面容比较小，热损失小，热效率也提高。另外，因激冷面减小，可减小碳氢化合物的排放。

② 燃烧室的容积分布要合理。

燃烧室的容积分布直接影响燃烧放热规律，影响燃烧压力上升速率、工作柔和性和热效率。用不同形状的燃烧弹试验，结果如图 5-11 所示，1 为圆锥形燃烧室在底部点火，开始燃烧速率大，后期缓慢。3 为圆锥形燃烧室在顶部点火，与 1 正好相反，开始燃烧速率小，后期急剧增大。2 为圆柱形，介于两者之间。楔形燃烧室与 1 类似，浴盆形燃烧室与 2 有类似之处。

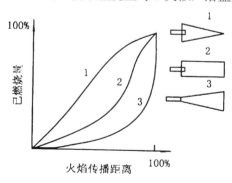

图 5-11　燃烧室容积分布对燃烧过程的影响

合理的容积分布应使燃烧过程初期 $\Delta p/\Delta \varphi$ 较小,发动机工作柔和;中期放热量最多,获得较大的功;后期补燃期较少,因此有较高的热效率。实际上,容积分布与火花塞位置是统一考虑的。

③ 燃烧室要便于安排较大的进气通道面积,减少进气阻力。

减少进气阻力,可增大进气充量,提高发动机的升功率和热效率。楔形燃烧室,气门略有倾斜,可加大进气门直径;进气道转弯也小,充气效率高。

④ 要产生适当的气体扰流。

汽油机燃烧室内形成适当强度的气体扰流,可以加快火焰传播速率,扩大混合气的可燃范围,燃烧更稀的混合气。燃烧室内的气体扰流主要是进气扰流和压缩挤流,其次是燃烧扰流。

进气扰流:进气道适当偏置,可引导进气流形成气体大旋流。大面积的扰流夹杂有许多小旋流,形成紊流状态。紊流强度增加,则火焰传播速度加快。紊流强度直接受转速的影响。转速增大时,紊流火焰传播速度几乎直线上升。另外,进气扰流使进气阻力增加,充气效率下降。

压缩挤流:在压缩行程末期,活塞接近上止点时,在活塞顶与汽缸的挤气面积之间,气体被挤入燃烧室的主要空间,产生扰流。组织压缩挤流,不仅可以提高火焰传播速率,而且使燃烧室更集中于火花塞附近。使气间隙内的混合气数量少,冷却强,有利于提高抗爆性。压缩挤流不降低充气效率,即使在低转速低负荷时,仍能维持一定的扰流强度,故组织压缩挤流的办法被广泛采用。

燃烧扰流:由于已燃部分气体的温度、压力升高,燃烧室内压力不均衡所引起的气体扰流,一般属于波动性的微扰流。近年来为提高发动机的经济性和降低排气污染,采用稀薄燃烧,燃烧扰流逐渐应用于汽油机。

⑤ 火花塞位置要适当。

火花塞的位置直接影响火焰传播距离,从而影响抗爆性。所以:火花塞应设置在燃烧室中央,以缩短火焰传播距离和火焰传播时间;火花塞应靠近排气门(排气门附近的气体温度高,最易产生爆燃,应使它及早燃烧);火花塞还应设置在进、排气门之间,以便于新鲜混合气冲刷火花塞间隙,充分清除残余废气,并保持足够的新鲜混合气浓度,使着火容易。这对怠速或低负荷的运转稳定性尤为重要。但气流又不可过强,以免火花被吹散。

⑥ 末端混合气要适度冷却。

在火焰传播的末端要有足够的冷却强度,以降低终燃混合气的温度,减轻爆燃倾向。但又不可使激冷层过大,以免增加碳氢化合物的排放。

复习思考题

1. 说明汽油机燃烧过程各阶段的主要特点，以及对它们的要求。
2. 爆燃燃烧产生的原因是什么？它会带来什么不良后果？
3. 爆燃和早燃有什么区别？
4. 爆燃的机理是什么？如何避免发动机出现爆燃？
5. 何谓汽油机表面点火？防止表面点火的主要措施有哪些？
6. 分析运转因素对燃烧过程的影响。
7. 分析过量空气系数和点火提前角对燃烧过程的影响。
8. 电控汽油喷射系统与化油器相比有哪些优点？

第 6 章　柴油机混合气的形成和燃烧

6.1　柴油机混合气的形成

在柴油机的工作过程中，混合气形成和燃烧是主要过程，对柴油机性能影响最大。混合气的形成过程直接影响燃烧过程。在燃烧过程中，燃烧的化学能经过燃烧产生热量，使气体膨胀做功，转变为机械能。燃烧过程的好坏，关系到能量转换效率的大小，从而直接影响柴油机的性能指标。柴油机混合气形成和燃烧牵涉面很广，影响因素很多，本章着重介绍柴油机混合气形成和燃烧的最基本内容。

6.1.1　柴油机混合气的形成特点和方式

柴油机混合气的形成，是指燃料自喷入汽缸至着火及燃烧的整个阶段中所发生的破碎、雾化、汽化并与空气之间相互渗透和扩散的过程，它直接决定着燃烧质量。由于柴油的蒸发性差，因此柴油机采用高压喷射的方法，即在压缩行程接近终了时，借助喷油器将柴油喷入燃烧室，与汽缸中高温、高压的空气混合形成可燃混合气。经过一系列物理化学准备后，着火燃烧；随后混合气的形成与燃烧便重叠进行，即一边喷油、混合和一边燃烧。

柴油机的混合气形成与汽油机相比有两个最显著的特点：混合气形成在汽缸内部；混合气形成时间较短。从喷油开始到喷油结束，约占 $15°\sim30°$ 曲轴转角，当柴油机转速为 2000r/min 时，$15°$ 的曲轴转角相当于 1/8000s，在如此短的时间内，混合气的形成是极不充分的，也极不均匀。为了使喷入汽缸中的柴油尽可能燃烧完全，在柴油机中常使用 $\alpha>1$ 的稀混合气。但过大会影响柴油机的动力性，一般高速柴油机 $\alpha=1.2\sim1.6$，增压柴油机 $\alpha=1.8\sim2.2$。

柴油机混合气形成的理想过程应该是燃料喷入燃烧室后在尽可能短的时间内与周围空气均匀雾化、混合，形成可燃混合气；着火后继续喷入的燃料应及时得到足够的空气和混合能量，以便迅速混合，力求避免燃料直接进入高温缺氧区域，引起裂化。

柴油机混合气的形成依靠两方面的作用：燃料喷雾和组织空气运动。空气运动可以促使柴油很快在整个燃料室空间得以均匀分布，加速混合气形成。

柴油机的混合气形成方式可分为两大类，即空间雾化混合与壁面油膜蒸发混合。

1. 空间雾化混合

将燃油喷射到空间进行雾化，通过燃油与空气之间的相互运动和扩散，在空间形成可燃混合气的方式称为空间雾化混合。这时，燃油与空气的相对运动速度是起主要作用的因素。相对运动速度越高，油粒与空气的摩擦和碰撞越激烈，分散后的油粒也越细小，混合气越均匀。混合气在这一过程中混有尚未蒸发汽化的液态油粒，不完全是气相的。

　　直喷式柴油机中的混合气形成方式如图 6-1 所示。一种方法是采用多孔喷油器（6～12孔）以高压将燃油喷入燃烧室中的静止空气中，通过燃油的高度雾化和多个油束均匀覆盖大部分燃烧室，形成可燃混合气。混合所需能量主要来源于油束，空气是被动参与混合的，因而是一种"油找气"的混合方式。由于不组织进气涡流，进气充量较高，但混合气浓度分布不均匀，在早期的柴油机和目前的大型低速柴油机中，一般过量空气系数较大，燃烧时间较长，采用这种混合方式尚能达到满意的指标。而在车用高速柴油机中，由于转速高，燃烧时间短，这种混合方式不能保证迅速和完全的燃烧。

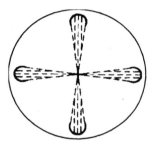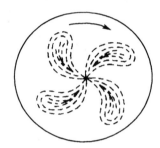

（a）静止空气　　　　　（b）空气做旋转运动

图 6-1　直喷式柴油机的混合气形成方式

　　图 6-1（b）则表示油和气相互运动的混合气形成方法。用喷孔较少（3～5 孔）的喷油器将燃油喷到空间中，由于组织进气涡流，在喷油能量和空气旋流的同时作用下，油束的扩散范围急剧扩大。这时涡流强度与油束的匹配是十分重要的，在理想的涡流强度下，相邻油束几乎相接，以使油雾尽可能充满燃烧室。涡流太弱，油束扩散范围不够；涡流过强，上游油束的已燃气体又会妨碍下游油束前端部的燃烧，这种现象也称为过强涡流。

　　在分隔式燃烧室中，尽管也是空间混合方式，但采用的是两阶段混合方法，第一阶段混合时，利用压缩涡流和较低压力油束双方的能量，在不十分均匀的混合状态下进行着火燃烧。然后利用高温高压的燃烧气体本身的能量，在主燃烧室内进行第二阶段的混合。

　　还有一种撞击喷射（将燃油高速喷向壁面产生撞击），基本上也是一种空间混合方式，通过油束对不同形状壁面的撞击和反弹，使油束的分布范围扩大，在涡流的作用下，快速形成混合气。

2. 油膜蒸发混合

　　以球形燃烧室为代表的壁面油膜蒸发混合方式如图 6-2 所示。燃油沿壁面顺气流喷射，在强烈的涡流作用下，在燃烧室壁面上形成一层很薄的油膜。在较低的燃烧室壁温控制下，油膜底层保持液态，表层油膜开始时以较低速度蒸发，加上喷油射束在空间的少量蒸发，形成少量可燃混合气。着火后，随燃烧的进行，油膜受热逐层加速蒸发，使混合气形成速度和燃烧速度加速。这一混合方式中起主要作用的因素是燃烧室壁面温度空气、相对运动速度和油膜厚度。混合气在这一过程中完全是气相的。

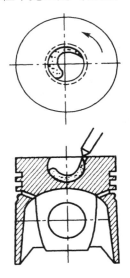

图 6-2　油膜蒸发混合方式

3. 两种混合方式的对比

在空间雾化混合中，燃油的喷雾特性对混合起决定性的作用。为提高混合气形成速度，往往要将燃料尽可能喷得很细，分布均匀。这样就会使较多的油滴受热蒸发，在着火延迟期内形成大量的可燃混合气，造成燃烧初期放热率过大，压力急剧升高，工作粗暴，NO_x 排放高。但如果减小着火延迟期内混合气生成量，则势必造成大量燃油在着火后的高温高压下蒸发混合，容易因气不足而裂解成碳烟。因此，空间雾化混合方式尽管有较高的热效率，但碳烟、NO_x 和燃烧噪声均较高。

油膜蒸发混合的指导思想是利用燃油蒸发速率控制混合气生成速率，燃烧室壁面温度和空气旋流起了主要作用。在喷入燃烧室的燃料量相同的条件下，由于油膜受热蒸发所需时间要比细小油滴长得多，加之燃烧室壁温控制较低，使油膜蒸发混合方式在期内生成的混合气量远小于空间雾化方式。随燃烧进行，在高温和火焰辐射作用下，油膜蒸发加速，使混合气生成速度加快。另外，大部分燃料是在蒸发后以气体状态与空气或高温燃气接触，可以避免空间雾化混合时常有的液态燃油高温裂解问题，使碳烟特别是大颗粒碳烟排放降低。

由于油膜蒸发混合方式存在一些难以解决的问题，所以在实际中应用不多，但它的提出打破了原来空间雾化混合概念的束缚，开阔了内燃机混合气形成和燃烧的思路，具有重要的理论意义。例如，有的缸内直喷式汽油机采用了这种壁面油膜蒸发混合方式。

6.1.2 影响混合气形成的主要因素

影响混合气形成的主要因素包括：燃料喷雾、气流运动、燃烧室结构等。

1. 燃料的喷雾对混合气形成的影响

利用喷油器将柴油喷散成细粒的过程，称为柴油的喷雾或雾化。

（1）油束的形成

经高压油管的燃油以高压（15～30MPa）高速（100～300m/s）从喷油器的喷孔喷入汽缸，由于空气阻力及高速流动时的内部扰动而被粉碎成细小油滴，增加了空气接触氧化的机会。

在静止的压缩空气中，从喷油嘴中喷入汽缸的油束形状如图 6-3 所示，油束的外缘区油滴直径细小且稀疏，油滴速度越向外越低。油束核心部分不能完全粉碎，油滴直径较大，雾化不良，且很稠密。

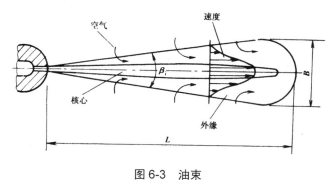

图 6-3 油束

（2）衡量油束雾化质量的三个参数

衡量油束雾化质量有三个参数。

① 油束的射程（L）。油束的射程（L）表示油束的贯穿能力。射程越长，贯穿力越强。但是，射程的长短应该与燃烧室相匹配，缸径大的燃烧室要求射程长，而若小缸径燃烧室采用长射程，则大部分燃油将喷射到缸壁，并积聚在缸壁，不能很好地与空气混合。

② 雾化质量。雾化质量指柴油喷散雾化的程度。它包括细度和均匀度。喷雾越细、越均匀，则雾化质量越好。

③ 油束的锥角（β）。油束的锥角（β）衡量油束的紧密程度。它标志油束在燃烧室中的扩散程度。β 大说明油束松散，油粒细，则柴油雾化好，混合气均匀。

（3）影响油束的特性因素

① 喷油器的结构。喷油器结构方面的主要影响因素是：喷孔的大小和喷油器头部的结构形状。减小喷孔直径，雾化质量得到改善，但容易引起喷孔堵塞。

② 喷油压力。喷油器的喷油压力越高，油束的速度越高，所受扰动越大，雾化质量越好，但这除了要消耗更多的能量外，高压油管容易破裂，喷油器容易磨损。

③ 缸内介质反压力。汽缸内介质反压力增大时，射程减小，而油束锥角增大，总的来说，对雾化性能影响不大。

（4）喷油泵凸轮形状

喷油泵凸轮形状曲线越陡，在高压油管内越容易建立高压，喷油越迅速，雾化性能得到改善。

（5）转速

发动机转速增加，相对喷油时间需要缩短，喷油速度加快，雾化质量提高。

（6）燃油黏度

燃油黏度越大，油滴越不易分散，雾化质量越差。

另外，对雾化质量的要求要视各种燃烧室的结构而有所不同。一般都是根据燃烧方式而寻求燃烧室形状、空气运动和喷油系统的最佳匹配。

2. 空气运动对混合气形成的影响

燃料完成喷射雾化后，还须与空气迅速有效地混合，才能形成均匀的可燃混合气。为了更有效地形成可燃混合气，改善燃烧过程，通常要组织空气的运动。对于柴油机而言，空气运动尤为重要。组织空气运动的形式如下。

（1）进气涡流

进气涡流主要是指绕汽缸中心线的定向涡流。它能改善混合气的形成，还能提高火焰传播速度，加快燃烧速度。

（2）挤气涡流

挤气涡流是利用活塞运动产生的涡流。它能使混合气在燃烧前在燃烧室内产生较强的气体扰动，燃烧后期又产生更加强烈的扰动。

（3）燃烧涡流

燃烧涡流是指燃烧过程中产生的涡流，如果燃烧过程中出现压力不均匀，就会发生气体从高压区向低压区的流动。

6.2　柴油机燃烧过程及影响因素

6.2.1　柴油机燃烧过程

　　柴油机燃烧过程可分为四个阶段，即着火延迟期（又称滞燃期）、速燃期、缓燃期和补燃期，如图 6-4 所示。

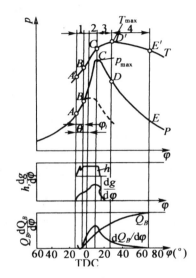

图 6-4　柴油机燃烧过程、喷油速率和放热规律

　　1. 着火延迟期

　　着火延迟期又称为滞燃期、着火落后期（见图 6-4 中的 AB 段），从燃油开始喷入燃烧室内（A 点）至由于开始燃烧而引起压力升高使压力线明显脱离压缩线开始急剧上升（B 点）。随压缩过程的进行，缸内空气压力和温度不断升高，在上止点附近气体温度高达 600℃ 以上，高于燃料在当时压力下的自燃温度。在 A 点被喷入汽缸的柴油，经历一系列复杂的物理化学过程，包括雾化、蒸发、扩散、与空气混合等物理准备阶段以及低温多阶段着火的化学准备阶段，在空燃比、压力、温度以及流速等条件合适处，多点同时着火，随着着火区域的扩展，缸内压力和温度升高，并脱离压缩线。虽然对于局部而言，物理过程和化学过程是相继进行的，但对于整体而言，物理过程和化学过程是重叠在一起的。

　　以秒和曲轴转角为单位的着火延迟期，分别用 t_i 和 φ 表示。一般 $t_i = 0.7 \sim 3\text{ms}$，$\varphi = 8° \sim 12°$。影响着火延迟期长短的主要因素是这时燃烧室内工质的状态。图 6-5 表示了对于十六烷值为 56 的柴油，温度与压力对着火延迟期的影响。由图可见，温度越高或压力越高，则着火延迟期越短。柴油的自燃性较好（十六烷值高），着火延迟期也较短。其他影响着火延迟期长短的因素还有燃烧室的型式和缸壁温度等。

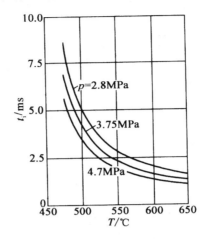

图 6-5　温度与压力对着火延迟期的影响

柴油机着火延迟期长短会明显影响该阶段喷油量和预制混合气量的多少，从而影响柴油机的燃烧特性、动力性、经济性、排放特性以及噪声振动，必须精确控制。

2. 速燃期

速燃期为图 6-4 中的 *BC* 段，即从压力脱离压缩线开始急剧上升（*B* 点）至达到最大压力（点 *C*）。速燃期内，由于在着火延迟期内做好燃烧前准备的非均质预混合气多点大面积同时着火，而且是在活塞靠近上止点时汽缸容积较小的情况下发生，因此气体的温度、压力急剧升高，燃烧放热速率 $dQ_B/d\varphi$ 很快达到最高值。燃烧室内的最大压力（又称为最大爆发压力）可达到 13MPa 以上，最大爆发压力的高低除了受燃烧过程的直接影响外，还主要与压缩比、压缩始点的压力等因素有关。一般用平均压力升高率 $\Delta p/\Delta\varphi$（MPa/°CA，其中"CA"表示曲轴转角——crankshaft angle）以及最大压力升高率 $(dp/d\varphi)_{max}$ 来表示压力急剧上升的程度。平均压力升高率定义为：

$$\frac{\Delta p}{\Delta \varphi} = \frac{p_C - p_B}{\varphi_C - \varphi_B}$$

式中，p_B、p_C 分别为 *B* 点和 *C* 点的压力；φ_B、φ_C 分别为 *B* 点和 *C* 点所对应的曲轴转角（°）。

压力升高率的大小对柴油机性能有至关重要的影响，一般柴油机 $dp/d\varphi = 0.2 \sim 0.6$MPa/°CA，直喷式柴油机较大，$dp/d\varphi = 0.4 \sim 0.6$MPa/°CA。从提高动力性和经济性的角度来看，$dp/d\varphi$ 大一些为好，但 $dp/d\varphi$ 过大会使柴油机工作粗暴；噪声明显增加；运动零部件受到过大冲击载荷，寿命缩短；过急的压力升高会导致温度明显升高，使氮氧化物生成量明显增加。为兼顾柴油机运转的平稳性，$dp/d\varphi$ 不宜超过 0.4 MPa/°CA，而为了抑制氮氧化物的生成，$dp/d\varphi$ 还应更低。

为了控制压力升高率，应减少在着火延迟期内的可燃混合气的量。可燃混合气的生成量要受着火落后期内喷射燃料量的多少、着火落后期的长短、燃料的蒸发混合速度、空气运动、燃烧室形状和燃料物化特性等多种因素的影响。一般来说，这可以从两个方面来考虑，一方面可缩短着火延迟期的时间，另一方面可减少着火延迟期内喷入的燃油或可能形成可燃混合气的燃油。$dp/d\varphi$ 和最大爆发压力的控制一直是柴油机的重要研究课题。

3. 缓燃期

缓燃期为图 6-4 中的 *CD* 段，即从最大压力点（点 *C*）至最高温度点（点 *D*）。一般喷射过程在缓燃期都已结束，随着燃烧过程的进行，空气逐渐减少而燃烧产物不断增多，燃烧的进行也渐趋缓慢。缓燃期的燃烧具有扩散燃烧的特征，混合气形成的速度和质量起着十分重要的作用。在这一阶段内，采取措施使后期喷入的燃油能及时得到足够的空气，尽可能地加速混合气的形成，保证迅速而完全的燃烧，从而提高柴油机的经济性和动力性。柴油机燃烧室内的最高温度可达 2000K 左右，一般在上止点后 20°～35° 曲轴转角处出现。

一般要求缓燃期不要过长，否则会使放热时间加长，循环热效率下降。即缓燃期不要缓燃，而应越快越好。加快缓燃期燃烧速度的关键是加快混合气形成速率。

由于不可能形成完全均匀的混合气，所以使柴油机必须在过量空气系数大于 1 的条件下工作，保证基本上完全燃烧的最小过量空气系数的大小随燃烧室的不同而异，在分隔式燃烧室中最小可达 1.2 左右。与汽油机相比，柴油机的空气利用率较低，这也是其升功率和比重量的指标较汽油机差的主要原因之一。

4. 补燃期

补燃期为图 6-4 中的 *DE* 段，即从最高温度点（*D* 点）至燃油基本燃烧完（*E* 点）。补燃期的终点很难准确地确定，一般当放热量达到循环总放热量的 95%～99%时，就可以认为补燃期结束，也是整个燃烧过程的结束。由于燃烧时间短促，混合气又不均匀，总有少量燃油拖延到膨胀过程中继续燃烧。特别在高速、高负荷工况下，因过量空气系数小，混合气形成和燃烧的时间更短，这种补燃现象就更为严重。补燃期过长，缸内压力不断下降，燃烧放出的热量得不到有效利用，还使排气温度提高，导致散热损失增大，对柴油机的经济性不利。此外，还增加了有关零部件的热负荷。

因此，应尽量缩短补燃期，减少补燃所占的百分比。柴油机燃烧时，总体空气是过量的，只是混合不均匀造成局部缺氧。因此，加强缸内气体运动，可以加速后燃期的混合气形成和燃烧速度，而且会使碳烟及不完全燃烧成分加速氧化。

6.2.2　影响燃烧过程的主要因素

柴油机的燃烧过程对柴油机的工作非常重要。燃烧过程的优劣，直接影响柴油机的动力性和经济性。所谓柴油机的燃烧过程，是指燃料在汽缸中与压缩空气中的氧化而放出热能的过程。其过程受燃油性质、柴油机燃烧室结构形状及与之相匹配的配气系统，供油系统，柴油机使用、调整、保养及维修等多方面因素的影响。

1. 燃油性质的影响

柴油是从石油中提取的，其化学组成为碳氢化合物。车用柴油机多采用轻柴油。柴油的主要使用性能有：发火性、蒸发性、黏度和凝点等。这些指标对柴油机的性能影响很大。

（1）柴油的发火性

发火性是指柴油机的自燃能力。发火性好的柴油，着火延迟期短，燃烧开始后汽缸内压力升高较缓慢，柴油机工作比较平稳，而且由于可在较低温度情况下发火，也有利于启动。

柴油的发火性用"十六烷值"表示。如果燃料的十六烷值较高，则馏程较高，蒸发性差，会造成燃料来不及蒸发，在高温下裂解成碳烟；如果十六烷值较低，则着火性差，会使着火延迟期延长，导致速燃期最高燃烧压力和压力升高率增大，柴油机工作粗暴。因此，柴油的十六烷值应适当。一般车用柴油机的十六烷值为 40～56。

（2）柴油的蒸发性

蒸发性影响着火延迟期内柴油的蒸发量及燃烧的完全程度。蒸发性的好与坏用蒸馏出 50%、90% 和 95% 馏分的温度表示。蒸馏温度越低，蒸发性越好，但在着火延迟期中蒸发的燃料多，发动机工作粗暴；蒸发性过差，又使油粒蒸发过长，与空气混合不均，使燃烧不完善。因此对蒸发性的要求适中最好。

（3）柴油的黏度

黏度决定柴油的流动性。柴油的黏度低，流动性好，雾化好。但过低的黏度会使柴油失去必要的润滑性，而加剧喷油泵和喷油器中精密偶件的磨损，增加精密偶件的漏油量。柴油的黏度大又会造成滤清困难，喷雾不良，流动阻力大。

（4）柴油的凝点

柴油凝点是指柴油冷却到失去流动性的温度。柴油在接近凝点时，流动性差，使供油困难，雾化不良，柴油机无法工作。因此，凝点的高低是选用柴油的主要依据。

国产柴油牌号就是依据柴油的凝点来确定的。例如：10 号轻柴油适合在有预热设备的高速柴油机上使用，0 号柴油适合在最低温度为 4℃以上的地区使用，-10 号柴油适合在最低温度为-5℃以上的地区使用，-20 号柴油适合在最低温度为-5℃～-14℃的地区使

用，-35 号柴油适合于最低温度在-14℃～-29℃的地区使用，-50 号柴油适用于最低温度在
-29℃～-44℃的地区使用。

2. 喷油泵结构参数的影响

喷油泵对柴油机性能的影响主要反映在供油时刻和供油持续时间的影响上。供油时刻
可以由供油提前角调整，而供油持续时间和柱塞直径、凸轮轮廓等因素有关。

（1）供油提前角的影响

对燃烧性能有直接影响的是喷油提前角，但喷油提前角测量比较麻烦，所以平时柴油
机调试，只测量供油提前角。柴油机产品说明书上提供的提前角数据都是指供油提前角。
供油提前角是指喷油泵开始压油到上止点为止的曲轴转角。

供油提前角主要影响经济性、压力升高率和最高燃烧压力。供油提前角过大，则燃料
在压缩过程中燃烧的数量就多，不仅增加了燃料的消耗，而且会使着火延迟较长，压力升
高率和最高燃烧压力迅速升高，发动机工作粗暴、怠速不良、难于启动；如供油提前角过
小，则燃料不能在上止点附近迅速燃烧，而使补燃期增加，使燃油的消耗率和排气温度增
高，发动机过热。因此，对于每一个工况，有最有利的供油提前角，此时燃油消耗率最低。

（2）柱塞直径的影响

不同的柱塞直径对喷油规律影响较大。当柱塞直径增大时，喷油持续时间减小，但柱
塞速度增加时初期喷油速率增大，经济性好但工作粗暴。当发动机强化时，每循环的供油
量加大，要特别考虑增大柱塞直径以缩短喷油持续时间，改善经济性。

（3）油泵凸轮轮廓的影响

油泵凸轮轮廓决定柱塞运动规律，而柱塞的速度变化规律决定油泵的供油规律，从而
影响喷油规律。如图 6-6 所示为凸轮外形对喷油规律的影响，在柱塞有效行程和供油始点
相同的情况下，凸轮轮廓越陡，供油速度大，喷油持续时间缩短，对改善经济性有好处，
但可能引起发动机工作粗暴；而凸轮轮廓越平，喷油持续时间越长，补燃期增加，发动机
热效率下降。

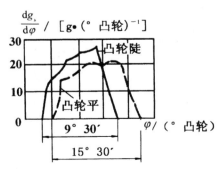

图 6-6 凸轮外形对喷油规律的影响

3. 喷油器结构参数的影响

喷油器不仅影响喷雾质量、油束，而且影响喷油时刻、喷油持续时间和喷油规律，对发动机燃烧性能有很大的影响。如果喷油不良，油束与燃烧室配合不好，则混合气形成恶化，燃烧变坏，性能下降。

（1）喷孔的影响

直接喷射式柴油机一般选用多孔喷油嘴。多孔喷油嘴的喷孔面积、孔数和直径对柴油机的燃烧都有影响。喷孔面积影响持续时间和喷油压力，随着喷孔面积加大，则使流通截面增加，喷油持续时间有所缩短。如果喷孔面积过大，则喷油时节流小，喷油压力降低，使喷油质量变坏。如果喷孔总面积不变，喷孔数多，则喷孔直径小，雾化质量改善，但减小了油束贯穿距离，延长了喷油持续时间，并易引起喷孔堵塞等故障。

（2）压力室影响

喷油嘴针阀密封带以下的集中容积称为压力室，其大小对柴油机性能有明显的影响。压力室容积大，性能变差。因为在燃烧后期，针阀虽已关闭，但压力室中燃油因高温而膨胀，并且燃料蒸气压力提高，使压力室中燃油又进入燃烧室。压力室中容积越大，进入燃烧室中的燃油越多，由于这部分燃油是在补燃期中进入燃烧室，而且雾化不良，所以经济性变坏。减小压力室容积也可使碳氢化含物排放量显著下降。

（3）针阀升程的影响

针阀升程的合适与否影响柴油机燃烧及喷油嘴的使用寿命。升程太小，针阀密封锥面处的节流损失增加、压降加大，使雾化不良及喷油泵超载，所以喷嘴应有足够的升程以保证流动截面及尽可能小的流动阻力。但针阀升程不宜过大，升程过大，增加喷油器弹簧的应力及加大针阀开启时撞击支承面及关闭时撞击锥形座面的冲击载荷，引起磨损，寿命缩短。

（4）喷射压力的影响

喷油压力影响喷雾质量、喷注的形状和射程。其压力过大或过小，都会改变喷雾细粒度和均匀度及油束的锥角和射程，直接影响燃烧过程。喷油压力过高，对于涡流式燃烧室来说，其空间分布柴油量相对减少，壁面油膜相对增多，燃烧持续期和后燃期延长。对动力性、经济性、排放均不利。喷油压力过低，燃油雾化不良，同样不利于可燃混合气形成，影响燃烧质量。

4. 燃烧室结构及进气系统的影响

柴油机的燃烧室结构有两种形式，一种为直喷式燃烧室，一种为分隔式燃烧室。直喷式燃烧室由于燃烧室结构简单，难以形成较强气体扰流，必须配以能形成较强气体扰流的进气系统，如切向进气道、螺旋进气道、扭切进气道等，以便形成良好的可燃混合气，利于柴油机燃烧得及时、完全。分隔式燃烧室由于其自身结构特点，其燃烧室由主燃室和辅助燃烧室组成，就决定了气体易于形成较强的扰流，故配以简单的进气系统便可形成良好的可燃混合气，利于燃烧。

5. 汽缸密封性能的影响

在柴油机的工作过程中，由于空气中的尘埃及柴油机中的机械杂质和水分，以及燃气中酸腐蚀等原因，使汽缸套、活塞环、活塞产生不正常磨损；因气门弹簧折断或弹力丧失，以及因气门磨损或积碳使气门关闭不严；因汽缸盖变形、裂纹，汽缸垫烧损；因安装时活塞环开口方向及活塞环的间隙过大或环胶等原因，都可能使汽缸密封性变差，造成燃气漏入曲轴箱和机油窜入燃烧室。同时使压缩终了的汽缸温度、压力偏低，空气运动变弱，导致可燃混合气的形成不良和燃烧不完全。结果使柴油机功率下降，油耗上升，甚至使柴油机无法工作。

6. 配气相位的影响

配气相位对柴油机的动力性和经济性影响很大。配气正时可保证柴油机工作中进气充分、排气干净，为燃料在汽缸中良好燃烧创造必要条件。在柴油机的使用过程中，由于汽缸门隙的变化、配气凸轮与传动件的磨损，以及正时齿轮的安装与调整不当等都将使配气相位发生改变，轻者导致燃烧不完全，重者柴油机不能工作。

7. 三大精密偶件的影响

（1）喷油器针阀偶件磨损后，会使雾化不良，滴油；导向部分磨损后使喷油器回漏增加。此时，将因燃气窜入喷孔带入碳渣、针阀偶件温度升高，使针阀偶件烧损或卡死。若针阀卡死在关闭位置，则因喷油器不能喷油而造成柴油机"断缸"现象；若针阀卡死在开启位置，则柴油完全不雾化和燃烧，柴油机冒白烟（间有黑烟），且高压油管回气。

（2）出油阀和阀座的密封锥面磨损后，在喷油泵供油量和供油时间正常的情况下，将使供油量减少、供油时间变迟，造成柴油机排气冒烟、过热和功能不足。在减压环带和内孔磨损后，其减压作用失效，使喷油器停油不干脆、有后滴现象和雾化不良，并使供油量相对增加和供油时间提前，从而造成柴油机工作粗暴、有严重的敲击声、功率下降、启动性能不良、冒黑烟或因缺水而断续冒白烟。如果出油阀卡住或弹簧折断，则喷油泵不供油，柴油机不能启动。

（3）柱塞和柱塞套磨损后，将造成供油时间落后、供油量减少及供油不均匀性增加，导致柴油机燃烧不良、启动困难、功能下降以及怠速不稳定甚至自动停车。

8. 冷却效果的影响

柴油机温度不仅与负荷和转速有关，而且与冷却水及周围空气的温度有关，特别是冷却水温度的影响至关重要。工作中，由于冷却水不足，水箱散热不良，长时间超负荷作业或喷油时间过迟等原因，都能引起柴油机温度过高。高温运转，将造成进气不足、燃烧过程变坏、机油变稀、零件磨损加剧、活塞与曲轴因过度膨胀而卡死，或造成零件的烧损。低温运转，也造成燃烧不良和热损失增多，并加速柴油机的磨损。因此，柴油机温度过高或过低，都会严重影响其动力性和经济性。

　　9. 转速与负荷的影响

　　柴油机转速的变化，将引起柴油喷雾质量、空气的吸入量和进入汽缸的空气运动等的变化，并对燃烧过程产生极其复杂的影响。其综合表现为：当转速升高而供油量不变时，燃烧准备期和持续期以秒计都将缩短，即燃烧过程变得迅速；但若以曲轴转角计，准备期和延续期都将增加。所以，柴油机转速越高，供油提前角应越大。但一般柴油机的供油提前角是按标定转速试验调整的，并不随转速变化而变化，故柴油机在怠速时的供油提前角就偏大，容易出现敲缸。同时，柴油机的有效功率与其输出扭矩和转速的乘积成正比，若转速降低，则柴油机的功能也要降低。这时，若不相应地减少负荷，则柴油机将超负荷运转，结果造成供油量过大，燃烧不完全，油耗升高，柴油机冒烟、过热及急剧磨损。

　　当柴油机转速不变而负荷减少时，供油量也减少，但进入汽缸的空气量并不减少，因此，由于氧气量相对增加，使燃烧就较完全。但负荷太小、供油量太少时，柴油机达不到正常温度，对燃烧不利。当负荷太大时，供油量增加，因后期喷入的柴油不能完全燃烧而导致冒黑烟。此时，不但油耗升高，而且功率受影响；同时零件由于受到大的载荷而加速磨损。可见，柴油机长时间的超负荷、低转速大负荷及空转都是不利的，最好经常处于接近标定功率的工况下工作，才是最好的动力性和经济性。

　　此外，由于使用中气门下陷量太大、活塞顶凹坑方向装反、空气滤清器或进/排气管道堵塞、柴油品质的好坏等原因，都会破坏柴油机正常燃烧的条件，造成柴油燃烧不完全而冒黑烟，影响柴油机的动力性和经济性，同样也必须引起应有的重视。影响柴油机燃烧过程的因素很多，只有重视每一个影响因素，从使用各环节着手，才能真正提高柴油机的燃烧性能，从而保证有良好的动力性和经济性。

复习思考题

　　1. 简述柴油机混合气的形成特点和方式。
　　2. 影响混合气形成的有哪些主要因素？
　　3. 试述柴油机燃烧过程，说明压力升高率的大小对柴油机性能的影响。
　　4. 影响柴油机燃烧过程的有哪些主要因素？

第7章 发动机的排放与汽车噪声

随着汽车工业的高速发展，汽车保有量的急剧增加，发动机的排气污染与汽车噪声污染已成为地球环境的主要污染源，特别是发动机有害排放物对城市的大气污染构成了严重威胁，各国都相继制定了日益严格的排放标准，因而发动机环保技术与节能技术一样，成为当今发动机技术发展的首要课题。

7.1 发动机有害排放物的生成及危害

发动机排放污染物的途径及成分主要有：

（1）从排气管排出的废气，主要成分是：一氧化碳（CO）、碳氢化合物（HC）、氮氧化合物（NO_x）、（SO_2）以及铅化物、PM（由碳烟、铅氧化物等重金属氧化物和烟灰等组成）和硫化物等；

（2）曲轴箱窜气，其主要成分是 HC，还有少量的 CO、NO_x 等；

（3）从油箱、化油器浮子室以及油管接头等处蒸发的汽油蒸气，成分是 HC。

此外，还有含氯氟烃和二氧化碳（CO_2）等各种有害成分，直接或间接危害人类的健康。

1. 一氧化碳（CO）

CO 是汽油烃类成分燃烧的中间产物。其燃烧过程如下：

$$2C_mH_n + mO_2 = 2mCO + nH_2$$

如空气量充足则有：

$$2CO + O_2 = 2CO_2$$

$$2H_2 + O_2 = 2H_2O$$

根据反应式可知：理论上，当混合气空燃比大于 14.7：1 时，即在氧气充足的情况下，排气中将不含 CO 而代之产生 CO_2 和未参加燃烧的 O_2。但现实中由于混合气的分布并不均匀，总会出现局部缺氧的情况，当空气量不足，即混合气空燃比小于 14.7：1 时，必然会有部分燃料不能完全燃烧而生成 CO。比如发动机在怠速时，燃烧的混合气偏浓，此时发动机工作循环中的气体压力与温度不高，混合气的燃烧速度减慢，就会引起不完全燃烧，使一氧化碳（CO）的浓度增加。发动机在加速和大负荷范围工作、或点火过分时刻过分推迟时也会使尾气中 CO 的浓度增高。同时即使燃料和空气混合很均匀，由于燃烧后的高温，

已经生成的 CO_2 也会有小部分被分解成 CO 和 O_2。另外排气中的 H_2 和未燃烃 HC 也可能将排气中的部分 CO_2 还原成 CO。总之，空燃比是影响排气中 CO 含量的主要因素。

CO 是一种无色、无刺激的气体，是汽车及内燃机排气中有害浓度最大的成分。人体吸入的 CO 很容易和血红蛋白结合并输送到体内，阻碍血红素带氧，造成体内缺氧而引起窒息。

2. 碳氢化合物（HC）

排气中的 HC 是由未燃烧的燃料烃、不完全氧化产物以及燃烧过程中部分被分解的产物所组成。当混合气过稀或缸内废气过多时会出现火焰传播不充分，即燃烧室部分地区由于混合气过稀或缸内残余废气系数过高而不能燃烧，出现断火。这时，排气中的 HC 浓度会显著增加。

碳氢化合物总称烃类，是发动机未燃尽的燃料分解产生的气体，汽车排放污染物中的未燃烃的 20%～25% 来自曲轴箱窜气；20% 来自化油器与燃油箱的蒸发；其余 55% 由排气管排出。

单独的 HC 只有在浓度相当高的情况下才会对人体产生影响，一般情况下作用不大，但它却是产生光化学烟雾的重要成分。

3. 氮氧化合物（NO_x）

氮氧化物主要指一氧化氮（NO）和二氧化氮（NO_2），它是由排气管排出。试验证明供给略稀的混合气（空燃比$\geqslant 15.5$)会增大 NO_x 的排放量。汽油机排出的氮氧化物中，NO 占 99%，而柴油机排出的氮氧化物中 NO_2 比例稍大。高浓度的 NO 能引起神经中枢的障碍，并且容易氧化成剧毒的 NO_2，NO_2 有特殊的刺激性臭味，严重时会引起肺气肿。

HC 与 NO_2 的混合物在紫外线作用下进行光化学反应，由光化学过氧化物而形成的黄色烟雾，其主要成分是臭氧（O_3），该现象称为"光化学烟雾"。在大气中产生臭氧等过氧化物，对人的眼、鼻和咽喉粘膜有较强的刺激作用，引起结膜炎、鼻炎、支气管炎等症状，并伴随有难闻的臭味，严重时可致癌。1943 年美国发生的洛杉矶烟雾事件，1952 年伦敦的烟雾事件，以及 1970 年日本的四日市事件，都是最有代表性的光化学烟雾事件。在这些大气污染事件中，受害和死亡的人竟数以千计。1995 年，我国的成都、上海发生了光化学烟雾，北京和南宁分别于 1998 年和 2001 年也产生过光化学烟雾事件。

4. 微粒（PM）

汽油机中的主要微粒：铅化物、硫酸盐、低分子物质；柴油机中主要微粒为石墨形的含碳物质（碳烟）和高分子量有机物（润滑油的氧化和裂解产物）。柴油机的微粒量比汽油机多 30～60 倍，成分比较复杂。特别是碳烟，主要由直径 0.1～10μm 的多孔性碳粒构成，它除了会被人体吸入肺部沉淀下来外，还往往粘附有 SO_2 及致癌物质，严重危害人体健康。

　　由燃烧室排放出的颗粒物（Particulate Matter）有三个来源，其一是不可燃物质，其二是可燃的但未进行燃烧的物质，其三是燃烧生成物。燃烧过程排出的颗粒物质的组成中大部分是固态碳，火焰中形成的固体碳粒子称为炭黑。炭黑可以在燃烧纯气体燃料时形成，但更多的则是在燃烧液体燃料时形成。颗粒物质的组成中除炭黑外还有碳氢化合物、硫化物和含金属成分的灰分等。含金属成分的颗粒物主要来自于燃料中的抗爆剂、润滑油添加剂以及运动产生的磨屑等。

　　柴油发动机燃料燃烧不完全时，其内含有大量的黑色炭颗粒。形成的碳烟能影响道路上的能见度，并因含有少量的带有特殊臭味的乙醛，往往引起人们恶心和头晕。碳烟不仅本身对人的呼吸系统有害，而且碳烟粒的孔隙中往往吸附着二氧化硫及有致癌作用的多环芳香烃等。

　　5. 硫氧化物

　　汽车内燃机尾气中硫氧化物的主要成分为二氧化硫（SO_2）。当汽车使用催化净化装置时，就算很少量的 SO_2 也会逐渐在催化剂表面堆积，造成所谓催化剂中毒，不但危害催化剂的使用寿命，还危害人体健康，而且 SO_2 还是造成酸雨的主要物质。

　　6. 二氧化碳（CO_2）

　　世界工业化进程引起的能源大量消耗，导致大气中 CO_2 的剧增，其中约 30%来自汽车排气。CO_2 为无色无毒气体，对人体无直接危害，但大气中 CO_2 的大幅度增加，因其对红外热辐射的吸收而形成的温室效应，会使全球气温上升、南北极冰层溶化、海平面上升、大陆腹地沙漠趋势加剧，使人类和动植物赖以生存的生态环境遭到破坏。因此，近年来 CO_2 的控制也已上升为汽车排放研究的重要课题。

　　除以上几种物质外，还有臭气。它由多种成分组成，除了有臭味外，主要就是燃料的不完全燃烧产物，如甲醛、丙烯醛等。当汽车停留在街道路口时，产生这些物质较多，它能刺激眼睛的黏膜。除了与燃烧条件有关外，臭气的产生还与燃料的组成有关。随着燃料中芳香烃的增加，排气中的甲醛略有减小，而芳醛少许增加，从而可以适当减少臭气，但却增加了更容易产生光化学烟雾的芳香烃。

7.2　发动机排放标准与检测

7.2.1　发动机排放标准

　　我国的汽车排放标准是根据我国汽车排放污染物的历史与现状以及我国汽车环保技术发展的状况而制定的。随着国家对环境保护的不断重视，我国汽车排放污染物的标准不断得到更新与提升。特别是近年来，我国制定的一系列新的汽车排放标准，使我国的汽车污染物排放水准逐步接近国际先进水平。我国从 1999 年起汽车开始实施欧 I 排放标准，同年停止含铅汽油的生产和使用，并不再生产化油器汽车。2004 年 7 月 1 日我国轻型汽车全面实施国家第 2 阶段排放标准（相当于欧 II 标准），重型车辆（最大总质量＞3.5t）自 2004 年 9 月 1 日实施欧 II 标准。自 2005 年 7 月 1 日起，我国所有机动车全面实施欧 II 标准。从 2007 年 7 月 1 日起，我国所有新定型轻型车全面实施欧 III 标准，而北京市于 2005 年 7 月 1 日就已率先实施轻型汽车尾气排放欧 III 标准，上海也于 2006 年实施欧 III 标准。也就是说自 2007 年 7 月 1 日以来，我国的汽车排放标准就已与国际上先进汽车排放水平标准相接轨。

2005 年 7 月 1 日起，我国汽车排放污染物限值实施的国家标准主要有：GB 18285—2005《点燃式发动机汽车排气污染物排放限值及测量方法（双怠速法及简易工况法）》、GB 3847—2005《车用压燃式发动机和压燃式发动机汽车排气烟度排放限值及测量方法》、GB 14763—2005《装用点燃式发动机重型汽车燃油蒸发污染物排放限值》、GB 11340—2005《装用点燃式发动机重型汽车曲轴箱污染物排放限值》。这四项标准是目前国内汽车排放污染物限值及检测方法的主要依据，这也是本书重点予以介绍的。

从 2007 年 7 月 1 日起，我国排放污染物限值实施的国家标准主要有：GB 18352.3—2005《轻型汽车污染物排放限值及测量方法（中国 III、IV 阶段）》、GB 17691—2005《车用压燃式、气体燃料点燃式发动机与汽车排气污染物排放限值及测量方法（中国 III、IV、V 阶段）》。

1. 2005 年 7 月 1 日起在国内实施的四项汽车排放国家标准

（1）GB 18285—2005《点燃式发动机汽车排气污染物排放限值及测量方法（双怠速法及简易工况法）》

标准规定了点燃式发动机汽车怠速和高怠速工况排气污染物排放限值及测量方法，同时也规定了点燃式发动机轻型汽车稳态工况法、瞬态工况法和简易瞬态工况法三种简易工况测量方法。标准增加了高怠速工况排放限值和对过量空气系数的要求。适用于装用点燃式发动机的新生产和在用汽车。本标准具有强制执行的效力。

（2）GB 3847—2005《车用压燃式发动机和压燃式发动机汽车排气烟度排放限值及测量方法》

标准规定了车用压燃式发动机和压燃式发动机汽车的排气烟度排放限值及测量方法。适用于压燃式发动机排气烟度的排放，包括发动机型式核准和生产一致性检查。压燃式发动机汽车排气烟度的排放，包括新车型式核准和生产一致性检查、新生产汽车和在用汽车的检测。本标准也适用于按 GB 14761.6—1993《柴油车自由加速烟度排放标准》生产制造的在用汽车。也适用于污染物排放符合 GB 18352 的装用压燃式发动机的轻型汽车。本标准不适用于低速载货汽车和三轮汽车。

（3）GB 14763—2005《装用点燃式发动机重型汽车燃油蒸发污染物排放限值》

标准规定了装用点燃式发动机重型汽车燃油蒸发污染物排放的型式核准申请、型式核准试验及排放限值、型式核准的扩展以及生产一致性检查方法及排放限值。标准适用于装用以汽油和两用燃料为燃料的点燃式发动机重型汽车。标准不适用于单一燃料车辆和气体燃料车辆。标准不适用于已按 GB 18352.2—2001《轻型汽车污染物排放限值及测量方法（Ⅱ）》规定的密闭室法进行了燃油蒸发污染物排放型式核准的车辆。

（4）GB 1340—2005《装用点燃式发动机重型汽车曲轴箱污染物排放限值》

标准规定了装用点燃式发动机重型汽车曲轴箱污染物排放的型式核准申请、型式核准试验方法及排放限值、生产一致性检查方法及排放限值。本标准适用于装用点燃式发动机的重型汽车。被测试发动机应包括已采取防漏措施的发动机，但不包括那些结构上即使存在微量的泄漏，也会引起工作不正常的发动机（例如卧式对置发动机）。

2. 2007 年 7 月 1 日起在国内实施两项汽车排放国家标准

（1）GB 18352.3—2005《轻型汽车污染物排放限值及测量方法（中国Ⅲ、Ⅳ阶段）》

标准规定了装用压燃式发动机的轻型汽车，在常温下排气污染物的排放限值及测量方法，污染控制装置的耐久性要求，以及车载诊断（OBD）系统的技术要求及测量方法。

标准也规定了轻型汽车型式核准的要求，生产一致性和在用车符合性的检查与判定方法。规定了燃用 LPG 或 NG 轻型汽车的特殊要求。

标准也规定了作为独立技术总成、拟安装在轻型汽车上的替代用催化转化器，在污染物排放方面的型式核准规程。标准适用于以点燃式发动机或压燃式发动机为动力、最大设计车速大于或等于 50 km/h 的轻型汽车。不适用于已根据 GB 17691（第Ⅲ阶段或第Ⅳ阶段）规定得到型式核准的 N_1 类汽车。

与 GB 18352.2—2001 相比，标准加严了排放限值；改变了Ⅰ型试验和Ⅳ型试验的试验规程；增加了Ⅵ型试验的要求、双怠速试验的内容、车载诊断（OBD）系统及其功能的要求、在用车符合性检查及其判定规程、燃用 LPG 或 NG 轻型汽车的特殊要求和作为独立技术总成的替代用催化转化器的型式核准要求；修订了试验用燃料的技术要求。

（2）GB 17691—2005《车用压燃式、气体燃料点燃式发动机与汽车排气污染物排放限值及测量方法（中国Ⅲ、Ⅳ、Ⅴ阶段）》

标准规定了装用压燃式发动机汽车及其压燃式发动机所排放的气态和颗粒污染物的排放限值及测试方法，以及装用以天然气（NG）或液化石油气（LPG）作为燃料的点燃式发动机汽车及其点燃式发动机所排放的气态污染物的排放限值及测量方法。

标准适用于设计车速大于 25 km/h 的 M_2、M_3、N_1、N_2 和 N_3 类及总质量大于 3500 kg 的 M_1 类机动车装用的压燃式（含气体燃料点燃式）发动机及其车辆的型式核准、生产一致性检查和在用车符合性检查。若装备压燃式（含气体燃料点燃式）发动机的 N_1 和 M_2 类车辆已经按照 GB 18352.3—2005《轻型汽车污染物排放限值及测量方法（中国Ⅲ、Ⅳ阶段）》的规定进行了型式核准，则其发动机可不按本标准进行型式核准。

与 GB 17691—2001 相比，标准加严了排气污染物排放限值；增加了装用以天然气或液化石油气作为燃料的点燃式发动机汽车及其点燃式发动机的气态污染物的排放限值及测量方法；改变了测量方法，试验工况由 ESC（稳态循环）、ELR（负荷烟度试验）和 ETC（瞬态循环）工况所构成，针对不同车种或不同控制阶段，应用不同的试验工况；从第Ⅳ阶段开始，增加了车载诊断系统（OBD）或车载测量系统（OBM）的要求，增加了排放控制装置的耐久性要求增加了在用车符合性的要求。

标准增加了新型发动机和新型汽车的型式核准规程，改进了生产一致性检查及其判定方法。

7.2.2　汽油机排气污染物的检测

目前，在汽车排气分析仪中，测定汽油车的有不分光红外线分析仪、氢火焰离子型分析仪、化学发光分析仪等。根据国家标准 GB/T 3845—1993《汽油车排气污染物的测量　怠速法》的规定，CO、HC 采用不分光红外线吸收型（NDIR）分析仪检测。

1. 不分光红外分析法的检测原理

汽车排气中的 CO、HC、NO 和 CO_2 等气体，都分别具有能吸收一定波长范围红外线的性质，如图 7-1 所示，而且，红外线被吸收的程度与排气浓度之间有一定的关系。不分光红外线分析法就是利用这一原理，即根据检测红外线被汽车排气吸收一定波长范围红外线后能量的变化，来检测排气中各种污染物的含量。在各种气体混在一起的情况下，这种检测方法具有测量值不受影响的特点。

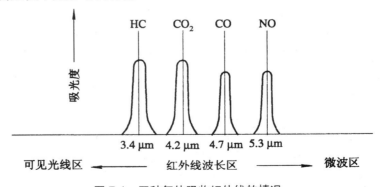

图 7-1　四种气体吸收红外线的情况

利用不分光红外线分析法制成的分析仪（或称为监测仪、测量仪），既可以制成单独检测 CO 或 HC 含量的单项分析仪，也可以制成能测量这两种气体含量的综合分析仪。不论哪种形式的分析仪，在检测 HC 含量时，由于排气中 HC 成分非常复杂，因此要把各种 HC 成分的含量换算成正己烷（$n\text{-}C_6H_{14}$）的含量作为 HC 含量的测量值。

2. 不分光红外线气体分析仪的结构与工作原理

不分光红外线 CO 和 HC 两气体分析仪是一种能够从汽车排气管中采集气样，对其中 CO 和 HC 含量连续进行分析的仪器，外形如图 7-2 所示。佛山分析仪器厂生产的 MEXA-324F 型 CO/HC 红外线气体分析仪由排气取样装置、排气分析装置、含量指示装置和校准装置等组成。排气在分析仪内的流动路线如图 7-3 所示。

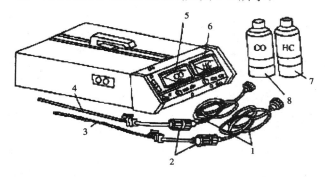

图 7-2　MEXA-324F 型汽车排气分析仪

1—导管；2—滤清器；3—低含量取样探头；4—高含量取样探头；5—CO 指示仪表；

6—HC 指示仪表；7—标准 HC 气样瓶；8—标准 CO 气样瓶

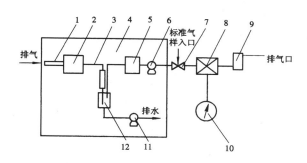

图 7-3　排气在分析仪内的流动路线

1—取样探头；2、5—滤清器；3—导管；4—排气取样装置；6、11—泵；

7—换向阀；8—排气分析装置；9—流量计；10—浓度指示装置；12—水分离器

（1）废气取样装置

废气取样装置用于获取被测发动机的排气气样，它是由取样头、滤清器、导管、水分分离器和气泵等组成。该装置通过取样头、导管和泵从车辆排气管中采集废气，再用滤清器和水分分离器滤掉废气中的灰分和少量的水，只把废气送入分析装置。为了使取样探头具有耐热性和防止导管吸附 HC 气体，此处所用导管是由特殊材料所制。从发动机排气管中吸出废气，需要一定的真空度，因而在取样装置系统内还包括一只吸气泵。

（2）废气分析装置

图 7-4 是电容检测器 NDIR 废气分析仪。其废气分析装置由红外线光源、测量气样室、标准气样室、遮光扇轮和检测室等组成，两个同样的红外线光源发出同等量的红外线光束，一束穿过测量气体室；一束穿过标准气样室。在标准气样室内充满不吸收红外线能的 N_2 气体，因此红外线光束穿过时，红外线光能未受损失。而测量气样室内则通以被测发动机的废气，由于废气中含有吸收红外线的 CO 和 HC，因此红外线光束穿过时，红外线光能将相应减少，从而使两束红外线光分别穿过测量气样室和标准气样室后到达检测室时，两束光的能量形成差异。检测室内充以适当浓度的与被测气体相同的气体（测量一氧化碳的仪器内充 CO；测碳氢化合物的仪器内充正己烷），并在检测室中部设有隔膜，将检测室分隔成两个独立的封闭腔，测量时，由于两个腔所接受的红外线光能不相等，因而两个腔内气体膨胀也不一致，致使两腔之间的膜片弯曲。该膜片与电容器的一只金属片相连，由金属片的位移引起电容量变化，这一微弱信号经过放大器放大，即可在显示仪表上指示出来。也就是说，发动机废气中 CO（或 HC）含量越多，红外光束在测量气样室内损失的光能也就越多，从而导致检测室两个腔内气体膨胀差异也越大，金属片电容器所产生的变化也随之加大，以此来测量废气中 CO（或 HC）的含量。

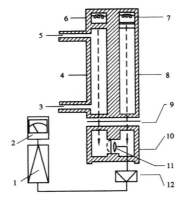

图 7-4　电容检测器 NDIR 废气分析仪原理图

1—主放大器；2—指示仪表；3—废气入口；4—测量气样室；5—排气口；

6、7—红外线光源；8—标准气样室；9—旋转扇轮；10—测量室；11—电容微音器；12—前置放大器

（3）浓度指示装置

浓度指示装置室按照废气分析装置送来的电信号进行显示，在 CO 测量仪上用 CO 浓度容积的百分比进行刻度；在 HC 测量仪上用 HC 换算成正己烷浓度容积的 10^{-6} 为单位进行刻度。仪表指针可用零点调整螺针调零。根据测量浓度不同，仪表上设有不同量程的换挡旋钮，可以方便的控制。新型仪器的指示装置改为数字显示，有的可直接打印测量值。

（4）校准装置

校准装置是为了保持分析仪指示精度，使之能经常显示正确指示值的一种装置。在分析仪上通常设有加入标准气样进行校准的校准装置和机械的简易校准装置。

标准气样校准装置是把标准气样从分析仪单设的一个专用注入口中直接送到废气分析装置，再通过比较标准气样浓度值和仪表指示值的方法来进行校准的装置。

简易校准装置通常是用遮光板把废气分析装置中通过测量气样室的红外线挡住一部分，用减少一定量红外线的方法进行简单校准的装置。简易校准开关装在仪表板上，并分别设有 CO、HC 校准旋钮。

对于汽油机排气中 CO 的浓度可以直接测量。而 HC 由于成分复杂，因此要把各种 HC 化合物的成分浓度换算成统一的正己烷（C_6H_{14}）浓度来作为 HC 的浓度测量值。从而，对于那些正己烷以外的 HC 的相对灵敏度，成了测量仪器的重要性能，在技术标准中，相对灵敏度用正己烷与丙烷（C_3H_8）的比值来表示，并规定：丙烷浓度值测量仪器指示值为 1.73～2.12。在测量仪中，把该数的倒数（0.472～0.578）作为换算系数予以标明。

鉴于目前实施的怠速工况测定 CO、HC 两气体的排气检测手段已无法有效反映汽车排气污染物对大气的污染现状，更不能满足环保部门对全球环境全面严格监测的要求。因此，除测定 CO、HC 外，还必须测定汽车排气中的 NO_x 和 CO_2。

汽车排气中含氧量是装有电控燃油喷射式发动机的汽车计算机监测空燃比、控制排放量、保护三元催化反应器正常工况的重要信号。因此，现代开发的汽车尾气分析仪又增加了 O_2 的测试功能。

对于这五种气体成分的浓度通常采用两类不同方法来测定，其中 CO、CO_2、HC 通过不分光红外线不同波长能量吸收的原理来测定，可获得足够的测试精度。而 NO_x 与 O_2 的浓度通常采用电化学的原理来测定，排气中含氧量的浓度通过在测试通道中设置氧传感器即可测定。

3. 汽油机排气污染物的检测方法

为控制在用汽车排气污染物的排放，改善环境空气质量，国家环境保护总局、国家质量监督检验检疫总局于 2005 年 6 月 7 日发布了 GB 18285—2005（2005 年 7 月 1 日实施）。该标准规定对"装配点燃式发动机的车辆"进行怠速试验、双怠速试验和加速模拟工况（ASM）试验。其中按 GB 14761 通过 B 类认证，设计乘员数超过 6 人，或最大总质量超过

2500 kg 但不超过 3500 kg 的 M 类车辆和 N$_1$ 类车辆,进行双怠速试验或加速模拟工况(ASM)试验,其他的 M、N 类装配点燃式发动机的车辆进行怠速试验。

(1)怠速和双怠速试验法

国家标准 GB 18285—2005 中规定,怠速试验按国家标准 GB/T 3845—1993《汽油车排气污染物的测量　怠速法》的规定进行。双怠速试验按国家标准 GB/T 3845—1993《汽油车排气污染物的测量　怠速法》附录 C 的规定进行。汽油车怠速污染物的检测应在怠速工况下,采用不分光红外线吸收型监测仪,按规定程序检测 CO 和 HC 的浓度值。怠速工况是指发动机运转,离合器处于接合位置,油门踏板与手油门处于松开位置,变速器处于空挡位置,采用化油器的供油系统的阻风门处于全开位置。

① 怠速测量程序。必要时在发动机上安装转速计、点火正时仪、冷却水和润滑油测温计等测试仪器;排气系统不得有漏气现象;发动机由怠速工况加速至 0.7 额定转速,维持 60s 后降至怠速状态。发动机降至怠速状态后,将取样探头插入排气管中,深度等于 400mm,并固定于排气管上;发动机在怠速状态,维持 15s 后开始读数,读取 30s 内的最高值和最低值,其平均值即为测量结果;若为多排气管时,则取各排气管测量结果的算术平均值;测量工作结束后,把取样探头从排气管里抽出来,让它吸入新鲜空气 5min,待仪器指针回到零点后再关闭电源。

② 双怠速试验法。必要时在发动机上安装转速计、点火正时仪、冷却水和润滑油测温计等测试仪器;发动机由怠速工况加速至 0.7 额定转速,维持 60s 后降至高怠速(即 0.5 额定转速);发动机降至高怠速状态后,将取样探头插入排气管中,深度等于 400mm,并固定于排气管上;发动机在高怠速状态维持 15s 后开始读数,读取 30s 内的最高值和最低值,取平均值即为高怠速排放测量结果;发动机从高怠速状态降至怠速状态,在怠速状态维持 15s 后开始读数,读取 30s 内的最高值和最低值,其平均值即为怠速排放测量结果;若为多排气管时,则分别取各排气管高怠速排放测量结果的平均值和怠速排放测量结果的平均值(高怠速排放测量值应低于怠速排放测量值);测量工作结束后,把取样探头从排气管里抽出来,让它吸入新鲜空气 5min,待仪器指针回到零点后再关闭电源。

(2)加速模拟工况(ASM)试验法

所谓加速模拟工况,是指车辆预热到规定的热状态后,加速至规定车速,根据车辆规定车速时的加速负荷,通过底盘测功机对车辆加载,使车辆保持等速运转的运行状态。在这样的工况下测试汽车尾气的排放情况。该方法参照了美国国家环保局标准 EPA—AA—RSPD—IM—96—2《加速模拟工况试验规程、排放标准、质量控制要求及设备技术要求技术导则》(1996 年 7 月制定)。进行 ASM 试验需要使用两种设备:底盘测功机和排气分析仪。

加速模拟工况试验方法简称工况法。工况法由两个试验工况组成,分别称为 ASM 5025 和 ASM 2540。试验过程如图 7-5 所示。表 7-1 给出了具体试验循环说明。

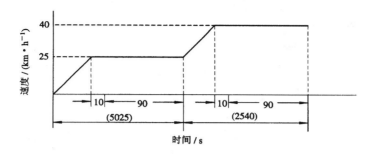

图 7-5　加速模拟工况试验过程

表 7-1　加速模拟工况运转循环表

工　　况	运转次序	速度（km/h）	操作时间（s）	测试时间（s）
5025	1	0～25	3.5～8.5	–
	2	25	10	
	3	25	90	90
2540	1	25～40	2.3～5.6	–
	2	40	10	
	3	40	90	90

需要特别注意的是，国标 GB 18285—2005 规定测试排气污染物的种类，包括 CO、HC 和 NO_x。该标准首次提出了对于在用车测试 NO_x 含量的要求，它代表了废气中 NO_x 的含量。

（1）ASM 5025 工况

车辆驱动轮位于测功机滚筒上，将分析仪取样探头插入排气管中，深度为 400mm，并固定于排气管上，对独立工作的多排气管应同时取样。

经预热后的车辆加速至 25.0 km/h，测功机以车辆速度为 25.0 km/h、加速度为 1.475 m/s^2 时的输出功率的 50% 作为设定功率对车辆加载。车辆以（25.0 ± 1.5）km/h 的速度持续运转 10s 后开始计时测试。持续运行测试时间为 90s。

（2）ASM 2540 工况

在 ASM 5025 工况试验结束后，车辆立即加速至 40.0 km/h，测功机以车辆速度为 40.0 km/h、加速度为 1.475m/s^2 时的输出功率的 25% 作为设定功率对车辆加载。车辆以（40.0 ± 1.5）km/h 的速度持续运转 10s 后，开始计时测试。持续运行测试时间为 90s。

该标准指出，若第一次试验不合格，可进行复检试验。要求连续进行 ASM 5025 和 ASM 2540 工况试验，每个工况测试时间延长至 145s，两个工况重复测试时间为 290s。

4. 排放限值标准

（1）国家标准 GB 18285—2005

国家标准 GB 18285—2005 中规定，对于装配点燃式四冲程发动机、最大总质量大于
400kg、最大设计车速等于或大于 50km/h 的在用汽车，排放污染物限值如表 7-2、表 7-3、
表 7-4 所示。

表 7-2　装配点燃式四冲程发动机的车辆怠速试验排气污染物标准值

项　目 车　型　　车　别	CO（%）		HC（ppm）	
	轻 型 车	重 型 车	轻 型 车	重 型 车
1995 年 7 月 1 日 以前生产的在用汽车	4.5	5.0	1200	2000
1995 年 7 月 1 日 起生产的在用汽车	4.5	4.5	900	1200

表 7-3　装配点燃式四冲程发动机的车辆双怠速试验排气污染物标准值

项　目 车　型　　车　别	怠　速		高　怠　速	
	CO（%）	HC[①]（ppm）	CO（%）	HC[①]（ppm）
2001 年 1 月 1 日以后 上牌照的 M_1[②]类车辆	0.8	150	0.3	100
2001 年 1 月 1 日以后 上牌照的 N_1[③]类车辆	1.0	200	0.5	150

① HC 积浓度值按正己烷当量；
② M_1 指车辆设计乘员数不超过 6 人，且最大总质量不超过 2500kg 的车辆；
③ N_1 还包括设计乘员数超过 6 人，最大总质量超过 2500kg 但不超过 3500kg 的 M 类车辆。

表 7-4　装配点燃式四冲程发动机的车辆加速模拟工况试验排气污染物标准值

车辆类型	基准质量 （km）	ASM 5025			ASM 2540		
		CO（%）	HC[①]（ppm）	NO（ppm）	CO（%）	HC[①]（ppm）	NO（ppm）
2001 年 1 月 1 日以后上牌 照的 M_1[②]类车辆	＜1050	2.2	260	2500	2.4	260	2300
	＜1250	1.8	230	2200	2.2	230	2050
	＜1470	1.5	190	1800	1.8	190	1650
	＜1700	1.3	170	1550	1.5	170	1400
	＜1930	1.1	150	1350	1.3	150	1250
	＜2150	1.0	130	1200	1.2	130	1100
	＜2500	0.9	120	1050	1.1	120	1000

续表

车辆类型	基准质量（km）	ASM 5025			ASM 2540		
		CO（%）	HC①（ppm）	NO（ppm）	CO（%）	HC①（ppm）	NO（ppm）
2001 年 1 月 1 日以后上牌照的 N₁③类车辆	＜1050	2.2	260	2500	2.4	260	2300
	＜1250	1.8	230	2200	2.2	230	2050
	＜1470	2.3	250	2700	3.2	250	2600
	＜1700	2.0	190	2350	2.7	190	2200
	＜1930	2.1	220	2800	2.9	220	2600
	＜2150	1.9	200	2500	2.6	200	2300
	＜2500	1.7	180	2250	2.4	180	2050
	＜3500	1.5	160	2000	2.1	160	1800

① HC 积浓度值按正己烷当量；

② M₁指车辆设计乘员数不超过 6 人，且最大总质量不超过 2500kg 的车辆；

③ N₁还包括设计乘员数超过 6 人，最大总质量超过 2500kg 但不超过 3500kg 的 M 类车辆。

（2）GB 18352.3—2005"轻型汽车污染物排放限值及测量方法"（中国Ⅲ、Ⅳ阶段)标准简介

① 本标准适用范围：以点燃式发动机或压燃式发动机为动力、最大设计车速大于或等于 50km/h、最大总质量不超过 3500kg 的 M₁类、M₂类和 N₁类汽车。

② 本标准执行日期：第Ⅲ阶段 2007 年 7 月 1 日执行，第Ⅳ阶段 2010 年 7 月 1 日执行。

③ 第Ⅰ、第Ⅱ、第Ⅲ和第Ⅳ阶段的限值：见表 7-5。

表 7-5 第Ⅰ、第Ⅱ、第Ⅲ和第Ⅳ阶段的限值

	Ⅰ阶段（g/km）					Ⅱ阶段（g/km）				
	CO	HC	NO$_x$	HC+NO$_x$	PM	CO	HC	NO$_x$	HC+NO$_x$	PM
汽油车	2.72			0.97		2.2			0.5	
柴油车	2.72			0.97	0.14	1.0			0.7	0.08
直喷式柴油车	2.72			1.36	0.20	1.0			0.9	0.10
	Ⅲ阶段（g/km）					Ⅳ阶段（g/km）				
	CO	HC	NO$_x$	HC+NO$_x$	PM	CO	HC	NO$_x$	HC+NO$_x$	PM
汽油车	2.30	0.2	0.15			1.0	0.1	0.08		
柴油车	0.64		0.50	0.56	0.05	0.5		0.25	0.30	0.025

④ 第Ⅲ、第Ⅳ阶段的试验运转循环：见图 7-6。

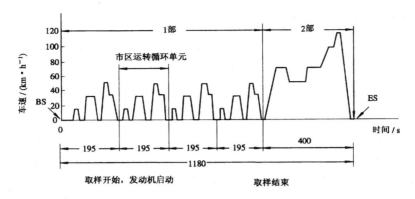

图 7-6 第Ⅲ、第Ⅳ阶段的试验运转循环

7.2.3 柴油机排气污染物的检测

1. 不透光度仪的结构与工作原理

GB 18285—2005 规定用光吸收系数来度量可见污染物的大小。规定使用不透光度仪测量压燃式发动机和装用压燃式发动机车辆的可见污染物。

不透光度测量排气中可见污染物（主要是烟尘微粒）含量的原理，实施光束通过被测排气（烟）一段给定的长度，通过测量排气吸收光的程度，得到排气中可见污染物的含量。

如图 7-7 所示，不透光度仪的测量室是一根分为左右两半部分的圆管，被测排气从中间的入口（7）进入，分别穿过左圆管和右圆管，从左进口（5）和右出口（8）排出。透镜（4）装在左出口的左边，反射镜（10）装在右出口的右边。在透镜（4）的左侧是一个放置成 45°的半反射半透射镜（3），它的下方是绿色发光二极管（2），它的左边是光电转换器（1），发光二极管（2）及光电转换器到透镜（4）的光程都等于透镜的焦距。因此，发光二极管（2）发出的光，经半反射镜（3）反射，在通过透镜（4）后就成为一束平行光。

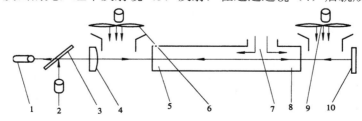

图 7-7 不透光度计的测量原理

1—光电转换器；2—绿色发光二极管；3—半反射半透射镜；4—透镜；

5—测量室左出口；6—左风扇；7—测量室入口；8—测量室右出口；9—右风扇；10—反射镜

　　平行光从测量式的左出口进入，穿过左右圆管（测量室）的烟气从右出口射出，被反射镜（10）反射后折返，从测量室的右出口重新进入测量室，再次穿过烟气从左出口射出。射出的平行光经过透镜（4），穿过半透射镜（3），聚焦在光电转换器（1）上，并转换成光电信号。排气中含烟越多，平行光穿过测量室时光能衰减越大，经光电转换器（1）转换的光电信号就越弱。

　　2. 滤纸式烟度计的结构和工作原理

　　（1）基本检测原理

　　用滤纸式烟度计测试自由加速工况下柴油机的烟度时，须从排气管抽取规定容积的废气，并使之通过规定面积的标准洁白滤纸，其滤纸被染黑的程度称之为烟度。烟度用 S_F 符号表示，烟度单位是无量纲的量，用符号 FSN 表示。滤纸染黑的程度不同，则对照射到滤纸表面光线的反射能力不同。据此，烟度 S_F 表示为

$$S_F = 10(1 - R_b/R_c)$$

式中，R_b、R_c 分别为污染滤纸和洁白滤纸的反射因数，R_b/R_c 的值由 0 到 100%，分别对应于零反射和洁白滤纸的反射。10 表示烟度计的满量程。

　　（2）滤纸式烟度计的工作原理和结构

　　利用活塞式抽气泵，从柴油机排气管中抽取一定容积的废气，并使这部分废气通过一定面积的滤纸，使废气中的碳烟粒子吸附滤纸式烟度计的工作原理在滤纸上，滤纸变黑，然后用一定的光线照射滤纸，并用光电池接受反射光，再根据光电池产生的电流使仪表指针偏转，把烟度用污染度百分比的形式显示出来，如图 7-8 所示。

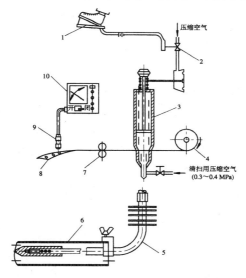

图 7-8　滤纸式烟度计的工作原理

1—脚踏开关；2—压缩空气；3—抽气泵；4—滤纸卷；5—取样探头；
6—排气管；7—进给机构；8—滤纸；9—光电传感器；10—指示电表

滤纸式烟度计是由排气取样装置、染黑度检测与指示装置和控制装置等组成。

① 取样装置由取样探头、活塞式抽气泵、取样软管和清洗机构（图7-9）等组成。

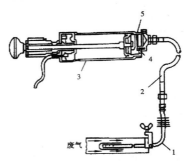

图 7-9 废气取样装置

1—取样头；2—导管；3—气泵；4—滤纸压紧器；5—滤纸插入口

由装在加速踏板上的脚踏开关来控制吸气泵取样开始时刻，与发动机加速同步。取样头带有圆片式散热器，将废气予以冷却。

吸气泵要保证每次吸气量相等、速度一致和烟粒吸附面积相同，为此吸气泵规定如下：吸气泵应保证每次定容量吸气（300±15）min；每次吸气速度一致，吸气时间（1.4±0.2）s；在1min内，外界空气渗入量不得大于15mL；滤纸有效工作面直径为32mm；滤纸夹紧器工作可靠，密封良好。

滤纸是烟度计取样的关键元件，为此对滤纸有如下特殊规定：滤纸白度为（85±2.5）%；滤纸的当量孔径为45μm；滤纸的透气度为3000mL/(cm^2·min)，滤纸前后压差为200～400 mmH$_2$O（水柱高度）；滤纸厚度不大于0.18mm；废气经取样头、导管，被吸入吸气泵，其连接的取样导管，其内径为4mm的软管，长度为5m。

压缩空气清洗机构能在排气取样之前，用压缩空气吹洗取样探头和取样软管内的残留排气炭粒。清洗用压缩空气的压力为0.3～0.4MPa。

② 检测与指示装置由光电传感器、指示电表或数字式显示器、滤纸和标准烟样等组成。

光电传感器由光源（白炽灯泡）、光电元件（环形硒光电池）和电位器等组成，其工作原理如图7-10所示。电源接通后白炽灯泡发亮，其光亮通过带有中心孔的环形硒光电池照射到滤纸上。当滤纸的染黑度不同时，反射给环形硒光电池感光面的光线强度也不同，因而环形硒光电池产生的光电流强度也就不同。线路中一般配备有电阻 R_1 和 R_2 作为白炽灯泡电流的粗调和细调，以便获得适度的光强，使光源和硒光电池的灵敏度相匹配。

指示电表是一个微安表，是滤纸染黑度亦即排气烟度的指示装置。当环形硒光电池送来的光电流强度不同时，指示电表指针的位置也不同。指示表头以 Rb$_0$～Rb$_{10}$ 表示。其中，0 是全白滤纸的 Rb 单位，10 是全黑滤纸的 Rb 单位，从0～10均匀分布。

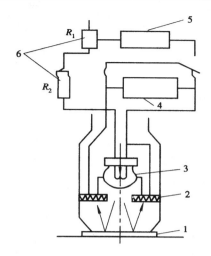

图 7-10　光电传感器测量原理图

1—滤纸；2—光电元件；3—光源；4—指示电表；5—电源；6—电阻

③ 控制装置包括用脚操纵的抽气泵脚踏开关和滤纸进给机构。

3. 柴油车自由加速排气可见污染物检测方法

（1）测量前的准备

使用的取样式不透光度仪，技术要求应符合 GB 3847—2005 附录 G、附录 H 的有关规定。发动机进气系统应装有空气滤清器，排气系统应装有消声器并且不得有泄漏，发动机冷却液和润滑油温度应达到汽车使用说明书所规定的热状态。试验前车辆不应长时间怠速运转，必须使用生产厂规定的柴油机润滑油和未加消烟剂的柴油。

（2）检测方法

① 车辆在发动机怠速下，按 GB 3847—2005 附录 H 的要求插入不透光度仪取样探头。

② 迅速但不猛烈地踏下加速踏板，使喷油泵供给最大油量。在发动机达到调速器允许的最大转速前，保持此位置。一旦达到最大转速，立即松开加速踏板，使发动机恢复至怠速，不透光度仪恢复到相应状态。

③ 重复上述操作过程至少 6 次，记录不透光度仪的最大读数。如果读数值连续 4 次均在 $0.25\mathrm{m}^{-1}$ 的带宽内，并且没有连续下降的趋势，则记录值有效。

4. 柴油车自由加速排气试验烟度检测方法

GB/T 3847—2005《车用压燃式发动机和压燃式发动机汽车排气烟度排放限值及测量方法》附录 K 中规定，柴油机烟度测量是在自由加速工况下采用滤纸式烟度计进行。自由加速工况是指：柴油发动机处于怠速工况（发动机运转；离合器处于接合位置；加速踏板与手油门处于松开位置；当装有自动变速器时选择器在停车或空挡位置），将加速踏板迅速踩到底，维持数秒后松开。

（1）测量前检测仪器的准备

通电之前，检查指示表指针是否在机械零点上，否则用零点调整旋钮使指针与"10"的刻度重合。通电后，仪器进行预热。用标准色纸（白滤纸和标准烟样）检查指示表指针是否符合染黑度数据，并进行调整。然后，检查取样装置和控制装置中各部机件的工作情况，特别要检查脚踏开关与抽气泵动作是否同步。检查控制用和清洗用压缩空气的压力是否符合要求。检查滤纸进给机构的工作情况；检查滤纸是否合格，应洁白无污。

（2）被检测车辆的准备

发动机进气系统应装有空气滤清器，排气系统应装有消声器并且不得有泄漏。启动、预热发动机至规定的热状态。排气管应能够保证取样探头插入深度不小于 300mm，否则，排气管应加接管，并保证接口不漏气。必须使用生产厂规定的柴油机润滑油和未加消烟剂的柴油。发动机应预热至规定的热状态。自 1995 年 7 月 1 日起新生产柴油车装用的柴油机，应保证启动加浓装置在非启动工况下不再起作用。

（3）测量方法

① 将烟度计取样探头逆气流固定于排气管内，深度等于 300mm，并使其中心线与排气管轴线平行。

② 吹除积存物。按自由加速工况进行 3 次，以消除排气系统中的积存物。

③ 将踏板开关安装在加速踏板上端或将手动橡皮球通过远控软管引入驾驶室。把抽气泵压到最下端并锁止。

④ 先由怠速工况将加速踏板踩到底，约 4s 后迅速松开，如此反复三次以便将排气管内的炭渣吹掉。

⑤ 然后怠速运转 11s，在此期间内用压缩空气清洗机对取样管和取样探头吹洗 3～4 秒。

⑥ 再将加速踏板与取样机构的踏板开关迅速踩到底，约 4s 后立刻松开，维持怠速运转 11s，在此 15s 期间内应完成排气取样、滤纸染黑、走纸、抽气泵复位、检测并指示烟度和清洗等工作。

⑦ 再次踩下加速踏板与踏板开关，两次之间的时间间隔为 15s，如此重复取样四次，对第一次采样不测量，后三次读数的算术平均值即为该工况下的排气烟度值。

5. 排放限值标准

柴油车自由加速试验排气可见污染物限值、柴油车自由加速排气试验烟度排放限值如表 7-6、表 7-7 所示。

表 7-6　GB 3847—2005 规定的在用柴油车自由加速试验排气可见污染物限值

车 辆 类 型	光吸收系数（m⁻¹）
2001 年 10 月 1 日起生产的在用汽车（自然吸气式）	≤2.5
2001 年 10 月 1 日起生产的在用汽车（涡轮增压式）	≤3.0

表 7-7　GB 3847—2005 规定的在用柴油车自由加速试验排气烟度排放限值

车 辆 类 型	烟度值（Rb）
1995 年 7 月 1 日起至 2001 年 9 月 30 日期间生产的在用汽车	≤4.5
自 1995 年 6 月 30 日以前生产的在用汽车	≤5.0

7.3　发动机排放净化技术

7.3.1　汽油机排气的净化

目前对于汽油发动机（点燃式发动机）主要采用机内净化与机外净化的方法。

1. 机内净化

（1）采用电子控制的汽油喷射装置是机内净化的主要措施

电子控制汽油直接喷射有如下优点：

① 进气管道中没有狭窄的喉管，空气流动阻力小，充气性能好，因此输出功率也较大。

② 能使各缸混合气的分配均匀，尤其是多点喷射，可使各缸混合气的浓度得到精确控制。

③ 可根据发动机转速、负荷、冷却水温等参量的变化来改变燃料喷射量，精确控制混合比，确保发动机完全燃烧，也使冷启动与加速性能改善，再配合电子控制点火系，可大幅度降低排气中的 CO 和 HC。

④ 具有良好的加速等过渡性能。

⑤ 容易实现分层给气的稀薄燃烧，使燃烧室末端处为稀混合气，可提高发动机的抗爆性，降低对燃料辛烷值的要求或提高汽油机的压缩比，提高热效率，改善燃料经济性。

（2）改善燃烧状况

从配气相位、点火时刻、燃烧方式和燃烧室形状等方面考虑的一种机内净化方法。

① 混合气在汽缸内燃烧时，火焰到达燃烧室壁附近，往往由于表面温度低而熄火，引起 HC 排放量增加。显然，减小燃烧室的表面积和容积之比（面容比）可减少 HC 的排放量。面容比按盆形、楔形、碗形、半球形的燃烧室结构顺序逐渐减小。此外，降低压缩比也可降低面容比，同时还可减少 NO_x 的排放量。

② 配气相位特别是气门重叠时间对 NO_x、HC 排放量的影响很大。试验表明：气门重叠时间长时，因排气彻底，进气充足，汽缸内温度低，NO_x 排放量将减少，而 HC 的增加量并不多；当气门重叠时间短时，HC 将减少，而 NO_x 却增加较多。

③ 延迟点火时刻，可降低燃烧最高温度，因而 NO_x 的排放量减少；同时，由于燃烧持续时间较长，促进氧化作用，使 HC 减少。这种方法已普遍用于各种低公害汽车上。但是延迟点火会引起功率下降和过热等问题。为此，必须对点火提前角进行控制：在怠速和减速时减小点火提前角，以减少 CO、HC 的生成量；中、高速时则加大点火提前角，以保证功率；发动机过热时，将点火提前角加到最大值，使转速上升，加强冷却作用直至恢复到正常温度为止。

④ 稀薄燃烧是指能燃用空燃比为 18：1 或更稀的混合气的汽油机。稀薄燃烧按供给方式可分为均质和非均质两种。目前，分层燃烧发动机作为稀薄燃烧中的非均质燃烧是实现稀薄燃烧的主要方式。

分层进气实现稀燃的理论是，在点火瞬间，火花塞电极周围局部区域应具有较浓的可燃混合气，其空燃比为 12～3.5，而在燃烧室的大部分区域具有较稀的混合气。在浓稀之间，有从浓到稀的各种空燃比混合气，以利火焰传播。因此，使燃烧室中混合气浓度有组织地分成各种层次，所以称为分层进气（分层燃烧）发动机。

为了使发动机在燃用稀混合气时工作稳定可靠，必须同时做到：控制燃烧过程，使之实现快速燃烧；改善供给系混合气制备与分配；改进或强化点火系。

（3）排气再循环（EGR）系统

排气再循环是目前降低 NO_x 排放的一种有效措施。它是将一部分排气引入进气管与新混合气混合后进入汽缸燃烧，从而实现再循环。并对送入进气系统的排气进行最佳的控制。其基本原理是：排气中的主要成分是 CO_2、H_2O 和 NO_x 等，这三种气体的热容量较高。当新混合气和部分排气混合后，热容量也随之增大。在进行相同发热量的燃烧时，与不混入时相比，可使燃烧温度下降，这样就抑制 NO_x 生成。

2. 机外净化

（1）使用新型燃料

在改进和研制发动机的结构、燃烧状况等以期达到降低油耗和减少污染的同时，不应忽略开拓新的能源和代用燃料这一新路。经研究表明，某些新能源和代用燃料其油耗与污染程度之低，远优于现有的燃料。目前，有些国家已把液化石油气、醇燃料和氢气作为汽车的代用燃料。尽管有些技术问题尚待解决，但已获得较满意的使用效果。

液化石油气发动机已是比较成熟的机型，很多国家都有定型产品。液化石油气在常温下是气体，在一定压力下则呈液态存在。它主要是丙烷和丁烷的混合物。在石油开采和炼制过程中，作为副产品而形成。亦可从天然气或煤中提取。

　　由于在发动机工作温度下液化石油气呈气态存在，所以燃烧时能和空气均匀混合形成质量良好的混合气，获得完全的燃烧。燃烧后的有害排放物远比汽油少。液化石油气的辛烷值很高，可以提高发动机的压缩比从而可获得较高的动力性能。它的缺点是装液化石油气的气瓶重量大，气瓶更换频繁及具有爆炸的危险性等。因此，目前多用于定线行驶的公共汽车上。

　　使用甲醇或甲醇与汽油的混合燃料，比单纯燃用汽油时，NO_x 的排放量可以减少一些，而 HC 和 CO 的排放量则可明显下降。由于甲醇与汽油的混合燃料抗爆性好，可使发动机的压缩比提高 10%，故提高了发动机的功率。甲醇可从煤中提炼而得，我国又是煤炭资源较丰富的国家，因此甲醇燃料是一种很有发展前景的代用燃料。甲醇与汽油的混合燃料（甲醇重量百分比为 15%～20%）在某些国家已经付诸使用。甲醇具有毒性，对铸铁和铝合金有腐蚀作用，同时还能溶解塑料。因此，在使用中应采取特殊的防治措施。

　　氢气是一种不含碳的清洁燃料。燃烧后没有 CO 和 HC 的排放污染；当氢与空气的混合气其过量空气系数超过 2 时，NO_x 的排放量则很低。氢与空气的混合气燃烧时，其着火界限很宽。氢在空气中的含量为 4%～75%时，均可燃烧。另外，氢对点火能量要求较低，且火焰传播速度快，约为普通燃料的 7～9 倍。因此，其动力性能很高。目前，很多国家都在致力于氢发动机的研究，并做了大量的行车试验。但由于氢气的大量制取及储存等问题，还有待于进一步研究解决，因此，氢气发动机汽车尚未能作为正式产品投放市场。

　　（2）三元催化反应器

　　催化反应器是采用沉积在面容比很大的载体表面上的催化剂作为媒介质，发动机排出的气体在其通过，使消除未燃 HC 和 CO 的再氧化反应能在较低的温度下更快进行，使排气中 HC、CO 与排气中的余氧结合，生成无害的 H_2O、CO_2，而排气中的 NO_x 经过还原催化反应器，将 NO_x 中的氧转入 HC、CO 中，生成 N_2、CO_2 和 H_2O。三元催化反应器不仅能促使 CO、HC 的氧化反应，也能促使 NO_x 的还原反应，从而使 CO、HC 和 NO_x 三种有害成分都得到净化。对同一催化剂的氧化与还原反应而言，其催化反应特性与通过的排气中所含的氧量有关，因此由催化反应所导致的净化效率，也就与发动机所用的空燃比有关。三元催化剂是在理论空燃比为中心的某一狭小范围内同时具有氧化、还原反应，使 CO、HC 和 NO_x 净化率都提高，因此使用三元催化反应器时，必须装氧传感器和空燃比反馈控制系统，通常与微机控制系统结合在一起使用。

　　（3）曲轴箱强制通风装置

　　从汽缸窜入曲轴箱的气体和箱内润滑油蒸汽，若用通风管直接排到大气中去的，这部分气体中含有高浓度的未燃烃、润滑油蒸汽、不完全燃烧产物以及不同量的废气成分等，会对大气造成污染。现在汽车上采用将窜气引入汽缸内燃烧掉的曲轴箱强制通风系统 PCV。PCV 有开式和闭式两种，开式系统是在早先曲轴箱通风的基础上，将曲轴箱和空气滤清器下方的进气管连通，并且加装一个 PCV 阀，而将原通风管拆除后形成的。这种结构简单、改装方便，不必维修保养，可基本上消除曲轴箱排放。但自通气孔进入曲轴箱的空气未经滤清，而且当曲轴箱内排放大量增加时，有从通气孔倒流到大气中去的可能性。闭式 PCV 系统，将通气孔改接在空气滤清器已滤清的一边，从而避免了开式系统的缺点。新鲜空气先经空气滤清器，然后进入曲轴箱和窜气混合，发动机工作时，利用进气管真空度把 PCV 阀打开，进入汽缸进行燃烧。当发动机在高速全负荷工作时，一旦窜气量过多而不能完全吸尽时，多余的窜气还可以从曲轴箱倒流入滤清器经进气管吸入汽缸。这种方式既不会使窜气排入大气，又能用新鲜空气进行曲轴箱换气。由于这种装置的双重优点，目前在世界上已被普遍采用。

（4）燃料蒸发净化装置

为防止油箱内的燃油蒸汽对大气的污染，现在大部分车辆采用燃料蒸发控制系统。其主要组成有：一个重新设计的油箱加油盖、油气分离器和炭罐。

① 使用密封式的加油盖，其内部装有压力、真空释放阀，可防止油箱的损坏。当油箱内的压力增大到一定数值时，释放阀就会打开，避免油箱的爆炸。又如果真空度增大时，释放阀也会打开，防止油箱变形。

② 油气分离器的主要功能是防止液态燃油进入活性炭罐。液态燃油如果进入分离器或油气经过分离器时冷凝成燃油，都可通过其中最短一条管路流回油箱。

③ 活性炭罐的功能就是储存燃油蒸发的油气。炭罐本身是一个抗油性的尼龙或塑料容器里面装满了活性炭颗粒。

7.3.2　柴油机排放的净化

柴油机的平均过量空气系数大，燃烧比较完全，CO、HC、NO_x 的排出量较少。但是大量数据表明，柴油机中 SO_2 和碳烟的排出量却比汽油机大得多。目前，柴油机净化工作的重点是降低 NO_x 和 HC 的合计排出量并减少碳烟。

1. 柴油机碳烟的净化

（1）白烟

正常的发动机在暖车后，一般就不再形成白烟。改善启动性可减少白烟。

（2）蓝烟（青烟）

提高燃烧室和室内空气温度，减少室内空气运动，以免燃料很快被吹散形成过稀混合气，减小喷注贯穿力，避免燃料碰到冷的室壁等措施，都可减少蓝烟。但是，上述措施大部分对减少黑烟措施是矛盾的，因此在新机调试时，要妥善处理。

（3）黑烟

废气中是否出现碳烟，取决于在膨胀期间温度过分下降以前燃料是否能足够快地与空气混合和燃烧。黑烟的形成与柴油机的混合气形成和燃烧速率密切有关，因此凡能提高混合气形成和燃烧速率的措施，均能减小黑烟。

① 改进进气系统：柴油机的烟度在很大程度上取决于燃料与空气的比值（F/A），当混合气 F/A 加大，烟度就上升。在功率一定时，改进气系统提高充量系数等所有增大进气量的措施，都有助于减少碳烟。

② 改变喷油时间：在直接喷射式柴油机中，当其他参数不变时，加大喷油提前角会造成滞燃期增长，使更多的燃料在着火前喷入混合，加快了燃烧速度并较早地结束燃烧过程，所有这些因素可使排气的烟度降低。然而过早喷射会引起更大的燃烧噪声、较大的机械和热应力以及较高的 NO_x 排放。同时也指出较晚的喷油时间也使烟度下降。这种烟度减少发生在滞燃期最短的喷射时刻之后，其原因之一是生成比率降低及扩散火焰的温度降低所造成的。但此时 g_e 很快上升。当采用柴油机电控喷油，可精确控制喷油量及喷油时间，使 HC 排放降低。

③ 改进供给系：改进供给系，使喷油规律具有较高的初速率，缩短喷油持续时间，对减小排烟是有利的。

改进油嘴和供给系配合参数，可消除滴漏及过后喷射（二次喷射）的产生。滴漏是喷射终了时，由于针阀落座缓慢，从油嘴中流出雾化不良的粗大油滴与火焰接触，对火焰起激冷作用，此时缸内温度和氧的浓度下降，在这些油滴外围裂解产生碳烟附在液体表面上极难燃尽。过后喷射时，针阀落座关闭后第二次离开阀座升起，此时，喷射压力不足，雾化程度和穿透能力都变差，因而使碳烟增加。

④ 后处理：柴油机碳烟后处理可有以下几种方法，即固体碳粒可以经过静电、过饱和水蒸气、超声波等使小粒子聚合成较大的粒子，再通过旋风除尘器净化。也可用各种滤清器过滤出碳粒。

2. 柴油机排气的净化

柴油机的燃烧室型式对排污量的影响很大。试验表明，分隔式燃烧室排污量比直接喷射式低得多。采用分隔式燃烧室时，副燃烧室中的混合气浓度较大，且燃烧温度峰值较低，对 NO_x 的形成不利。而当燃油及燃烧气体喷到主燃烧室进行二次燃烧时，又由于大量空气的冷却作用，活塞又已开始下移，燃烧最高温度低，再一次造成了不利于产生 NO_x 的条件，因此分隔式燃烧室柴油机的 NO_x 排放量小。此外，因分级燃烧中的燃烧涡流作用，使空气与燃油得到良好的混合，避免了主燃烧室中高温局部缺氧现象，因而产生的 HC 和 CO 较少。在采用分隔式燃烧室的柴油机中，用预燃室的发动机排污量比用涡流室的低，故预燃式燃烧室的应用目前有增多的趋势。

减小喷油提前角，可降低最高燃烧温度，使 NO_x 排出量减少。这是目前用来降低直接喷射式柴油机的 NO_x 排放量的最有效的措施。但喷油提前角小会引起排烟量上升和功率下降。

采用废气涡轮增压可使过量空气系数提高，进气温度降低，因而 CO、HC 及碳烟的排放量均得以下降，但 NO_x 增加。在采用增压中间空气冷却，则既能全面降低排气污染，又能提高柴油机性能，因此适用于汽车和工程机械等柴油机。但应装设冒烟限制器，以减少低速和加速时的排烟。

7.4　汽车噪声

我们生活在声音的世界里，既有动人、悦耳的乐声，也有嘈杂的噪声。噪声是一种杂乱无章的声音，它不仅能引起人体的生理改变和损伤，比如头晕、耳鸣、疲乏、失眠、心慌、血压升高等症状，而且能导致对心理、生活和工作的不利影响。根据噪声源分类，可分为交通噪声、工业噪声和生活噪声三种。在交通噪声中，又可以分为道路交通噪声、铁路交通噪声、海河航运交通噪声和航空交通噪声四种。道路交通噪声可以分为车辆噪声和道路噪声两种。车辆产生的噪声，几乎可以占交通噪声的 80% 左右。随着交通运输业的发展和汽车保有量的激增，噪声污染越来越严重。我国不少城市的噪声，特别是车辆噪声，已到了非治理不可的程度。为此，我国于 1979 年公布了国家标准 GB 1495—1979《机动车辆允许噪声》和 GB 1496—1979《机动车辆噪声测量方法》，把控制车辆噪声纳入了环境保护的范畴。进入 20 世纪八九十年代又陆续颁布了汽油机、柴油机等噪声限值及测量方法等标准。进入 21 世纪，GB 1495—2002《汽车加速行驶车外噪声限值及测量方法》等一系列新标准的实施对行业主管部门控制汽车噪声的过快增长、促进生产企业和社会公众提高环保意识起到了积极作用。

7.4.1　汽车噪声的评价指标

声音是由声源作周期或非周期性振动而产生的。当声源振动时，声音以波的形式在弹性媒体（气体、液体或固体）中传播，即形成声波。声音的大小，与"声压"有关；声音的尖沉，与"音频"高低有关；声音悦耳嘈杂，与"音调"是否和谐有关。噪声是指那些人们不需要的、令人厌恶的或对人类生活和工作有妨碍的声音。噪声不仅有其客观的物理特性，还依赖主观感觉的评定。如在听音乐时，悦耳的歌声不是噪声，而在老师讲课的课堂上，高音播放的音乐只能算是噪声。

1. 音频

人耳可以听到的声音频率，大致为 20～20 000Hz。频率越高，声音就越尖锐；频率越低，声音就越低沉。例如，打鼓的声音频率在 100Hz 左右；人讲话的声音约为几百赫兹；高音和乐器的声音约在 100～4000Hz 范围内；尖叫的声音可能超过 4000Hz。低于 20Hz 的声音称为次声，高于 20 000Hz 的声音称为超声，都是人耳听不到的声音。

2. 声压和声压级

（1）声压

声波对介质造成的压力称为声压，即单位面积上的作用力。声压远小于大气压。一般声压的范围在 $2 \times 10^{-5} \sim 20$Pa，而大气压大约为 100kPa。声压越大，声音也越大。

对于 1000Hz 的纯音来说，正常人耳能够感受的最小声压为 2×10^{-5}Pa，称为基准声压或听阈声压，用 P_0 表示。人耳能承受的最大声压为 20Pa，称为痛阈声压。这样大的声音会使人耳感到震痛。

（2）声压级

声压级是声音的实际评价指标之一。由于声压范围很大，并且人耳实际听到的声音大小并不与声压成比例，用声压的绝对值表示声音的强弱很不方便，所以实际使用声压的相对值（声压级）来衡量人听到的声音大。噪声的强度也是用声压级来表示的。声压级的定义是

$$L_{\mathrm{p}} = 10 lg p^2 / p_0^2 = 20 lg P / P_0$$

式中：P——声压（Pa）；

　　　　P_0——基准声压，为 2×10^{-5}Pa；

　　　　L_{p}——声压级（dB）。

声压级的单位是分贝（dB）。引入声压级的概念，就可将可闻声压分成 $0 \sim 120$dB，分贝是无量纲量，只是一个比较指标，表示所测量与基准量比较的相对大小，声音的测量是用分贝来表示声音的强弱。

用声压级表示声音的强弱，使得从听阈到痛阈的 100 万倍的变化范围，改为从 $0 \sim 120$dB 的变化范围。即声压级高达数百帕的喷气式飞机的强烈噪声，也不过是 $140 \sim 150$dB。声压（P）每增加 10 倍，声压级（L_{p}）增加 20dB。

与直接用声强或声压表示相比，采用声压级（dB）表示声音的强弱，既避免了大数量级数字的表达，又和人耳的实际感觉相近。

3. 计权网络

在噪声研究中，一般用声压、声压级作为噪声测量的物理参数，实际上，人耳接受客观声压和频率后，主观上产生的"响度感觉"与这些客观物理量之间并不完全一致。这种主、客观量的差异是由声波频率的不同而引起的。因此在噪声测量时，就存在着一个客观存在的声音物理量与人耳感觉的主观量的统一问题。如何把声压级和频率统一起来考虑，引出了"响度"的概念，单位为"方"（phon）。响度级反映人对声音的主观评价，将声压级和频率用一个单位统一表示。为此，人们在噪声分析仪中设计了 A、B、C 三种"频率计权"网络来对所测量噪声进行听感修正，其中 A、B 计权网络对对中、低频声音有衰减，

C 计权网络基本上无衰减。测量噪声声压级时常用 A 计权。国标规定在测量汽车噪声时也要使用 A 计权。这是因为，研究表明，对于大多数的噪声而言，用 A 计权比其他计权能够更接近人耳的听觉响应特性。

7.4.2　汽车噪声的产生及其影响

按照噪声产生的过程，可将汽车噪声源大致分为两类，一是与发动机运转有关的噪声；另一类是与汽车行驶有关的噪声。与发动机运转有关的噪声主要包括发动机运转时发出的燃烧噪声、机械噪声、进排气噪声和风扇噪声，以及发动机运转时所带动的各种附件（如压气机、发电机等）发出的噪声。与汽车行驶有关的噪声主要包括：传动机构（变速器、传动轴及驱动桥）的机械噪声、轮胎发出的噪声、车身振动及和空气作用所发出的噪声。

1.　发动机噪声

（1）燃烧噪声和机械噪声

发动机的燃烧噪声是指汽缸内燃料燃烧产生的声音，而机械噪声是由于发动机运转而引起的声音。为了研究方便起见，通常把燃烧时汽缸压力通过活塞、连杆、曲轴、缸体及汽缸盖等引起发动机结构表面振动而辐射出来的噪声叫燃烧噪声。把活塞对缸套的敲击声，以及配气机构、正时齿轮和喷油泵的噪声叫做机械噪声。

① 燃烧噪声。燃烧噪声，是由于汽缸内周期性变化的气体压力的作用而产生的。主要表现为气体燃烧时急剧上升的汽缸压力通过活塞、连杆、曲轴缸体及缸盖等引起发动机结构表面振动而辐射出来的噪声。压力升高率是影响燃烧噪声的根本因素。因而，燃烧噪声主要集中于速燃期，其次是缓燃期。柴油机由于压缩比高，压力升高率过大，其燃烧噪声比汽油机高得多。

② 机械噪声。机械噪声是指由于气体压力及机件的惯性作用，使相对运动的零件之间产生撞击和振动而形成的噪声。主要包括：活塞连杆组噪声（活塞、连杆、曲轴等运动件撞击汽缸体产生的噪声）、配气机构噪声、柴油机供给系噪声等。

活塞连杆组噪声是发动机最主要的机械噪声源。其噪声大小与活塞和缸壁间隙、发动机转速、负荷、活塞与缸壁间润滑条件、活塞的结构及材料、活塞环数及张力、缸套厚度等有关。

配气机构噪声是由于气门开启和关闭时产生的撞击以及系统振动而形成的噪声。气门运动速度、气门间隙、配气机构结构型式、零部件刚度及质量等是影响配气机构噪声的主要因素。

齿轮机构噪声是由齿轮啮合时所产生的噪声和齿轮固有振动噪声组成。影响齿轮噪声的因素主要有：齿轮的运转状况，齿轮的设计参数，齿轮的加工精度等。

柴油机供油系噪声主要是由于喷油泵、喷油器和高压油管系统振动引起的。其中喷油泵形成的噪声是主要的机械噪声。为降低喷油泵噪声，可提高泵体刚度，采用特种金属或塑料材料，采用隔声罩等。

（2）进、排气噪声

进、排气噪声是由于发动机在进、排气过程中的气体压力波动和高速气体流动所引起的振动而产生的噪声。进、排气噪声的强弱受发动机转速和负荷影响较大。随着发动机转速的提高，进气噪声增大，负荷对进气噪声影响较小；随着发动机转速的增加，空负荷比满负荷增加的比率更大些。降低进气噪声的最有效措施是，设计合适的空气滤清器或采用进气消声器。

（3）风扇噪声

风扇噪声由旋转噪声和涡流噪声所组成。旋转噪声是由于风扇旋转时叶片切割空气，引起空气振动所产生的。涡流噪声是由于风扇旋转时叶片周围产生的空气涡流造成的。影响风扇噪声的主要因素是风扇转速。此外，还包含一些机械噪声。

发动机噪声源示意图如图 7-11 所示。

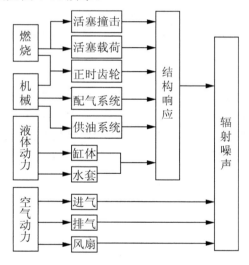

图 7-11　发动机噪声源示意图

2．传动机构噪声

变速器噪声主要是因齿轮振动引起的噪声，以及轴承运转声、润滑油搅拌声，发动机振动传至变速器箱体而辐射的噪声等。提高齿轮加工精度，选择合适的齿轮材料，设计固有振动频率高、密封性好、隔声性强的齿轮箱等均可减少变速器噪声。

传动轴噪声主要表现为汽车行驶中传动轴发出周期性响声，且车速越高响声越严重，甚至引起车身发生抖动、驾驶员握转向盘的手有麻木感，这是由于传动轴变形、轴承松旷及装配不良等原因造成的。提高装配精度，检查平衡片有无脱落，避免超速行驶，可减少传动轴噪声。

驱动桥噪声在汽车行驶时车后部发出较大的响声，且车速越高响声越大。主要是齿隙不合适、齿轮装配不当、轴承调整不当等原因造成的。

3. 制动噪声

制动噪声是汽车制动过程中由制动器摩擦诱发引起制动器等部件振动发出的声响，通常称为制动尖叫声。特别是制动器由热态转为冷态时更容易产生这种噪声。该高频噪声不仅影响汽车的舒适性，还会给驾驶员带来不必要的担心。

鼓式制动器比盘式制动器产生的噪声大。通常发生在制动蹄摩擦片端部和根部与制动鼓接触的情况下。其噪声大小取决于制动蹄摩擦片长度方向上的压力分布规律，还受制动系统及零部件刚度的影响。

4. 轮胎噪声

轮胎噪声包括：轮胎花纹噪声、道路噪声、弹性振动噪声以及轮胎旋转时搅动空气引起的风噪声。

花纹噪声和道路噪声都是轮胎和路面相互作用而产生的噪声。汽车行驶时，轮胎接地部分胎面花纹沟槽内的空气以及路面的微小凹凸与地面间的空气，在轮胎离开地面时、受到一种类似于泵的挤压作用引起周围空气压力变化从而产生噪声。弹性振动噪声是由于轮胎不平衡、胎面花纹刚度变化或路面凹凸不平等原因激发胎体振动而产生的噪声。

影响轮胎噪声的因素主要有：轮胎花纹，车速及负荷，轮胎气压，装配情况，轮胎磨损程度，路面状况等。

7.4.3　汽车噪声控制技术简介

由于汽车噪声源中，没有一个是完全密封的（有的仅是部分的被密封起来），因此，汽车整车所辐射出来的噪声，就取决于各声源的强度、特性以及向周围环境传递的情况。研究表明，排气噪声占车外噪声的份额最大，发动机风扇噪声次之。为了降低汽车的加速行驶车外噪声，应首先考虑降低排气系统噪声和冷却风扇运转噪声。

降低声源噪声是噪声控制的最根本、最直接和最有效的途径。首先必须识别出噪声源，弄清声源产生噪声的机理和规律，然后改进机器设计方案和结构，降低产生噪声的激振力，降低发声部件对激振力的响应，从而达到根治噪声的目的。

降低发声部件对激振力的响应包含两层意思，其一是分析辨别机器主要辐射噪声的部件或表面，改善激振力源到该部位的传递特性，使之对激振力具有较小响应；其二是降低噪声辐射表面的声辐射系数，使同样大小的振动所辐射的噪声能量更小，常用措施是改善辐射表面的结构形状和附加一些内损耗系数较大的阻尼材料。常用的噪声振动控制技术包括吸声、隔声、消声、隔振和阻尼减振，也称为无源控制技术。

图 7-12 所示为汽车噪声源及降噪措施。

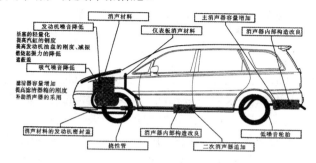

图 7-12　汽车噪声源及降噪措施

1. 吸声降噪

在任何有限空间内，噪声源辐射噪声形成的声场都包含直达声和混响声。如果在噪声源周围的有限空间内布置一些可吸声的材料，就会降低声能的反射量，使混响声大大降低，从而达到降噪目的。

采用吸声材料进行声学处理是最常用的吸声降噪措施。工程上具有吸声作用并有工程应用价值的材料多为多孔性吸声材料，而穿孔板等具有吸声作用的材料，通常被归为吸声结构。多孔材料主要吸收中高频噪声，大量研究和实验表明：多孔性吸声材料，如矿棉、超细玻璃棉等，只要适当增加厚度和容重，并结合吸声结构设计，其低频吸声性能也可以得到明显改善。吸声结构的吸声机理就是利用赫姆霍兹共振吸声原理。当声波入射到赫姆霍兹共振吸声器的入口时，容器内口的空气受到激励，产生振动，容器内的介质压缩或膨胀变形。当赫姆霍兹共振吸声器达到共振时，其声抗最小，振动速度最大，对噪声的吸收也最大。

吸声材料主要用于发动机壳体，吸收和降低其声辐射效率。在汽车发动机罩壳体内侧表面使用吸声材料时，500Hz 以上区域，车室内噪声可降低 2～3dBA（"A"表示 A 加权网络）。发动机罩内侧吸声层一般是以玻璃纤维和毛毡系为吸声材料的基体材料，用非织物进行表面处理，背后设计成空气层结构。

2. 隔声降噪

声波在传播途中，遇到匀质屏障物时，由于介质特性阻抗的变化，使部分声能被屏障物反射，一部分被屏障物吸收，只有一部分声能可以透过屏障物辐射到另一空间，透射声能仅是入射声能的一部分。通过反射与吸收，降低噪声的传播。

隔声构件隔声量的大小与隔声构件的材料、结构和声波的频率有关。常见的基本隔声结构有单层壁和双层壁两种。

最简单的隔声结构是单层均匀密实壁，如钢板、铅板、砖墙、钢筋混凝土墙等。试验发现，单层壁的隔声量与壁的单位面积质量有密切关系。单位面积质量越大，其隔声量越高，同样厚度的钢板比铝板隔声效果好，同样的材料，结构厚度大的隔声效果好，这个规律称为隔声的质量定律。

双壁层是在双列平行的单层壁之间保留一定尺寸的空气层。一般情况下，双层墙比单层匀质墙隔声量大 5～10dBA；如果隔声量相同，那么双层墙的总重比单层墙减少 2/3～3/4。这是由于空气层的作用提高了隔声效果。其机理是当声波透过第一层墙时，由于墙外及夹层中空气与墙板特性阻抗的差异，造成声波的两次反射，形成衰减，并且由于空气层的弹性和附加吸收作用，使振动的能量衰减，然后再传给第二层墙，又发生声波的两次反射，使透射声能再次减少，因而总的透射损失更多。

隔声法常用的隔声装置有隔声罩、隔声室和隔声屏。在汽车中一般采用发动机罩将辐射噪声强烈的发动机遮蔽起来。根据隔声罩的封闭范围可分成三种形式：全隔声罩、半隔声罩和局部隔声罩。全隔声罩可用于发动机组降噪。国际上已经成功设计出低噪声机组。汽车驾驶室和客车车厢都属于这类隔声装置。

3. 阻尼降噪

对于金属薄板振动辐射的噪声，常采用阻尼降噪技术。阻尼是指系统损耗能量的能力。从减振的角度看，就是将机械振动的能量转变成热能或其他可以损耗的能量，从而达到减振目的。阻尼技术就是充分运用阻尼耗能的一般规律，从材料、工艺、设计等各项技术发挥阻尼在减振方面的潜力，以提高机械结构的抗振性，降低机械产品的振动，增强机械与机械系统的动态稳定性，减少因机械振动产生的声辐射，降低机械噪声。此外，阻尼还可以使脉冲噪声的脉冲持续时间延长，降低峰值噪声强度。衡量材料阻尼特性的参数是材料损耗因子，大多数阻尼材料的损耗因子随环境条件变化而变化，特别是温度和频率对损耗因子具有重要影响。

4. 空气动力噪声的控制

消声器能有效阻止或减弱噪声向外传播，是控制空气动力性噪声的主要技术措施。在空气动力机械的输气管道中或进、排气口上安装合适的消声器，就能使进、出口噪声降低20～50dBA。因此，消声器广泛用于各种风机、内燃机、空气压缩机、燃气轮机及其他高速气流排放的噪声控制中。

复习思考题

1. 汽车排气中的主要有害成分是什么？危害现象如何？
2. 汽油发动机排气的净化措施有哪些？柴油发动机的净化措施有哪些？
3. 试述两气体不分光红外线分析仪的工作原理，如何进行标定？
4. 试述滤纸式烟度计的工作原理，如何进行标定？
5. 国标对汽油车怠速污染物的排放标准是如何规定的？
6. 检验汽油车废气排放的正确操作方法是什么？
7. 国标中对柴油机自由加速烟度排放标准是如何规定的？
8. 如何使用滤纸烟度计检测柴油机烟度？
9. 什么是噪声？衡量噪声的主要指标是什么？
10. 噪声对人体会产生什么影响？
11. 汽车噪声源主要有哪些？控制汽车噪声的措施主要有哪些？

第 8 章　发动机的特性

发动机的特性是发动机性能的综合反映。在一定条件下，发动机性能指标随发动机调整情况和运转工况而变化的关系称为发动机特性。其中，发动机的使用特性是发动机的性能指标随工况参数的变化规律，如速度特性、负荷特性；发动机的调整特性是发动机性能指标随调整参数变化而变化的关系，如汽油机点火提前角调整特性、柴油机喷油提前角调整特性等。特性用曲线表示称为特性曲线。本章主要介绍发动机负荷特性、速度特性、万有特性等基本特性。

8.1　发动机的特性概述

8.1.1　发动机的工况

为了更好地理解发动机特性，首先有必要掌握发动机三类典型工况的变化规律。发动机运行的实际情况，简称为发动机工况，通常用发动机功率与转速或发动机负荷与转速来表示。

发动机在运行中，经常处于变负荷、变转速下工作，其变化的规律取决于发动机的用途。往复活塞式发动机因为使用效率高、体积小、机动灵活、工作稳定、运行成本低，所以常用作各类机动车辆、轮船上的主机、发电机的动力、多种工程或特种工程机械的动力。不管用于何处，往复活塞式发动机在正常工作时，都将在一定的转速范围，即在最低稳定转速 n_{min} 与最高允许转速 n_{max} 之间运行；在某一转速下，有效功率或转矩可以由零变到可能发出的最大值。因此发动机的工况范围是如图 8-1 中所示的阴影部分。根据发动机用途的不同，它的工况一般可分为三类。

第一类工况：发动机的曲轴转速近似保持不变，发出的功率可能在很大范围内变化，称为固定式发动机工况。例如发动机带动发电机、空压机和水泵等机械工作时，由于它们的负荷可以由零变化到最大许用值，因此发动机发出的功率也随负荷由零变化到最大许用值；采用调速器来保持发动机转速恒定，使其转速波动限制在允许范围内。这类工况如图 8-1 中铅垂线 1 所示，线上每一点都代表一种工况，这种工况称为点工况。

第二类工况：发动机在运行中，它所发出的功率和转速之间成一定的函数关系。如发动机用于驱动船舶螺旋桨时，发动机所发出的功率与螺旋桨吸收的功率相等，而螺旋桨所吸收的功率 $P_e = kn^3$，即与转速成幂函数关系，故称之为螺旋桨工况，如图 8-1 中曲线 2 所示。从图中还可看出，这条曲线受到发动机最大允许功率的限制，最大功率只能达到图中的 a 点，还受到最低稳定转速 n_{min} 的限制。由于功率与转速的三次方有关，故这种工况称为线工况。

第三类工况：发动机的功率和转速都独立地在很大范围内变化，它们之间没有特定的关系，车用发动机即属此类工况。发动机的曲轴转速取决于车速，可以从最低稳定转速一直变到最高许用转速；发动机发出的功率取决于运行中所遇到的阻力，在同一转速下，可由零变到最大许用功率。当汽车下长坡需要采用发动机制动时，发动机因汽车传动装置倒拖而做负功。上述运行工况如图 8-1 中曲线 3 下面的阴影面积表示，此种工况称为面工况。阴影面的上限是发动机在各种转速下所能发出的最大功率（曲线 3），左边对应于最低稳定转速 n_{min}，右边对应于最高允许转速 n_{max}，阴影面下边实线表示制动时倒拖发动机所需功率曲线。

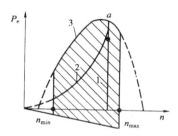

图 8-1　发动机的各种工况

8.1.2　发动机的功率标定

发动机的功率标定，是指制造企业根据发动机的用途、寿命、可靠性、维修与使用条件等要求，人为地规定该产品在标准大气条件下输出的有效功率以及对应的转速，即标定功率与标定转速。世界各国对标定方法的规定有所不同，按照中国国家标准《内燃机台架性能试验方法》（GB/T 1105.1—1987）规定，我国发动机的功率可以分为四级。

（1）15 分钟功率

发动机允许连续运转 15 分钟的最大有效功率。适用于需要较大功率储备或瞬时发出最大功率的轿车、中小型载货汽车、军用车辆、快艇等用途的发动机。

（2）1 小时功率

发动机允许连续运转 1 小时的最大有效功率。适用于需要一定功率储备以克服突增负荷的工程机械、船舶主机、大型载货汽车和机车等用途的发动机。

（3）12 小时功率

发动机允许连续运转 12 小时的最大有效功率。适用于需要在较长时间内连续运转而又要充分发挥功率的拖拉机、移动式发电机组、铁道牵引等用途的发动机。

（4）持续功率

持续功率是发动机允许长期连续运转的最大有效功率。适用于需要长期连续运转的固定动力、排灌、电站、船舶等用途的发动机。

对于同一种发动机，用于不同场合可以有不同的标定功率值。其中，15 分钟功率的标定最高，持续功率的标定最低。除持续功率外，其他几种功率均具有间歇性工作的特点，故常被称为间歇功率。对间歇功率而言，发动机在按标定功率运转时，超出上述限定的时间并不意味着发动机将被损坏，但无疑将使发动机的寿命与可靠性受到影响。

8.1.3　发动机特性参数间的关系

发动机的特性参数之间的内在关系，是分析发动机特性的主要基础，也是解释发动机特性曲线的依据。在前面章节已经对有关参数做了介绍，现在统一给出发动机特性参数分析式。

（1）有效功率

$$P_e = K_1 \frac{n}{\alpha} \eta_v \eta_i \eta_m$$

（2）有效转矩

$$M_e = 9550 \frac{P_e}{n} = K_2 \frac{1}{\alpha} \eta_v \eta_i \eta_m$$

（3）有效燃油消耗率

$$g_e = \frac{K_3}{\eta_i \eta_m}$$

（4）发动机每小时耗油量

$$G_T = g_e P_e = K_4 \frac{n}{\alpha} \eta_v$$

以上四个分析中，K_1、K_2、K_3 和 K_4 为常数；n 为发动机转速；α 为过量空气系数；η_v 为发动机的充气系数；η_i 为发动机的指示热效率；η_m 为发动机的机械效率。

8.2　发动机的负荷特性

发动机工作时，若转速保持一定，则其经济性指标随负荷而变化的关系，称为负荷特性。表示负荷特性的曲线，一般以发动机的负荷（有效功率 P_e、有效转矩 M_e 或平均有效压力 p_e）作为横坐标，纵坐标表示性能参数（主要是经济性指标），如每小时燃料消耗量 G_T 和有效燃料消耗率 g_e，根据需要还可表示出排气温度、机械效率等。分析发动机的负荷特性，可了解发动机在各种负荷情况下工作时的经济性以及最低燃料消耗率时的负荷状态。

8.2.1　汽油机负荷特性

当汽油机的燃料供给系和点火系调整为最佳，保持在某一转速下工作时，逐渐改变节气门开度以适应外界负荷，每小时耗油量 G_T 和有效燃油消耗率 g_e 随有效功率 P_e（或有效转矩 M_e、平均有效压力 P_e）而变化的关系，称为汽油机负荷特性。汽油机的负荷调节是靠改变节气门开度，从而改变进入汽缸的混合气数量来实现的，此种负荷调节方式称为量调节，负荷特性又称节流特性。

图 8-2 所示为车用汽油机在某一转速下的负荷特性曲线。对应不同的转速，有不同的负荷特性曲线，但各种转速下的负荷特性曲线相似。

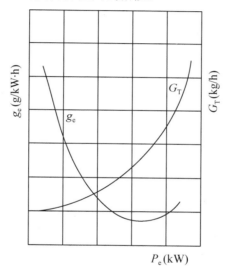

图 8-2　汽油机负荷特性曲线

1. G_T 曲线

当汽油机转速一定时，每小时燃料消耗量 G_T 主要取决于节气门开度和混合气成分。节气门开度由小逐渐加大时，充入汽缸的混合气量逐渐增加，G_T 随之上升；当节气门开度增大到约为全开时的 80%以后，加浓装置开始工作，混合气变浓，G_T 上升的速度加快，曲线变陡。

2. g_e 曲线

由于 g_e 与指示热效率和机械效率的乘积成反比关系，因此 g_e 随负荷的变化规律取决于 η_i 和 η_m 随负荷的变化规律。

图 8-3 所示为 η_i、η_m 随负荷的变化关系。汽油机怠速运转时，其指示功率完全用来克服机械损失功率，机械效率 $\eta_m = 0$，故 g_e 为无穷大。随着负荷增加，节气门开度加大，进入汽缸的新鲜混合气量增加，残余废气相对减少；发动机负荷增加使燃烧室的工作温度提高，燃料雾化条件改善，燃烧速度加快；散热损失及泵气损失相对减少。因此，指示效率 η_i 随负荷增加而上升，故 g_e 迅速下降，直至降到最低值。当负荷继续增加，节气门开度增大到全开度 80% 左右时，燃料供给系供给发动机较浓的功率混合气，燃烧不完全，η_i 下降，结果 g_e 又有所上升。

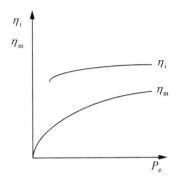

图 8-3　汽油机 η_i、η_m 随负荷的变化

8.2.2　柴油机负荷特性

柴油机保持某一转速不变，喷油提前角、冷却水温度等保持最佳值的情况下，改变喷油泵齿条或拉杆位置，相应改变每循环供油量时，每小时耗油量 G_T、有效燃油消耗率 g_e 随 p_e（或有效转矩 M_e、平均有效压力 p_e）而变化的关系，称为柴油机负荷特性。

当柴油机转速一定时，充入汽缸的空气量基本不变，调节负荷时只是改变每循环供油量，也就改变了混合气浓度，此种负荷调节方式称为质调节。

图 8-4 所示为车用柴油机的负荷特性，其变化趋势与汽油机类似。

1. G_T 曲线

转速一定时，柴油机每小时燃料消耗量 G_T 主要取决于每循环供油量 Δg。当负荷小于85%时，随负荷增加，由于 Δg 增加，G_T 随之近似成正比增大；当负荷继续增大超过 85% 后，随负荷增加，由于 Δg 过多，使混合气过浓，燃烧条件恶化，G_T 迅速增大，而有效功率增加缓慢，甚至下降。

2. g_e 曲线

综合 η_i 和 η_m 两方面的影响，g_e 曲线的变化规律是：怠速时，由于 $\eta_m = 0$，g_e 趋于 ∞；

在较小负荷范围内，随负荷增加，η_m 的增大速度比 η_i 的减小速度快，故 g_e 降低，直到某一中等负荷（图 8-4 中 1 点）时，η_i 和 η_m 的乘积最大，g_e 最小；在大负荷范围内，随负荷增加，η_m 的增大速度比 η_i 的减小速度慢，使 g_e 增加；负荷增加到图 8-4 中的 2 点时，由于混合气过浓，不完全燃烧显著增加，柴油机排气开始冒烟，随负荷增加，g_e 增加将越来越快；负荷增加到图 8-4 中的 3 点以后，负荷再继续增加，由于燃烧条件将极度恶化，g_e 仍继续增加，P_e 反而下降。

对应于图 8-4 中 2 点的循环供油量称为"冒烟界限"，超过该界限继续增加供油量时，柴油机将大量冒黑烟，污染环境，且容易使活塞及燃烧室积炭，由于补燃增加，也易使发动机过热而引起故障。为了保证柴油机的使用寿命及可靠工作，标定的循环供油量一般限制在冒烟界限以内。所以，非增压高速柴油机使用中的最大功率受到排放法规规定的烟度值所限制。由于车用柴油机工作时其转速经常变化，因此需要测定柴油机在不同转速下的负荷特性，以了解在各种不同转速下运行时最经济的负荷区。在柴油机性能调试过程中，常用负荷特性作为比较的标准。

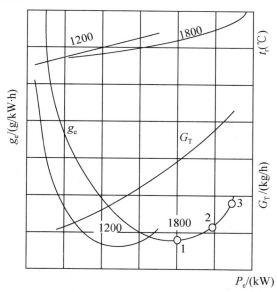

图 8-4　柴油机负荷特性曲线

g_e 同样与 η_i 和 η_m 的乘积成反比。柴油机 η_i、η_m 随负荷的变化关系如图 8-5 所示。柴油机负荷为零时，$\eta_m = 0$，随着负荷增加，机械效率 η_m 增大，但增长速度逐渐减慢。随负荷增加，由于 Δg 增加，使混合气变浓，燃烧不完全，致使指示热效率 η_i 逐渐下降，且负荷越大，η_i 下降速度越快。

　　在负荷特性曲线上，最低燃油消耗率 g_{emin} 越小，在负荷较宽范围内 g_e 变化不大，即 g_e 曲线变化较平坦，经济性越好。比较汽油机与柴油机的负荷特性可知，柴油机的经济性较好，一般 g_e 值比汽油机低 20%～30%，且曲线变化较平坦，具有较宽的经济负荷区域，部分负荷时低油耗区比汽油机宽，故在部分负荷下，柴油机比汽油机更省油。

　　从负荷特性曲线上可以看出，低负荷区的有效燃料消耗率 g_e 较高，随负荷增加，g_e 值迅速降低，在接近全负荷时，g_e 达到最小值。因此，为了提高汽车的燃料经济性希望发动机经常处于或接近耗油率低、负荷较大的经济负荷区运行，故选配发动机时，应注意在满足动力性要求的前提下，不宜装置功率过大的发动机，以提高功率的利用率，提高燃料经济性。

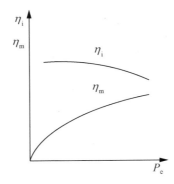

图 8-5　柴油机 η_i、η_m 随负荷的变化

8.3　发动机的速度特性

　　发动机节气门位置不变时，其性能指标随转速而变化的关系，称为发动机速度特性。速度特性包括全负荷速度特性（外特性）和部分负荷速度特性。为便于分析发动机的速度特性，通常由发动机台架试验测取一系列数据，并以发动机转速 n 作为横坐标，发动机的有效功率 P_e、有效转矩 M_e、有效燃油消耗率 g_e 或每小时耗油量 G_T 等作为纵坐标，绘制成速度特性曲线。通过分析发动机的速度特性，可找出发动机在不同的转速情况下工作时，其动力性和经济性的变化规律，以及对应于最大功率（P_{emax}）、最大转矩（M_{emax}）和最小燃油消耗率（g_{emin}）时的转速，从而确定发动机工作时最有利的转速范围。

8.3.1　汽油机速度特性

　　当汽油机的燃料供给系和点火系调整为最佳、节气门开度固定不变时，其有效功率 P_e、有效转矩 M_e、有效燃料消耗率 g_e 等随发动机转速 n 而变化的规律，称为汽油机速度特性。

当节气门保持最大开度时，所测得的速度特性，称为发动机的外特性；节气门在部分开度下所测得的速度特性，称为部分负荷速度特性。外特性代表了发动机所能达到的最高动力性和经济性，是发动机的重要特性。一般汽油机铭牌上标明的 P_e、M_e 及相应的 n 都是以外特性为依据。由于节气门开度的变化可以是无限的，所以部分负荷速度特性曲线为一个曲线簇，位于外特性之下。

1. 外特性曲线分析

如图 8-6 所示为车用汽油机的外特性曲线。

（1） M_e 曲线

转矩特性直接影响汽油机的动力性能，它是一条上凸的曲线。由公式 $M_e = 9550\dfrac{P_e}{n} = K_2\dfrac{1}{\alpha}\eta_v\eta_i\eta_m$ 可知：M_e 随 n 的变化取决于 α、η_i、η_m、η_v 随 n 的变化。节气门开度一定时，过量空气系数 α 基本不随 n 而变化，可视为常数，而 η_i、η_m、η_v 随 n 的变化趋势如图 8-7 所示。

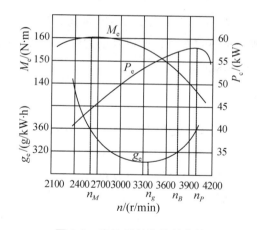

图 8-6　汽油机的外特性曲线

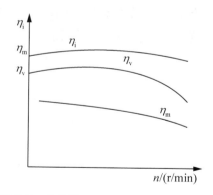

图 8-7　汽油机 η_i、η_m、η_v 随 n 的变化

指示热效率 η_i 在某一中间转速时最大，低于或高于此转速，η_i 均会下降，但变化较平坦，对 M_e 的影响不大。η_i 下降的原因是：转速 n 转低时，汽缸内气流扰动较弱，火焰传播速度慢导致燃烧缓慢，散热损失增加，漏气也增多，使 η_i 下降；n 较高时，燃烧所占曲轴转角大，在较大的容积内燃烧，传热损失增加，所以 η_i 也下降。

在节气门开度一定时，充气系数 η_v 在某一中间转速时最大，这是因为一定的配气相位只适应该转速，高于和低于此转速时 η_v 均下降。

机械效率 η_m 随转速的提高而明显下降，这是因为随转速提高，机械损失功率增加。

综合 η_i、η_m、η_v 随 n 的变化，可知有效转矩 M_e 随转速 n 的变化规律是：在较低的转速范围内，随转速的提高，由于 η_i、η_v 均提高，其影响超过了 η_m 下降的影响，故 M_e 逐渐增加，在某一转速，M_e 达最大值 $M_{e\max}$；转速继续提高时，由于 η_i、η_m、η_v 随 n 的提高同时降低，因此曲线迅速下降，曲线变化较陡。

（2）P_e 曲线

根据有效功率与有效转矩和转速之间的关系 $P_e = \dfrac{M_e n}{9550}$，在 M_e 小于 $M_{e\max}$ 的范围内，转速增加，转矩也增加，故 P_e 增加很快；此后，n 增加时，因有所下降，故 P_e 的增长速度减慢，直至某一转速时，M_e 与 n 之积达最大值，使 P_e 达最大功率 $P_{e\max}$；若 n 再增加，由于 M_e 的下降已超过了 n 上升的影响，故 P_e 下降。

（3）g_e 曲线

据公式 $g_e = \dfrac{K_3}{\eta_i \eta_m}$，当转速很低时，由于 η_i 很低，所以有效燃油消耗率 g_e 较高；在转速很高时，η_i 也较低，同时因机械损失增加，η_m 低，故有效燃油消耗率 g_e 也高；只有在某一中间转速时，指示热效率与机械效率之积最大，有效燃油消耗率 g_e 达最低值 $g_{e\min}$。

汽油机采用增压技术，可提高充气系数 η_v 和指示热效率 η_i，所以其动力性和经济性也明显改善。某汽油机增压前后的外特性曲线，如图 8-8 所示。

2. 部分负荷速度特性曲线分析

图 8-9 为某汽油机节气门分别在全开、75%开度、50%开度和 25%开度时，有效功率 P_e、有效转矩 M_e、有效燃料消耗率 g_e 随转速 n 的变化规律。汽车经常处于节气门部分开度下工作，因此部分负荷速度特性曲线对实际使用的动力性、经济性有重要意义。

节气门部分开启时，由于进气阻力增加，充气系数下降，随 n 提高，η_v 下降得更快。节气门开度越小，节流损失越大，M_e 随 n 增加而下降得越快，最大转矩点和最大功率点均向低转速方向移动。

从部分特性 g_e 曲线可见，并不是节气门全开时 g_e 曲线最低，因为此时采用的是浓混合气，存在燃烧不完全的现象。当节气门开度从 100% 逐渐减小时，混合气的加浓逐渐减轻，g_e 曲线的位置降低。节气门开度为 80% 左右时，g_e 曲线的位置最低，此时加浓装置停止工作。节气门开度再减小，由于残余废气相对增多，燃烧速度下降使 η_i 下降，燃料消耗率增加，故 g_e 曲线的位置又逐渐升高。

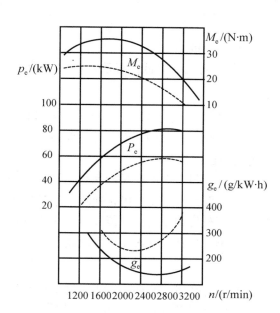

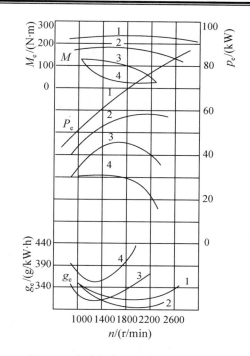

图 8-8　汽油机增压前后的外特性曲线

实线—增压后；虚线—增压前

图 8-9　汽油机部分负荷速度特性曲线

1—全负荷；2—75%负荷；3—50%负荷；4—25%负荷

3. 汽油机的工作范围

为保证较高的动力性，汽油机的工作转速范围应在最大功率转速 n_P 与最大转速 n_M 之间。当工作转速 $n > n_P$ 时，汽油机的动力性、经济性和可靠性均大大下降，因而不能使用；当工作转速 $n < n_M$ 时，由于汽油机工作不稳定，也不能使用。

为保证较高的经济性，汽油机工作的最有利转速范围应介于最大功率转速 n_P 和最低燃油消耗率转速 n_g 之间，此转速范围可以作为选择汽油机常用转速范围的参考依据。

4. 转矩储备系数

在发动机正常工作的转速范围内，节气门开度不变时，如果阻力矩增加，那么发动机转速将自动下降，发出的转矩增大至与阻力矩平衡时，又可在另一较低转速下稳定运转。为了评定发动机适应外界阻力矩变化的能力，常用转矩储备系数 u 或适应系数 k 作为评价指标。

$$u = \frac{M_{e\max} - M_B}{M_B} \times 100\%$$

$$k = \frac{M_{e\max}}{M_B}$$

式中：$M_{e\max}$——外特性曲线上的最大转矩，N·m；

M_B——标定工况（或最大功率）时的转矩，N·m。

u 和 k 值大，表明转矩之差（$M_{e\max} - M_B$）值大，即随转速的降低，有效转矩 M_e 增加较快，在不换挡的情况下，爬坡能力及克服短期超载能力强。

由于汽油机的外特性转矩曲线弯曲度较大，随转速增加下降较快，转矩储备系数 u 在 10%～30%之间，k 值为 1.2～1.4，适应性好。当汽车行驶阻力增加（如上坡）而迫使车速降低时，发动机能自动提高转矩，可减少汽车行驶中的换挡次数。

除转矩储备系数以外，最大转矩 $M_{e\max}$ 对应的转速 n_M 的大小也影响到发动机克服外界阻力的潜力。在实际使用中，当汽车突然遇到比较大的阻力时，发动机转速将由于外界阻力的增加而降低，若 n_M 较小，则汽油机能以较低的转速稳定地工作，并能充分运用内部运动部件的动能来克服短期超载。因此，n_M 越低，在汽车不换挡的情况下，发动机克服阻力的潜力越强。

不同用途的汽车，其汽油机对转矩特性的要求不同。例如，长期行驶于山区的载重汽车，由于它行驶阻力变化大，对最高车速要求较低，因此应选用 u 较大和 n_M 较低的汽油机；对于轿车，由于它对最高车速要求较高，因此宜选用 n_M 较高的汽油机。

5. 发动机的标定工况

标定工况是发动机铭牌上标出的功率及相应的转速。由图 8-6 可见，当转速增大至接近 n_P 时，功率提高缓慢。在 n_P 之后，转速增加功率反而下降。而转速经常过高，还会使发动机的寿命下降。因此，载货汽车发动机常限制其转速为 n_B，n_B 称为限制转速或标定转速，节气门全开时对应转速 n_B 的功率称为标定功率，一般 $n_B \leqslant n_P$。

8.3.2　柴油机速度特性

当喷油泵油量调节机构（供油拉杆或齿条）位置固定不动，柴油机的性能指标 P_e、M_e、g_e、G_T 随转 n 变化的关系，称为柴油机速度特性。当油量调节机构限定在标定功率的特殊供油量位置时测得的速度特性，称为柴油机的外特性（或全负荷速度特性），它表明柴油机可能达到的最高性能。当油量调节机构限定在小于标定功率循环供油量的各个位置时，所测得的速度特性称为柴油机部分负荷速度特性。

1. 外特性曲线分析

车用柴油机的外特性曲线如图 8-10 所示。

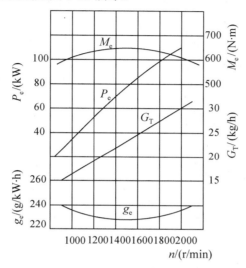

图 8-10　柴油机外特性曲线

（1）M_e 曲线

柴油机的有效转矩 M_e 主要取决于每循环供油量 Δg、指示热效率 η_i 和机械效率 η_m，它们之间的关系为

$$M_e = K' \eta_i \eta_m \Delta g$$

式中：K'——常数。

每循环供油量 Δg 随柴油机转速变化的情况由喷油泵的速度特性决定，在没有油量校正装置时，Δg 随 n 的提高而逐渐增加。柴油机的进气阻力较小，充气系数 η_v 的变化不大，而指示热效率 η_i 和机械效率 η_m 随转速的变化规律与汽油机基本相同，只是 η_i 变化较平坦，而且在较高转速范围内，随转速的提高 Δg 增加，对 η_i 和 η_m 的下降有补偿作用，所以柴油机的 M_e 曲线较平坦。

柴油机的转矩储备系数 u 比汽油机的小，只在 5%～10%的范围内，柴油机的转矩特性若不进行校正，一般很难满足工作需要。

（2）P_e 曲线

有效功率 P_e 与有效转矩 M_e 和转速 n 的乘积成正比，由于有效转矩 M_e 变化不大，使得有效功率 P_e 几乎随转速 n 成比例的增加，近似于直线关系。

柴油机的最高转速由调速器限制。如果调速器失灵，功率随转速增加仍然会继续增大。但当转速增大到某一数值时，由于循环供油量过多，会使燃烧严重恶化，η_i 迅速降低，同时 η_m 随转速增加而降低，导致有效功率下降，并出现排气严重冒黑烟现象，因此车用柴油机的标定功率受冒烟界限的限制。

（3）g_e 曲线

柴油机外特性的 g_e 变化趋势与汽油机的相似，也是一凹形曲线，由于 η_i 随 n 的变化比较平坦，使 g_e 曲线凹度较小；由于柴油机的压缩比高，其最低耗油率比汽油机的低 20%～30%。

2. 部分负荷速度特性曲线分析

图 8-11 是车用柴油机部分负荷速度特性曲线。当喷油泵油量调节机构固定在油量较小位置时，循环供油量减少，Δg 随 n 变化的趋势由喷油泵速度特性决定，柴油机部分负荷速度特性曲线的 M_e—n 曲线与外特性相似，但比外特性曲线低。

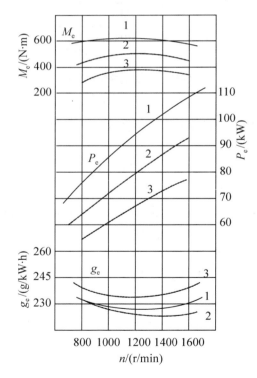

图 8-11　柴油机部分负荷速度特性

8.4　发动机的调整特性

8.4.1　汽油机点火提前角调整特性

当汽油机的节气门保持在全开位置、转速保持不变、燃料供给系调整适当时，发动机的有效功率 P_e 和有效燃油消耗率 g_e 随点火提前角变化的关系，称为点火提前角调整特性，其特性曲线如图 8-12 所示。

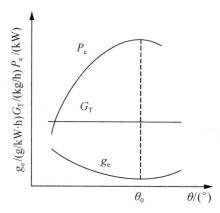

图 8-12　汽油机点火提前角调整特性

由图 8-12 可以看出，每小时耗油量 G_T 主要决定于燃料供给系的调整情况及发动机的负荷和转速，在点火提前角改变时基本上保持不变，这是因为它与点火提前角无关。当点火提前角为 θ_0 时，由于燃烧比较及时，热效率高，P_e 达到最大值，而 g_e 值最低，θ_0 则称为最佳点火提前角。对应发动机的每一工况都存在一个最佳点火提前角。当 $\theta < \theta_0$ 时，由于点火太迟，燃烧拖延至膨胀过程中还在进行，因燃烧时间拖长，缸壁的热量损失增加，排气温度较高，废气带走的热量损失也较多，使 P_e 下降和 g_e 增加。当 $\theta > \theta_0$ 时，由于点火过早，大部分可燃混合气在压缩过程中燃烧，汽缸内最高压力升高，压缩过程消耗的功增加，也使 P_e 下降和 g_e 增加。

汽油机的最佳点火提前角并不是固定不变的，图 8-13 所示为不同转速时的点火提前角调整特性，最佳点火提前角应随转速的提高而增大。图 8-14 所示为不同负荷时的点火提前角调整特性，最佳点火提前角应随负荷增大而减小。在汽车实际使用中，为使汽油机在各种工况下均能获得最佳点火提前角，在传统点火系统中，采用了机械离心式和真空式两种点火提前角自动调节装置，而目前广泛采用电控点火系统来实现。

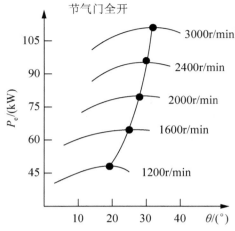

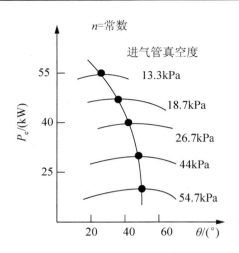

图 8-13　不同转速时的点火提前角调整特性　　　图 8-14　不同负荷时的点火提前角调整特性

8.4.2　柴油机喷油提前角调整特性

在柴油机转速和喷油泵油量调节机构位置不变的条件下，柴油机有效功率和有效燃油消耗率随喷油提前角的变化关系，称为喷油提前角调整特性，如图 8-15 所示。

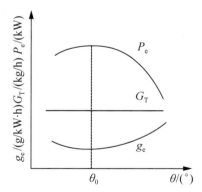

图 8-15　柴油机喷油提前角调整特性

由图 8-15 可见，由于测定柴油机喷油提前角调整特性时，柴油机的转速和喷油泵油量调节机构的位置不变，所以每小时耗油量 G_T 值为常数，喷油提前角的改变对 G_T 没有影响。

与汽油机的点火提前角调整特性一样，对应每一种工况，均有一最佳的喷油提前角 θ_0，此时，有效功率最大，有效燃油消耗率最低。喷油提前角过大时，由于燃料将喷入压力和温度都不高的空气中，着火延迟期增长，导致速燃期的压力升高率过大，造成柴油机工作粗暴，使 P_e 下降和 g_e 增加。喷油提前角过小时，燃烧推迟到膨胀过程中进行，因而使压力升高率降低，最高压力大大降低，排气温度升高，热损失增加，热效率显著下降，也使 P_e 下降和 g_e 增加。

柴油机在一定负荷下以不同转速工作时，其最佳喷油提前角也是不同的，一般应随转速的提高，适当增大喷油提前角。为满足上述要求，在传统的柴油机燃料供给系中，通常装有离心式喷油角提前器。采用柴油机电控技术，能根据柴油机转速和负荷的变化，及时并准确地控制喷油提前角，从而使柴油机的性能达到最佳。

8.4.3　柴油机的调速特性

如图 8-16 所示，比较汽油机与柴油机全负荷时的速度特性，由于柴油机的转矩曲线比汽油机转矩曲线平坦，转矩储备系数低，所以当阻力矩由 R_1 增大到 R_2 时，柴油机转速将从 n_1 降到 n_2（汽油机由 n_1' 降到 n_2），变化范围较大。因此，在实际使用中，柴油机如果没有调速装置，其转速相当不稳定，怠速运转时极易熄火，为保持转速稳定，就必须人为地控制供油量来适应外界负荷变化，这不仅使驾驶员疲劳，而且恢复稳定较慢。此外，当柴油机突然卸去负荷时，由于 M_e 曲线平坦，转速将急剧上升，由喷油泵速度特性决定的循环供油量随 n 上升而增加，进一步使转速上升直至超过标定转速，极易导致柴油机转速失去控制而发生飞车事故，造成机件损坏。

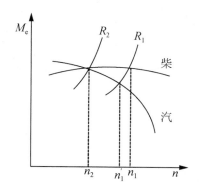

图 8-16　发动机工作稳定性比较

为保证柴油机的工作稳定性、防止高速飞车和怠速熄火，必须装置调速器。调速器可根据负荷变化，自动调节喷油泵供油量，使柴油机在一定转速范围内稳定运转。调速器有全程式、两极式两种。柴油机的调速特性即指调速器起作用时，柴油机性能指标随转速或负荷变化的规律。

1. 全程式调速器的调速特性

柴油机装置全程式调速器后，在所有的转速范围内，调速器都能根据外界负荷的变化，通过转速感应元件，自动调节喷油泵供油量，保证在驾驶员选定的任何转速下，使柴油机在极小的转速变化范围内稳定运转。在矿区、林区、大型建筑工地使用的车辆，所遇到的行驶阻力变化很大，这类车辆宜采用全程式调速器。

装有全程式调速器的柴油机调速特性如图 8-17 所示。当柴油机在某一工况下稳定运转时，若外界阻力矩减少，由于转速上升，调速器将带动供油量调节装置使供油量减少，柴油机输出有效转矩迅速减小；反之，若外界阻力矩增加时，由于转速下降，调速器使循环供油量增加，柴油机输出的有效转矩迅速增加。可见，由于调速器的作用，使柴油机在较小的转速变化范围内，有效转矩可从零变化到最大值或从最大值变化到零，从根本上改善了柴油机的转矩特性，它不仅能使柴油机保持怠速稳定和限制最高转速，而且可使柴油机在任意转速下保持稳定运转。

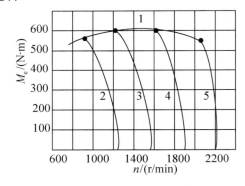

图 8-17　装有全程式调速器的柴油机调速特性

1—外特性；2~5—不同负荷时的调速特性

2. 两极式调速器的调速特性

两极式调速器只在柴油机最低转速和最高转速时起作用，以防止怠速熄火和高速飞车。中间转速由驾驶员根据需要直接操纵油量调节机构来控制。

装有两极式调速器的柴油机调速特性，如图 8-18 所示。由图 8-18 可见，只有在最低转速和最高转速附近两个很小的转速范围内，在调速器的作用下，使柴油机的转矩曲线产生急剧变化；在中间转速范围内，调速器不起作用，转矩曲线按速度特性变化。

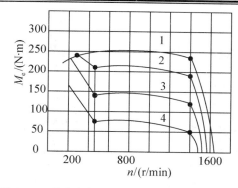

图 8-18　装有两极式调速器的柴油机调速特性

1～4—不同负荷时的调速特性

8.5　发动机的万有特性

8.5.1　万有特性

1. 万有特性含义

负荷特性、速度特性只能表示在某一油量控制机构位置固定或在某一转速时，发动机参数间的变化规律，而对于工况变化范围大的发动机要分析各种工况下的性能，就需要在一张图上全面表示出发动机性能的特性曲线，这种能够表达发动机多参数的特性称为万有特性。

广泛应用的万有特性用转速 n 为横坐标，用平均有效压力 p_e 为纵坐标，在图上画出许多等油耗率曲线和等功率曲线，如图 8-19 所示。根据发动机的万有特性，可以清晰地了解到发动机在各种工况下的性能，很容易找出最经济的负荷和转速。

2. 万有特性图分析方法

等燃油消耗率曲线的形状与位置对发动机的实际使用经济性能有重要的影响。在万有特性图上，最内层的等燃油消耗率曲线相当于发动机运转的最经济区域，等值曲线越向外，经济性越差，我们希望最低耗油率 g_{emin} 区域越宽越好。

（1）如果该曲线的形状在横向上较长，则表示发动机在负荷变化不大而转速变化较大的情况下工作时，燃油消耗率变化较小。

对于车用发动机希望经济区最好在万有特性的中间位置，使常用转速和负荷落在最经济区域内，并希望等 g_e 曲线沿横坐标方向长些。

（2）如果曲线形状在纵向较长，则表示发动机在负荷变化较大而转速变化不大的情况下工作时，油耗率变化较小。

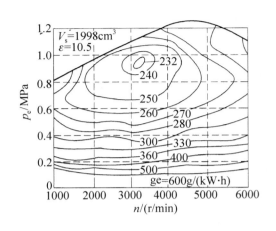 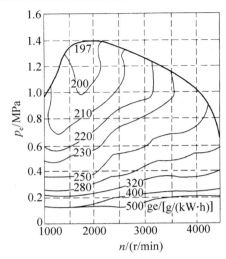

（a）6105QD 柴油机万有特性　　　　（b）EQ6100 汽油机万有特性

图 8-19　典型的万有特性曲线

3．柴油机的万有特性的特点

如图 8-19（a）所示，柴油机万有特性具有如下特点：
（1）最低耗油率一般较低，并且经济区域较宽。
（2）等耗油率曲线在高、低速均不收敛，变化比较平坦。
（3）相对汽车变速工况的适应性好。

4．汽油机的万有特性的特点

如图 8-19（b）所示，汽油机万有特性具有如下特点：
（1）最低耗油率一般较高，经济区域较小。
（2）等耗油率曲线在低速区向大负荷收敛，这说明汽油机在低速低负荷的耗油率随负荷的减小而急剧增大，在实际使用中，应尽量避免使用这种情况。
（3）汽油机的转速愈高愈费油，故在实际使用中，当汽车等功率运行时，驾驶员应尽量使用高速挡，以便节油。

8.5.2　万有特性的应用

万有特性曲线常用于以下几个方面：
（1）可以根据被动的工作机械的转速和负荷的运转规律的特性曲线，选配特性曲线与其相近或者相似的发动机。

（2）根据等转矩 M_e、等排气温度 T_r、等最高爆发压力 p_z 曲线，即可以准确地确定发动机最高、最低允许使用的负荷限制线。

（3）利用万有特性可以检查发动机的工作状态是否超负荷，工作是否正常。

注意，发动机特性曲线中的各项指标均指标准大气状况下的数值。若试验时大气状况与标准大气状况不符时，应按国家标准（GB/T 1105.1—1987）规定的方法对有效功率和燃油消耗率进行修正。

如果发动机的万有特性不能满足使用要求，则应重新选择发动机，或者对发动机进行适当的调整，以改变万有特性。例如，适当改变配气相位来改变充量系数特性，或选择对转速不太敏感的燃烧系统，可以影响万有特性最经济区域在横坐标方向的宽度；降低发动机的机械损失，提高低速、低负荷时冷却液温度和机油温度，都可以降低部分负荷时的燃油消耗率，在纵坐标方向扩展最经济区。

8.6 发动机试验

8.6.1 发动机试验台架

发动机试验是考核发动机的动力性、经济性和工作可靠性，以及检查整机和零部件的制造质量、可靠性和耐磨性等不可缺少的手段，也是研究、设计、制造新型发动机的一个必不可少的重要环节。为了能严格控制试验条件并按国家标准规定进行测试，尽量模拟发动机在实际使用条件下的各种工况，发动机试验通常都在试验台架上进行。

如图 8-20 所示为发动机试验台架简图。试验台由基础、底板和支架组成。由于发动机试验时有较大的振动和旋转力矩，所以试验台用防振混凝土做基础。基础上固定有安装发动机用的铸铁底板和前后支架。为保证发动机能迅速拆装和对中，前后支架在底板上的位置和高度做成可调的。

发动机曲轴与测功器转子轴用联轴节连接。通过测功器和转速表所测读数，可以计算出被测发动机的功率。为保证发动机工作时水温正常，设有专门可调水量的冷却系统。冷却水出水温度控制系统能自动保持出水温度正常，使出水温度达到规定（80℃±5℃）的试验要求。燃油由专用油箱通过油量测量装置供给发动机的燃料供给系。为了排出发动机的有害排放物，减少室内噪声，应有保证室内通风、消声的装置。

试验台安装的设备和仪器大致分三类。

（1）基本设备。包括测功器、转速表、油耗测量装置。

（2）监测仪器。包括冷却水温度计、机油温度计、机油压力计、排气温度指示器、气压计、室内温度计、湿度计等。

（3）特殊设备。包括示功器、空气流量计、冷却水流量计、废气分析仪、烟度计、声级计、测振仪等。目前，台架试验越来越多地采用自动控制系统。计算机控制的自动化试验台，可以提高测量精度和测量速度。如西门子公司的 CATS 系统可对试验台架进行控制和数据采集，自动完成主要参数监控、试验结果显示、曲线拟合、测量点配置等工作。

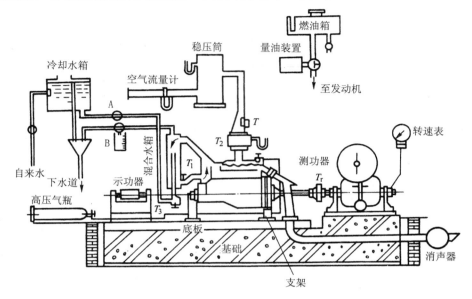

图 8-20 发动机试验台架简图

8.6.2 功率的测量

1. 有效功率的测量

有效功率是发动机最重要的性能参数之一，在发动机试验中大都需要测量有效功率。发动机有效功率的测定属于间接测量，即测定发动机的输出转矩和转速后，可由公式 $P_e = \dfrac{M_e n}{9550}$ 求得。

发动机在台架试验中大都用测功器来测量发动机输出的转矩，此时测功器作为负载，并通过测功器实现对测定工况的调节。目前常用的测功器有直流电力测功器和电涡流测功器。

（1）直流电力测功器

直流电力测功器大都制成如图 8-21 所示的平衡式电机结构，主要由平衡电机、测力机构、交流机组、激磁机组、负载电阻等组成。直流电机转子（1）由发动机带动并在定子（外壳）磁场中旋转。定子（外壳）支承在与转子轴同心的滚动轴承上，可自由摆动。外壳与测力机构相连，根据外壳摆动角度的大小，由测力机构指示力矩数值。

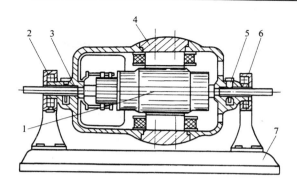

图 8-21 平衡式电机结构

1—转子；2、6—滚动轴承；3、5—滑动轴承；

4—定子外壳；7—基座

发动机带动转子在定子磁场中旋转时，转子线圈切割磁力线而产生感应电流。感应电流的磁场与定子磁场相互作用产生方向相反的电磁力矩，定子外壳受到的电磁力矩与转子旋转方向相同，与发动机加于转子的转矩大小相等。因此，通过外壳摆动角度经测力机构可反映发动机输出功率的大小。在一定转速下，改变定子磁场强度及负载电阻即可调节负荷大小。

平衡电机既可作为发电机运行，吸收发动机转矩，也可加一换向机构作为电动机运行而拖动发动机，从而测量发动机的摩擦功率和机械损失，还可启动、磨合。

交流机组由交流异步电机和直流电机组成。当平衡电机作为发电机运行时，其发出的直流电由交流机组变成三相交流电输入电网；当其作为电动机运行时，交流机组又把三相交流电变成直流电送入平衡电机的电枢中。

激磁机组是小型交流机组，它供给平衡电机及交流机组激磁电流以产生磁场。

平衡式电力测功器结构复杂，价格昂贵，但它可回收电能、反拖发动机，且工作灵敏、精度高，因此也得到广泛应用。

测功电机所吸收的功率与定子磁场强度的平方及转速的平方成正比，与负荷电阻成反比。如图 8-22 是典型的电力测功器特性曲线。

$0A$——最大激磁电流时所能吸收的功率。

AB——转子所能承受最大转矩时的功率。

BC——电枢所产生的电流不能超过允许限值及其对应的最大功率。

CD——转子绕组所能承受的离心力及其对应的最高转速。

$D0$——激磁电流为零时吸收的功率。

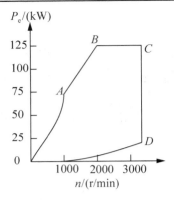

图 8-22　电力测功器特性曲线

（2）电涡流测功器

电涡流测功器由电涡流制动器、测力机构及控制柜组成。电涡流制动器工作原理简图如图 8-23 所示，转子盘为圆周上加工有齿槽的钢齿轮，定子包括摆动壳体、涡流环（摆动体）、励磁线圈。当给励磁线圈中通以直流电时，即产生通过外壳、涡流环、空气隙和转子盘的磁力线。发动机带动转子盘旋转，由于转子盘外周涡流槽的存在，会在空气隙处产生密度交变的磁力线，因而在涡流环内产生感应电动势而形成涡电流。此电流与产生的磁场相互作用即形成一定的电磁力矩，从而使涡流环（摆动体）偏转一定角度，由测力机构可测出力矩数值。

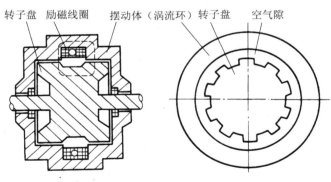

图 8-23　电涡流制动器工作原理简图

调节励磁电流的大小，可调节电涡流强度，从而调节吸收负荷的能力。涡流制动器把吸收的功率转换成热能，依靠冷却水的流动把这些热量带走，以保证正常运行。

电涡流测功器操作简便，结构紧凑，运转平稳，精度较高，有很宽的转速范围和功率范围，但不能反拖发动机，能量不能回收，价格较高。随着发动机测试技术的发展，目前也已得到广泛应用。

电涡流测功器的特性曲线如图 8-24 所示。

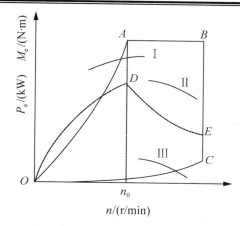

图 8-24　电涡流测功器的特性曲线

OA——达到额定吸收功率之前所能够吸收的最大功率线。

AB——所允许吸收的最大功率线（额定功率）。

BC——允许的最高转速线。

CO——空转吸收功率线，即励磁电流为零时的吸收功率线。

OD——达到额定功率前的最大转矩曲线。

DE——允许的最大转矩曲线。

n_0——达到额定吸收功率时的转速。

　　图 8-24 中曲线 *OABCO* 所包括的范围就是测功器所能吸收的功率范围。因此，凡是发动机的特性曲线落在该范围内的都能被测试。选用测功器必须首先根据发动机的特性曲线按以上原则进行，其次还要考虑测量范围的合理选择以保证测量精度。图 8-24 中曲线 I、II、III 为三种不同发动机的特性曲线，曲线 II 发动机的选用是正确的，曲线 I、III 发动机的选用是不合适的，该测功器无法测试。

　　2. 示功图、指示功率的测定

　　测定与录制（简称测录）发动机示功图的实质是测录汽缸中随曲轴转角（或汽缸容积）而变化的瞬时压力。示功图的测定是发动机重要的测试项目之一。借助于所制取的发动机某种工况下的示功图，可确定该工况下发动机的指示功率。

　　测录示功图的仪器称为示功器，有机械式示功器、气电式示功器和电子式示功器等。目前最常用的是气电式示功器和电子式示功器。

　　（1）气电式示功器

　　气电式示功器也称为平衡式示功器，它的基本原理是利用平衡式传感器通过一套相应的电气和记录系统，把循环中迅速变化的被测压力和给定压力相平衡时的点，累积记录下来并连成曲线。

　　图 8-25 为气电示功器工作原理简图。气电示功器的转筒（1）通过联轴节和发动机曲轴相连，转筒上装有记录纸。高压气瓶（7）内装有高于发动机最高汽缸压力的压缩空气或氮气，压缩空气或氮气通过连接孔（5）进入小阀（3）和装在发动机汽缸盖上的测压头（4）内。在气体压力的作用下，和小阀连接的记录笔（2）可左右移动。试验时，可以通过控制阀（6）控制高压气瓶输送给小阀（3）和测压头（4）的气体压力。

　　测压头的结构如图 8-26 所示。测压头内腔被滑阀（2）隔成两半，一半与汽缸相通，另一半通过管接头（7）与高压气瓶连接。滑阀（2）可沿轴向移动，导向杆（4）与滑阀（2）构成串联在高压线圈的初级线路中的断电器。当滑阀（2）处于中间位置时，电路断开；当滑阀（2）处于两端位置时，导向杆（4）通过发动机体与地接通。滑阀（2）的位置取决于滑阀两面的气压。

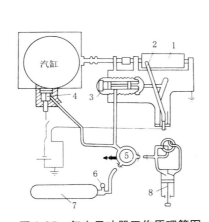

图 8-25　气电示功器工作原理简图

1—转筒；2—记录笔；3—小阀；4—测压头；
5—连接孔；6—控制阀；7—高压气瓶；8—泵

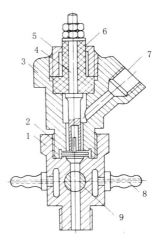

图 8-26　气电示功器的测压头

1、3—阀座；2—滑阀；4—导向杆；
5—外壳；6—绝缘体；7—管接头；
8—进水口；9—开关

　　发动机运转时，当发动机汽缸压力和高压气瓶输送给测压头的压力相等时，滑阀（2）处于中间位置，初级线圈断电，在高压线圈中产生高压电，高压电流经过图 8-25 中的记录笔（2），在笔针尖与圆筒间跳过一火花，并在记录纸上留下一小孔。孔的位置表示了一定曲轴转角上的汽缸压力数值。当发动机汽缸压力下降使滑阀（2）两面气压再次平衡时，记录纸上又留下一小孔，但两个小孔之间，圆筒已转过一定角度，即发动机完成了一个工作循环。因此，在发动机的每一个工作循环内，记录纸上仅留下了示功图的两个点。一个点是在汽缸压力上升到约等于当时测压头内压缩气体的压力时记录的，另一个点是汽缸压力下降到约等于当时测压头内压缩气体的压力时记录的。

　　当测压头腔内压力从零逐渐增加时，则滑阀（2）不断在新的气压下平衡，在示功图上打出新的孔，直到超过汽缸内最高燃烧压力，并停止产生火花为止。在记录纸上可得到无数点 a、b、c、d、e、f……这些点的总和形成完整的压力波形图，即示功图，如图 8-27 所示。

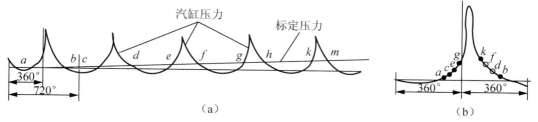

图 8-27　气电示功器的点迹测录及 $p-\varphi$ 图

（2）电子式示功器

电子式示功器是通过适当的传感器把发动机汽缸内压力和曲轴转角等非电量，按比例转换成相应的电量，经电子放大器输入到示波器中，通过荧屏上观察或摄录下来，即得到示功图。按对被测量所采用的电子测试方法的不同可分为三种类型，即电阻应变式、电容式和压电式。下面以压电晶体传感器为例说明电子式示功器的工作原理。

在高压测量中，常利用石英晶体的纵向压电效应，因为此时晶体的机械强度高。图 8-28 是一种常规的压电晶体传感器结构图，气体压力经膜片（8）传递给菌形杆（7）和晶体（1），晶体（1）受压力时产生的负电荷由电极（2）引出，经电荷放大器放大后输入阴极示波器。

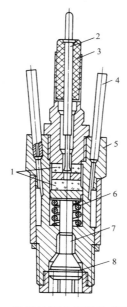

图 8-28　常规的压电晶体传感器结构图

1—晶体；2—电极；3—绝缘体；4—管子；5—外壳；6—弹簧；7—菌形杆；8—膜片

阴极示波器包括阴极射线管、振荡器和检波放大器。图 8-29 为阴极示波器工作简图。电子从炽热的阴极（1）产生，经膜片（2）的孔射出一束电子流，在圆筒形的阳极（3）中得到加速，并以很细的电子射线通过相互垂直布置的两对偏转极 4 和 5，在荧光屏上形成一个亮点。在两对偏转极的电场作用下，光点在荧光屏的垂直和水平方向上扫描。通常是将压力传感器测量放大电路的输出与垂直偏转极相接，行程传感器的输出或时间信号接到水平偏转极上，这样当汽缸压力随活塞行程或曲轴转角变化时，在示波器的荧光屏上便呈现出发动机的 $p-V$ 图或 $p-\varphi$ 图。对上述图形进行摄录，即得到可供计算和分析的图形。

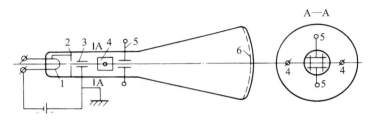

图 8-29　阴极示波器原理简图

1—阴极；2—膜片；3—阳极；4、5—偏转极

8.6.3　燃油消耗率的测量

燃油消耗率是发动机的重要特性参数之一。在内燃机试验室中，通过测定发动机的燃油消耗量，可根据公式计算得到发动机的燃油消耗率。油耗仪是测量发动机燃油消耗量的仪器或装置，也称为燃油流量计。它有各种不同的类型和结构，适用于不同的目的和要求。燃油消耗量的测量方法按测量原理可分为容积法和质量法两种。

1. 容积法

汽油机常用容积法测量燃油消耗量。容积法是通过测量消耗一定容积 V 的燃料所需要的时间 t，然后按以下公式计算燃油消耗率：

$$G_{\text{T}} = 3.6 \frac{V \cdot \rho}{t}$$

$$g_{\text{e}} = \frac{G_{\text{T}}}{P_{\text{e}}} \times 1000$$

式中：V ——所消耗的燃料容积（mL）；

ρ ——燃油密度（g/mL）；

G_{T} ——每小时耗油量（kg/h）；

P_{e} ——发动机的有效功率（kW）；

t ——消耗容积为 V 的燃油所用时间（s）；

g_{e} ——有效燃油消耗率（g/(kW·h)）。

图 8-30 为容积法测量燃油消耗量的示意图。燃油从油箱（1）经开关（2）、滤清器（3）到三通阀（4），向发动机供油并可向量瓶（5）充油。试验时操作如下：

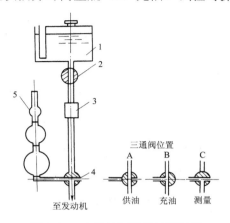

图 8-30　容积法测量燃油消耗量

1—油箱；2—开关；3—滤清器；4—三通阀；5—量瓶

（1）打开油箱开关，三通阀置于 A 位置，发动机由油箱供油。

（2）测量前将三通阀置于 B 位置，油箱同时向发动机和量瓶供油。

（3）测量开始时，将三通阀转至 C 位置，发动机直接由量瓶供油。记录燃油流过所选圆球（一般由 50mL、100mL、200mL 三种串连在一起）上、下刻线间容积 V 所用时间 t，同时测量功率 P_e。

（4）测量完毕，将三通再次转回 B 位置，向量瓶再次充油，准备下次测量。

2. 质量法

柴油机用质量法测量燃油消耗量。质量法是通过测量消耗一定质量 m 的燃油所需要的时间 t，然后按以下公式计算燃油消耗率

$$G_T = 3.6 \frac{m}{t}$$

$$g_e = \frac{G_T}{P_e} \times 1000$$

式中：m ——所消耗的燃料质量（g）；

$\qquad$ G_T ——每小时耗油量（kg/h）；

$\qquad$ P_e ——发动机的有效功率（kW）；

$\qquad$ t ——消耗质量为 m 的燃油所用时间（s）；

$\qquad$ g_e ——有效燃油消耗率（g/(kW·h)）。

图 8-31 为质量法测量燃油消耗量的装置示意图。燃油从油箱（1）经开关（2）、滤清器（3）到三通阀（4）向发动机供油并向量杯（5）充油，量杯放在天平（6）上。测量时操作步骤如下：

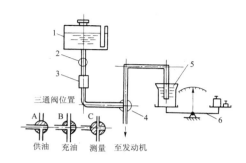

图 8-31　质量法测量燃油消耗量

1—油箱；2—开关；3—滤清器；4—三通阀；5—量油杯；6—天平

（1）打开油箱开关，将三通阀 4 置于 A 位置，油箱向发动机供油。

（2）三通阀转至 B 位置，油箱向发动机供油并向量杯充油。当量杯内燃油比天平另一端砝码稍重后将三通阀转至 A 位置。

（3）测量时，将三通阀置于 C 位置，柴油机用量杯内燃油，当天平指针指零瞬间，启动秒表，然后取下一定质量的砝码。

（4）当天平指针再次到零位瞬时，停止秒表，记录用去的燃油量 m 和相应的时间 t。

（5）将取下的砝码放回天平上，将三通置于 B 位置，在量杯再次充好油后，将三通转至 A 位置，准备下次测量。

为了保证测量精度，减轻测试人员的劳动强度，实现远距离操作，发展了数字式自动油耗测量仪，这种油耗仪只要预先设定量瓶容积或砝码质量，油耗仪能自动进行准备、充油、测量等操作，并以数字显示出消耗时间及燃油容积或质量，经计算就可得出燃油消耗率。

8.6.4　转速的测量

发动机试验时用转速表测量转速。按转速表工作原理分为电子数字式、电气式和机械式三种类型。

1. 电子数字式转速表

电子数字式转速表有固定式及手持式两种。

固定式电子转速表由传感器及指示仪两部分组成。传感器是一只脉冲发生器（可以是磁电式或光电式）。如磁电式传感器由一个齿盘及一个电磁捡拾器组成。齿盘是固定在测功机主轴上带有 60 个齿的盘（或齿轮），电磁捡拾器靠近齿盘固定。发动机带动测功机主轴每旋转一周，捡拾器内的线圈就产生 60 次感应电脉冲，这个信号送到指示仪表（相当于一个频率计外加时间开关）。一般每秒钟取样一次，1s 取得的脉冲数等于发动机每分钟转速，用 4 位数字显示，这种转速表的精度为 ± 1r/min。

手持式电子转速表分为接触式和非接触式两种。接触式的用橡皮轴头和发动机轴端接触，表内装有光电传感器；非接触式的须在使用前预先在旋转轴或盘上粘贴白色反光纸条，仪器前端装有照射灯光和感受反光的光电管。轴每旋转一次给光电管一个脉冲信号，累计运算得到转速。

电子式转速表由于具有测量准确，使用方便，且有转速信号输出，易于实现自动控制等优点，近年来已被广泛采用。

2．电气式转速表

电气式转速表主要有发电机式和脉冲式两种。发电机式做成直流或交流发电机结构，利用感应电压与转速成正比的原理进行测量。脉冲式是利用转速与频率成正比的原理，做成一种多级的发电机结构，利用感应电压的频率进行测量。

3．机械式转速表

机械离心式手持转速表是利用重块的离心力与转速的平方成正比的原理而工作的。由于其使用方便，价格低廉，测量范围广，在试验室仍有一定的应用。

8.6.5　稳态测功与动态测功

1．稳态测功

稳态测功是指发动机在节气门开度一定、转速一定和其他参数都保持不变的稳定状态下，在测功器上测定发动机功率的方法。常见的测功器前面都已介绍。测功器能测出发动机的转速和扭矩，然后根据公式 $P_e = \dfrac{M_e n}{9550}$ 计算出有效功率。

稳态测定发动机的额定功率是在发动机的节气门全开时，由测功器向发动机的曲轴施加额定负荷，使其在额定转速下稳定运转，测出其相应的转矩，再利用公式计算出功率。稳定测功的结果比较准确、可靠，多为发动机设计、制造的院校和科研单位做性能试验时所采用。由于在稳态测功时需要对发动机施加外部负荷，所以也称有负荷测功。

2．动态测功

动态测功是在发动机节气门开度和转速等均在变动的状态下，测定发动机的功率的方法。由于在动态测功时无须对发动机施加外部载荷，所以又称为无负荷测功。

这种测功的基本方法是：当发动机怠速或空载在某一转速时，突然全开节气门，使发动机克服其惯性和内部各种运动阻力而加速运转，其加速性能的好坏直接反映出发动机功率的大小。因此只要测出发动机在加速过程中的某一参数，就可得出相应的最大功率。这种测量方法精度较差，但省时省力，可用小巧的无负荷测功仪就车检测，因此，在一般的汽车运输企业、维修企业和汽车检测站得到广泛应用。

复习思考题

1. 研究发动机特性的意义是什么？
2. 发动机的性能包括哪几个方面？如何评价发动机的性能？
3. 发动机速度特性和负荷特性的含义是什么？
4. 试分析汽油机和柴油机负荷特性的特点。
5. 试对比分析汽油机和柴油机速度特性的特点。
6. 衡量发动机克服短期超载能力的指标有哪些？汽油机、柴油机有什么区别？
7. 什么是汽油机的点火调整特性？
8. 什么是调速特性？车用柴油机与工程机械、拖拉机用柴油机调速特性有何区别？
9. 什么是发动机的万有特性？汽油机、柴油机各有什么特点？
10. 发动机台架试验包括哪些部分？
11. 试述各类示功器的工作原理。
12. 如何进行燃油消耗率的测定？

第 9 章　汽车的动力性

汽车动力性是表示汽车在行驶中能达到的最高车速、最大加速能力和最大爬坡能力，是汽车各种性能中最基本、最重要的一种性能，它直接影响汽车的平均技术速度。随着我国高等级公路里程的增长，公路路况与汽车性能的改善，汽车的行驶车速越来越高。汽车行驶的平均技术速度越高，汽车的运输生产率就越高。但在用汽车随使用时间的延长，其动力性会逐渐下降，如不能达到高速行驶的要求，不仅会降低汽车应有的运输效率及公路应有的通行能力，而且会成为交通事故、交通堵塞的潜在因素。

9.1　汽车动力性的评价指标

汽车的平均行驶速度是汽车动力性的总指标。从尽可能获得高的平均行驶速度的观点出发，汽车的动力性主要由三方面的指标来评定，即最高车速、加速性能和上坡能力。

1. 汽车的最高车速

最高车速是指汽车以额定最大总质量，在风速小于等于 3m/s 的条件下，在干燥、清洁、平直良好路面（混凝土或沥青）上所能达到的最高稳定行驶速度 $v_{a\max}$，它对于长途运输车辆的平均行驶速度的影响最大。

2. 汽车的加速性能

汽车的加速性能是指汽车在各种使用条件下迅速增加行驶速度的能力。它对于市区运输车辆的平均行驶速度有很大影响，特别是轿车对加速能力尤其重视。加速性能在理论上用加速度 j 来评定，而在实际试验中通常用汽车加速时间来评价。

加速时间是指汽车以额定最大总质量，在风速小于等于 3m/s 的条件下，在干燥、清洁、平直良好路面（混凝土或沥青）上由某一低速加速到某一高速所需的时间。常用原地起步加速时间和超车加速时间来表明汽车的加速能力。

原地起步加速时间指汽车由 I 挡或 II 挡起步，并以最大的加速强度（包括选择恰当的换挡时间）逐步换至最高挡后到某一预定的距离或车速所需的时间。图 9-1 是某些轿车的原地起步加速时间曲线。

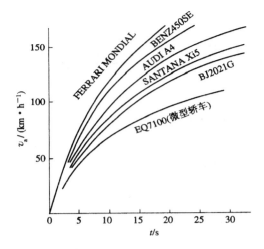

图 9-1　轿车的原地起步加速时间曲线

　　超车加速时间指用最高挡或次高挡由某一低车速全力加速到某一高速所需的时间。因为，超车时汽车与被超车辆并行，容易发生安全事故，所以超车加速能力强，并行距离短，行驶就安全。

　　3. 汽车的上坡能力

　　汽车的上坡能力对于在山区行驶车辆的平均行驶速度有很大的影响，通常用最大爬坡度来表示。最大爬坡度 i_{max} 是指汽车满载时用变速器最低挡位在风速小于等于 3m/s 的条件下，在干燥、清洁良好路面（混凝土或沥青）上等速行驶所能克服的最大道路纵向坡度。在坡度不长的道路上，利用汽车加速惯性能通过的坡度称为极限坡度。在各种车辆中，越野车的最大爬坡度 i_{max} 最大，货车次之，轿车一般不强调爬坡度。

9.2　汽车的驱动力与行驶阻力

　　要确定汽车动力性指标，首先必须对汽车在行驶过程中的受力情况进行分析。因为汽车沿行驶方向的各种运动情况，是由其作用于汽车行驶方向的各种外力作用的结果。作用在汽车行驶方向的外力有汽车的驱动力和行驶阻力。根据这些力的平衡关系，建立汽车行驶方程式，就可以讨论汽车的动力性。

9.2.1　汽车的驱动力

　　汽车发动机产生的转矩 M_e，经过汽车传动系传到驱动轮上，此时作用在驱动轮上的转

矩 M_t 便产生一个对地面向后的圆周力 F_0。根据作用力与反作用力原理，地面对驱动轮产生一个向前的反作用力 F_t，F_t 即为驱动汽车的外力，称为汽车的驱动力。见图9-2，其大小为：

$$F_t = M_t / r \tag{9-1}$$

式中：M_t——作用于驱动轮上的转矩（N·m）；

　　　r——车轮半径（m）。

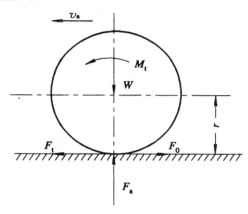

图 9-2　汽车的驱动力

若发动机输出的有效转矩为 M_e，变速器的传动比为 i_k，主减速器的传动比为 i_0，传动系的效率为 η_T，则上式可表示为

$$F_t = \frac{M_e i_k i_0 \eta_T}{r} \tag{9-2}$$

对于装有分动器、轮边减速器和液力传动等装置的汽车，应计入相应的传动比和机械效率。

由式（9-2）可知，汽车的驱动力 F_t 与发动机的转矩、传动系的各传动比及传动系的机械效率成正比，与车轮半径成反比。下面对公式中的 M_e、η_T 及 r 的取值作些讨论，最后作出驱动力图。

1. 发动机转矩 M_e

发动机的转矩可根据其使用外特性确定。使用外特性曲线是带上全部附件时的发动机在试验台架做成的。

严格地讲，台架试验是在发动机工况相对稳定，即保持水、机油温度于规定的数值，并且在各个转速不变时测得的转矩、油耗数值。在实际使用中，发动机的工况常是不稳定的。发动机的热状况、可燃混合气的浓度与台架试验有显著差异。所以在不稳定工况下，发动机所提供的功率要比稳定工况时低 5%～8%，电喷发动机要下降得少一些。但由于发动机变工况时功率不易测量，所以在进行动力性估算时，一般沿用台架试验稳定工况时所测得的使用外特性中的功率和转矩曲线。

2. 传动系的机械效率

发动机的有效功率为 P_e，经传动系在传动过程中损失的功率为 P_T，则驱动轮得到的功率仅为（$P_e - P_T$），那么传动系机械效率定义为：

$$\eta_T = (P_e - P_T)/P_e = 1 - P_T/P_e \tag{9-3}$$

传动系内损失的功率 P_T 是在离合器、变速器、传动轴、主减速器、驱动轮轴承等处机械损失和液力损失功率的总和，其中变速器和主减速器损失的功率所占比例最大。

机械损失是指齿轮传动副、轴承、油封等处的摩擦损失，其大小主要决定于啮合的齿轮对数、传递转矩的大小及装配加工的精度等。

液力损失是指消耗于润滑油的搅动、润滑油与旋转零件表面的摩擦等功率损失。其大小主要决定于转速、润滑油黏度、工作温度和油面的高度等。

虽然 η_T 受到多种影响，但在动力性计算时，只把它取为常数。一般轿车取 0.9～0.92，单级主传动货车取 0.85，驱动形式为 4×4 的汽车取 0.85，驱动形式为 6×6 的汽车取 0.8。

3. 车轮半径

充气轮胎的车轮，在不同状况下有不同的半径。

自由半径 r_0：处于无载状态下的车轮半径。

静力半径 r_s：在车重作用下，轮心到地面的距离。

滚动半径 r_r：在满载行驶状态，根据车轮滚过的圈数 n_w 和汽车驶过的距离 s（m），由下式计算出来的半径。

$$r_r = \frac{s}{2\pi n_w} \tag{9-4}$$

显然，对汽车作运动学分析时，应用滚动半径；而作动力学分析应用静力半径。作粗略分析时，通常不计其差别，统称车轮半径 r，即认为：

$$r_r \approx r_s \approx r$$

4. 汽车的驱动力图

表示汽车驱动力与车速之间函数关系的曲线，即 F_t—V_a 曲线，称为汽车的驱动力图。它直观地显示了驱动力随车速变化的规律。对应于不同的挡位，有不同的驱动力曲线。

在发动机使用外特性曲线、传动系传动比、传动系效率、车轮半径等参数已知或确定后，就可作出汽车的驱动力图，如图 9-3 所示。

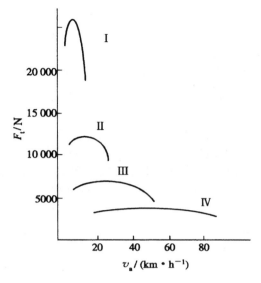

图 9-3 某汽车的驱动力图

作图的步骤如下：

（1）直角坐标，横坐标为车速 V_a，纵坐标为驱动力 F_t。

（2）在使用外特性曲线上每隔 $200\sim400$r/min 取一点（M_e，n），并计算在某一挡位下，发动机处于某一状态时的汽车驱动力和车速。

（3）在 F_t—V_a 坐标上作出相应的点，将所得的点连成圆滑的曲线，就得到了该挡位下的驱动力曲线。对应不同的挡位，有不同的驱动力曲线。

由于所作的驱动力图是根据发动机使用外特性曲线制成，它表示该挡位在该速度下的最大的驱动力，当节气门开度减小时，相对应的驱动力也减小，故曲线下方的区域都可成为汽车的实际工作区。

9.2.2　汽车的行驶阻力

汽车在水平道路上等速行驶时必须克服来自地面的滚动阻力 F_f 和来自空气的空气阻力 F_w；当汽车在坡道上上坡行驶时，还必须克服重力沿坡道的分力，称为上坡阻力 F_i。汽车加速行驶时还需要克服其惯性力，称为加速阻力 F_j。因此汽车行驶的总阻力为：

$$\sum F = F_f + F_w + F_i + F_j \tag{9-5}$$

上述诸阻力中滚动阻力和空气阻力是在任何行驶条件下均存在的。上坡阻力和加速阻力仅在一定行驶条件下存在。在水平道路上等速行驶时就没有加速阻力和上坡阻力。

1. 滚动阻力

（1）滚动阻力的产生

滚动阻力是当车轮在路面上滚动时，两者之间相互作用力以及相应的轮胎和支承面变形所产生的能量损失的总称。它包括：

① 道路塑性变形损失；

② 轮胎弹性迟滞损失；

③ 其他损失，如轴承、油封损失，以及悬架零件间摩擦和减振器内损失等。

汽车在松软路面上行驶时，滚动阻力主要是由路面变形引起的；汽车在硬路面上行驶时，滚动阻力主要是由轮胎变形引起的，如图 9-4、图 9-5 所示。

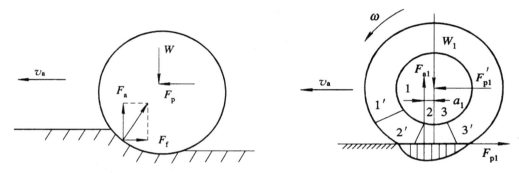

图 9-4　从动轮在软路面上滚动　　　　　　图 9-5　从动轮在硬路面上滚动

（2）滚动阻力的计算

汽车滚动阻力构成非常复杂，难以精确计算，而且驱动轮与从动轮也不完全相同。在一般计算中，汽车滚动阻力以下式计算：

$$F_f = G \cdot f \qquad\qquad (9-6)$$

式中：F_f——滚动阻力；

G——汽车总重；

f——滚动阻力系数。

滚动阻力系数表示了单位车重的滚动阻力。汽车在不同路面上的滚动阻力系数值不等。

（3）影响滚动阻力系数的因素

滚动阻力系数的数值由试验确定。其数值与轮胎（结构、材料、气压）、道路（路面的种类与状况）及使用条件（行驶速度与受力情况）有关。

① 轮胎的结构、帘线及橡胶品种对滚动阻力都有影响。在保证轮胎有足够的强度和寿命的前提下，减少帘布层数，可以使胎体减薄而减小滚动阻力系数。子午线轮胎因帘线层数少，因此其滚动阻力系数较一般轮胎的滚动阻力系数小，而且随车速的变化小。胎面花

纹磨损的轮胎，比新轮胎的滚动阻力系数小。

② 轮胎气压对滚动阻力系数影响很大。气压降低时，在硬路面上轮胎变形大，因此滚动阻力系数增大；气压过高，在软路面上行驶时，路面产生很大塑性变形，将留下轮辙，同样使滚动阻力系数增大。

③ 路面的种类和状况不同，使滚动阻力系数在很大范围内变化。坚硬、平整而干燥的路面，滚动阻力系数最小。路面不平，滚动阻力系数将成倍增长。这是因为路面不平会引起轮胎和悬挂机构的附加变形及减振器内产生的阻力要成倍地消耗能量。松软路面由于塑性变形很大，使滚动阻力系数增加很多。

车速在 50km/h 以下时，不同路面上的滚动阻力系数值见表 9-1。

表 9-1　滚动阻力系数的数值表

路面类型	滚动阻力系数	路面类型	滚动阻力系数
良好的沥青或混凝土路面	0.010～0.018	压紧土路	0.050～0.150
一般的沥青或混凝土路面	0.018～0.020	泥泞土路（雨季或解冻期）	0.100～0.250
碎石路面	0.020～0.025	干沙	0.100～0.300
良好的卵石路面	0.025～0.030	湿沙	0.060～0.150
坑洼的卵石路面	0.035～0.050	结冰路面	0.015～0.030
压紧土路（干燥的）	0.025～0.035	压紧的雪道	0.030～0.050

④ 行车速度对滚动阻力系数影响很大。如图 9-6，车速在 100km/h 以下时，滚动阻力系数变化不大，在 100km/h 以上时增长较快。车速达某一高速时，如 150～200 km/h 左右，滚动阻力系数迅速增长，因为这时轮胎将发生驻波现象，即轮胎周缘不再是圆形而呈明显的波浪状。出现驻波后，滚动阻力系数显著增加，而且轮胎的温度也很快增加，胎面与轮胎帘布层会产生脱落，出现爆破形象，这对高速行驶车辆很危险。

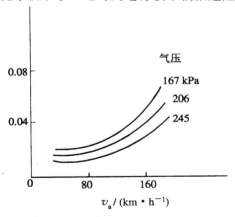

图 9-6　滚动阻力系数与行车速度的关系

在进行汽车动力性分析时,一般取良好硬路面滚动阻力系数值。对于轿车,当 $V_a < 50km/h$ 时, $f = 0.0165$, 当 $V_a > 50km/h$ 时, f 值可按下式估算:

$$f = 0.0165 [1 + 0.01(V_a - 50)] \tag{9-7}$$

货车轮胎气压高,行驶速度低,其估算公式为:

$$f = 0.0076 + 0.000056 V_a \tag{9-8}$$

在使用中,轮胎气压不足、前后轴的平行性差、前轮定位失准等都会使滚动阻力系数增加。当有侧向力作用时,地面对轮胎产生侧向反作用力,引起轮胎的侧向变形,滚动阻力系数将大幅度增加,例如在转弯行驶时。

应用表 9-1 时,对于轿车,轮胎气压较低,轮胎变形较大,其滚动阻力系数值应偏向上限。对于载货汽车,轮胎气压较高,其滚动阻力系数值应偏向下限。

2. 空气阻力

汽车在空气介质中行驶时,受到的空气作用力在行驶方向上的分力称为空气阻力。

(1)空气阻力的组成

空气阻力包括摩擦阻力和压力阻力两大部分。

摩擦阻力是由于空气的黏性在车身表面产生的切向力的合力在行驶方向的分力。摩擦阻力与车身表面粗糙度及表面积有关。

压力阻力是作用在汽车外形表面上的法向压力的合力在行驶方向上的分力。它包括下列四部分:

① 形状阻力。汽车行驶时,空气流经车身,在汽车前方空气相对被压缩,压力升高,车身尾部和圆角处空气压力较低,形成涡流,引起负压。由于汽车前后部压力差所引起的阻力称为形状阻力。形状阻力大小与车身主体形状有很大关系,例如车头、车尾的形状及挡风玻璃的倾角等。

② 干扰阻力。突出于车身表面的部分所引起的空气阻力,如门把手、后视镜、翼子板、悬架导向杆、驱动轴等。

③ 诱导阻力。汽车上下部压力差(即升力)在水平方向的分力。

④ 内循环阻力。发动机冷却系、车身内通风等需空气流经车体内部时形成的阻力。

以上五种阻力的合力在汽车行驶方向上的分力即为空气阻力。以轿车为例,这几部分阻力所占比例如表 9-2 所示。

表 9-2 空气阻力组成

组　成	摩擦阻力	形状阻力	干扰阻力	诱导阻力	内循环阻力
比　例	8%～10%	55%～60%	12%～18%	5%～8%	10%～15%

（2）空气阻力的计算

在汽车行驶速度范围内，根据空气动力学原理，空气阻力的数值通常由下式确定：

$$F_w = \frac{1}{2} C_D A \rho V_r^2 \tag{9-9}$$

式中：C_D——空气阻力系数，主要取决于车身形状；

　　　A　——汽车迎风面积，m^2；

　　　ρ　——空气密度，$\rho = 1.2258 N \cdot S^2 \cdot m^{-4}$；

　　　V_r　——汽车与空气的相对速度。

如果汽车在无风的情况下以 V_a km/h 的速度行驶，则上式为：

$$F_w = \frac{C_D A v_a^2}{21.15} \tag{9-10}$$

上式表明，空气阻力是与空气阻力系数 C_D 及迎风面积 A 成正比。为了保证必需的乘坐空间，A 值不能过多地减少，所以从结构上降低空气阻力主要应以降低空气阻力系数 C_D 入手。

（3）空气阻力系数 C_D

C_D 值的大小和汽车外形关系极大，这要求汽车外形的流线型好。C_D 值可通过风洞试验测定。依据现代空气动力学的原理，轿车车身常采用下列方法降低 C_D 值，如图 9-7 所示。

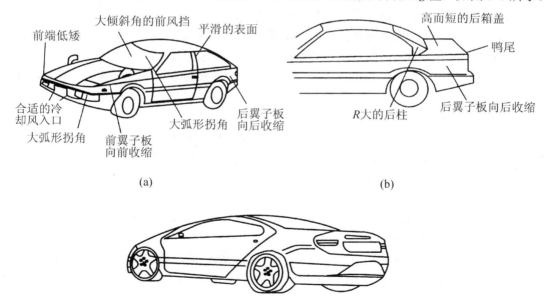

图 9-7　轿车车身常采用降低 C_D 值方法

① 整车

在汽车侧视图上，它应前低后高，使车身呈 1°～2° 的负迎角。这可减少流入车底的空气量，使 C_D 值下降，并可减少升力。

在俯视图上，车身两侧应为腰鼓形，前端呈半圆状，后端有些收缩。

② 车身前部

发动机罩向前下方倾斜，面与面的交接处为大圆弧的圆柱面。

挡风玻璃为圆弧状，尽可能躺平且与中部拱起的车顶盖圆滑过渡。前窗与水平线夹角为 30° 左右时，C_D 值最低。

前后玻璃支柱应圆滑，窗框高出玻璃面的程度应尽可能小。

用埋入式大灯、小灯、雨刷和门把，灯的玻璃罩与车头车尾组成圆滑的整体。

后视镜等突出物的形状应接近流线型。

拱形保险杆与车头连成连续圆滑的整体。

在保险杆之下的车头处，安装适当长度的向前或前下方伸出的阻流板，虽然它本身产生一定的阻力，但它能抑制车头处较大涡流的产生。

③ 汽车后部

在汽车侧视图上，后窗玻璃与水平线呈 25° 夹角以下的称为快背式车身；呈 25°～50° 夹角的称为舱背式车身。最好采用快背式或舱背式。

在其后端装有凸起的扰流板。它具有阻滞作用，使流过车身上表面气流的速度降低，从而降低了垂直于后窗表面的负压力的绝对值，使空气阻力减小。

在外观上有行李箱的称为折背式车身，它的后窗玻璃与水平线尽可能呈 30° 角，并采用短而高的行李箱。

④ 车身底部

所有零部件在车身下应尽量齐平，最好有平滑的底板盖住底部。

盖板从车身中部或从车轮以后上翘约为 6° 角，这可顺利地引导车身下的气流流向尾部，减少在车尾后形成的涡流，使 C_D 值下降。

⑤ 发动机冷却进风系统

恰当地选择进出风口位置、尺寸和形状，很好地设计通风道，在保证冷却效果的前提下，尽量减少气流内循环阻力。

随着汽车的速度不断提高，汽车的 C_D 值在不断地降低，如奥迪 100-III 型轿车在 II 型基础上采用优化措施，使 C_D 值由原来的 0.42 降至 0.30。预计在不久的将来，实际作用的轿车 C_D 值可达 0.2。

随着高速公路的发展，货车的外形设计也采用了减少 C_D 值的方法。驾驶室顶盖、挡风玻璃及前脸在侧视图上具有大的圆弧，特别是整个驾驶室装用导流板装置，可大幅度减少 C_D 值。试验表明，半挂车采用图 10-8 所示的附加装置，可使 C_D 值减少 30%。

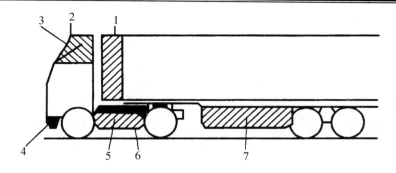

图 9-8　半挂车减少空气阻力的附加装置

1—间隔衬罩；2—车顶导流板；3—车顶导流罩；4—扰流器；5—底板；6—侧裙

3. 上坡阻力

当汽车上坡行驶时，汽车重力在平行于路面方向的分力，称为汽车的上坡阻力，用 F_i 表示，如图 9-9 所示。

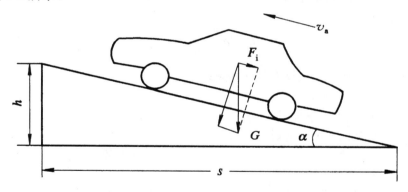

图 9-9　汽车的上坡阻力

F_i 与汽车重力及坡度角 α 的关系为：

$$F_i = G \sin \alpha \tag{9-11}$$

道路坡度常用坡高与底长之比的百分数来表示：

$$i = \frac{h}{s} \times 100\% = \tan \alpha \tag{9-12}$$

我国各级公路及高速公路允许的纵向坡度一般较小。

当 $\alpha < 10° \sim 15°$ 时，可认为：

$$\sin \alpha \approx \tan \alpha \approx i$$

由于上坡阻力与滚动阻力均属于与道路有关的阻力，而且均与车重成正比，故有时把

这两种阻力合在一起称为道路阻力，用 F_ψ 表示，即

$$F_\psi = F_f + F_i \tag{9-13}$$

在坡道上　　　　　　　　　　$F_f = fG\cos\alpha$

所以　　　　　　　　　　$F_\psi = G(f\cos\alpha + \sin\alpha) \tag{9-14}$

令　　　　　　　　　　$\psi = f\cos\alpha + \sin\alpha$

ψ 称为道路阻力系数，表示单位车重的道路阻力。当 α 较小时，$\psi = f + i$

则　　　　　　　　　　$F_\psi = G\psi \tag{9-15}$

值得注意的是，当汽车下坡时，F_i 为负值，即变行驶阻力为动力。

4. 加速阻力

汽车加速行驶时，需要克服其加速运动时的惯性力，就是加速阻力 F_j。为便于计算，通常把汽车的质量分为平移质量和旋转质量两部分。加速时不仅平移的质量产生惯性力，旋转的质量还要产生惯性力偶矩。为便于计算，一般把旋转质量的惯性力偶矩转化为平移质量的惯性力，并以系数 δ 作为计入旋转质量惯性力偶矩后的汽车质量换算系数，因而汽车加速阻力 F_j 可写成

$$F_j = \delta\frac{G}{g}\frac{\mathrm{d}v}{\mathrm{d}t} \tag{9-16}$$

式中：δ——汽车旋转质量换算系数（$\delta > 1$）；

　　　G——汽车重量（N）；

　　　g——重力加速度（m/s²）；

　　　$\mathrm{d}v/\mathrm{d}t$——行驶加速度（m/s²）。

δ 主要与飞轮的转动惯量、车轮的转动惯量以及传动系的传动比有关。

9.2.3　汽车行驶的驱动与附着条件

1. 汽车行驶的驱动条件

汽车必须有一定的驱动力，以克服各种行驶阻力，才能正常行驶。表示汽车驱动力与行驶阻力之间关系的等式，称为汽车的驱动力平衡方程，即汽车的行驶方程式：

$$F_t = F_f + F_w + F_i + F_j \tag{9-17}$$

或者　　　　$\dfrac{M_e i_k i_0 \eta_T}{r} = Gf\cos\alpha + \dfrac{C_D A v_a^2}{21.15} + G\sin\alpha + \dfrac{\delta G}{g}\dfrac{\mathrm{d}v}{\mathrm{d}t} \tag{9-18}$

上式说明了汽车行驶中驱动力与各行驶阻力的平衡关系，其平衡关系不同，则汽车的运动状态不同。

当 $F_t > F_f + F_w + F_i$ 时，汽车将加速行驶；

当 $F_t = F_f + F_w + F_i$ 时，汽车将等速行驶；

当 $F_t < F_f + F_w + F_i$ 时，汽车将无法起步或减速行驶直至停车。

所以汽车行驶的第一个条件为：

$$F_t \geqslant F_f + F_w + F_i \tag{9-19}$$

该式被称为汽车的驱动条件，但还不是汽车行驶的充分条件。

当发动机的转速特性、变速器的传动比、主减速比、传动效率、车轮半径、空气阻力系数、汽车迎风面积以及汽车质量等初步确定后，便可使用此式分析在附着性能良好的典型路面（混凝土、沥青路面）上的行驶能力，即确定汽车在节气门全开时可能达到的最高车速、加速能力和爬坡能力。

2. 汽车行驶的附着条件

从以上分析可知，要提高汽车的动力性，可以采用增加发动机转矩、加大传动系传动比等措施以增大汽车的驱动力来实现。但是这些措施只有在驱动轮与路面不发生滑转现象时才有效。如果驱动轮在路面滑转，则增大驱动力只会使驱动轮加速旋转，地面切向反作用力并不会增加，汽车仍不能行驶。这种现象说明地面作用在驱动轮上的切向反作用力受地面接触强度的限制，并不能随意加大，即汽车行驶除受驱动条件制约外，还受轮胎与地面附着条件的限制。

地面对轮胎切向反作用力的极限值称为附着力，记作 F_φ。在硬路面上附着力取决于轮胎与路面间的相互摩擦，它与驱动轮法向作用力 F_z 成正比，常写成：

$$F_\varphi = F_z \varphi \tag{9-20}$$

φ 称为附着系数，它是由轮胎和路面的结构特性决定的，表示轮胎与路面的接触强度。在硬路面上，附着系数 φ 反映了轮胎与路面的摩擦作用。当轮胎与路面接触时，路面的坚硬微小凸起能嵌入变形的轮胎中，增加了轮胎与路面的接触强度，对轮胎滑转有一定的阻碍作用。

在松软路面上，附着系数值，不仅取决于轮胎与土壤间的摩擦作用，同时还取决于土壤的抗剪切强度。因为只有当嵌入轮胎花纹沟槽的土壤被剪切脱开基层时，轮胎在接地面积内才产生相对滑动，车轮发生相对滑转。

显而易见，地面切向反作用力不能大于附着力，否则会发生驱动轮滑转，汽车将不能行驶。

$$F_t \leqslant F_\varphi = F_z \varphi \tag{9-21}$$

式中：F_z 为作用在所有驱动轮上的地面反作用力。

此即为汽车行驶的第二个条件——附着条件。将汽车的驱动条件与附着条件联立，则得：

$$F_f + F_w + F_i \leqslant F_t \leqslant F_z \varphi \qquad (9-22)$$

这就是汽车行驶的必要与充分条件，称为汽车行驶的驱动—附着条件。

3. 汽车的附着力

汽车的附着力取决于附着系数以及地面作用于驱动轮的法向反作用力 F_z。

（1）附着系数

附着系数主要取决于路面的种类与状况、轮胎的结构和气压以及其他一些使用因素。

① 路面种类与状况。坚硬路面的附着系数较大，路面的坚硬微小凸起部分嵌入轮胎的接触面，使接触强度增大。因长期使用已经磨损和风化的路面附着系数会降低。气温升高时，路面硬度下降，附着系数也会下降。路面被细沙、尘土、油污等覆盖时，都会使附着系数下降。

松软土壤的抗剪切强度较低，其附着系数较小。潮湿、泥泞的土路，土壤表层因吸水量多抗剪切强度更差，附着系数下降很多，是汽车越野行驶困难的原因之一。

路面的结构对排水能力也有很大影响。路面的宏观结构应具有一定的不平度而且有自动排水的能力；路面的微观结构应是粗糙而且有一定的尖锐棱角，以穿透水膜直接与胎面接触。

② 轮胎的结构与气压。轮胎花纹对 φ 值影响也较大。具有细而浅花纹的轮胎在硬路面上有较好的附着能力；具有宽而深的花纹的轮胎，在软路面上，使附着能力有所提高。增加胎面的纵向花纹，在干燥的硬路面上，由于接触面积减小，附着系数值有所下降；但在潮湿的路面上有利于挤出接触面中的水分，改善附着能力。

为了提高轮胎的"抓地"能力，现在的轮胎胎面上常有纵向的曲折大沟槽，胎面边缘上有横向沟槽，使轮胎在纵向、横向均有较好的"抓地"能力，又提高了在潮湿地面上的排水能力。宽断面和子午线轮胎由于与地面的接触面积增大，因此附着系数值较高。

轮胎的磨损会使胎面花纹深度减小，附着系数值将显著下降。

降低轮胎气压，可使硬路面上附着系数值略有增加，所以采用低压胎可获得较好的附着性能。在松软的路面上，降低轮胎气压，则轮胎与土壤的接触面积增加，胎面凸起部分嵌入土壤的数目也增多，因而附着系数显著提高。如果同时增加车轮轮辋的宽度，则效果更好。对于潮湿的路面，适当提高轮胎气压，使轮胎与路面的接触面积减小，有助于挤出接触面间的水分，使轮胎得以与路面较坚实的部分接触，因而可提高附着系数。

③ 行车速度。汽车行驶速度提高时，多数情况下附着系数是降低的。这对于汽车的高速制动尤为不利。在硬路面上提高行驶速度时，由于路面微观凹凸构造来不及与胎面完善地嵌合，所以附着系数有所降低。在潮湿的路面上提高行驶速度时，由于接触面间的水分来不及排出，所以附着系数显著降低。在软土壤上，由于高速车轮的动力作用容易破坏土壤的结构，所以提高行驶速度对附着系数产生极不利的影响。只有在结冰的路面上，车速

高时，与轮胎接触的冰层受压时间短，因而在接触面间不容易形成水膜，故附着系数略有提高。但要特别注意，在冰路上提高行驶速度会使行驶稳定性变坏。

④ 车轮相对于地面的滑转率。图 9-10 是驱动轮纵向附着系数与其滑转率的关系图。从图中可以看到，当驱动轮滑转率 S_x 从 0 开始增加时，纵向附着系数 φ_x 也随之增加，当 S_x 达到 S_T（一般是 0.08～0.30）时，纵向附着系数达到最大值 $\varphi_{x\,max}$，此后，如果 S_x 继续增加，纵向附着系数 φ_x 反而随之下降，当 S_x 达到 1 时，即车轮发生纯滑转时，其纵向附着系数要远远小于 $\varphi_{x\,max}$，所以从动力性上考虑，驱动轮的滑转率最好处于 S_T 的一个小邻域内，但同时考虑到车辆侧向附着系数随纵向滑转率的增大而急剧减小，所以从侧向附着系数上考虑，并注意到车辆的方向稳定性，一般认为驱动轮的最佳滑转率在小于 S_T 的范围内，可取 0.08～0.15。

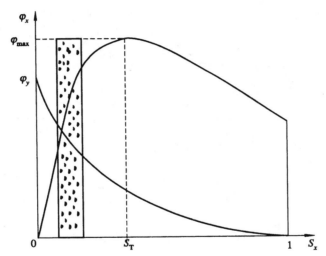

图 9-10 纵向附着系数和侧向附着系数与滑转率的关系

汽车驱动防滑控制系统 Anti-Slip Regulation（ASR）或称汽车牵引力控制系统 Traction System（TCS）就是通过控制车轮的滑转率从而提高汽车的驱动力和车辆的方向稳定性。

汽车驱动防滑控制的主要控制方式有：

① 发动机输出转矩调节。通过减小点火提高角，减少供油或暂停供油，从而使发动机输出转矩减少，S_T 降低。

② 驱动轮制动力矩调节。在车轮发生打滑时，驱动轮上施加制动力矩，使车轮转速降至最佳的滑转率范围内。

③ 差速器锁止控制。当路面两侧附着系数 φ 差别较大时，低 φ 一侧驱动轮发生滑转时，电子控制装置驱动锁止阀，一定程度地锁止差速器，使高 φ 一侧驱动轮的附着系数得以充分发挥，车速和行驶稳定性获得提高。

④ 离合器或变速器控制。离合器控制是指当发现汽车驱动轮发生过度滑转时，减弱离合器的接合程度，使离合器主、从动盘出现部分相对滑转，从而减小传输到半轴的发动机输出转矩；变速器控制是指通过改变传动比来改变传递到驱动轮的驱动转矩，以减小驱动轮滑转程度的一种驱动防滑控制。

综上所述，附着系数受一系列因素的影响。在一般动力性计算中只用附着系数的平均值。在良好的混凝土或沥青路面上，路面干燥时附着系数 φ 值为 0.7～0.8；路面潮湿时 φ 值为 0.5～0.6；干燥的碎石路 φ 值为 0.6～0.7；干燥的土路 φ 值为 0.5～0.6；潮湿土路 φ 值为 0.2～0.4。

（2）车轮的地面法向反作用力

附着力与地面对车轮的法向反作用力成正比。而驱动轮的地面反作用力与汽车的总体布置、行驶状况及道路坡度有关。图 9-11 为汽车加速上坡时的受力图。

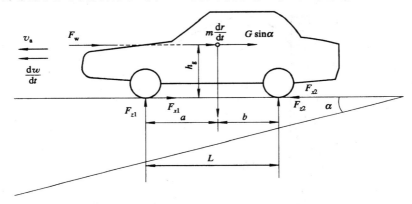

图 9-11　汽车加速上坡时的受力图

图中：G——汽车重力；

　　　h_{g}——汽车质心高度；

　　　F_{z1}、F_{z2}——作用在前、后轮上的地面法向反作用力；

　　　F_{x1}、F_{x2}——作用在前、后轮上的地面切向反作用力；

　　　L——汽车轴距；

　　　a、b——汽车质心至前、后轴之距离。

若将作用在汽车上诸力对前、后轮与道路接触中心取力矩（将质心与空气阻力中心近似看做重合），则得

$$F_{z1} = \frac{Gb - (F_{\mathrm{i}} + F_{\mathrm{j}} + F_{\mathrm{w}})\, h_{\mathrm{g}}}{L} \tag{9-23}$$

$$F_{z2} = \frac{Ga + (F_{\mathrm{i}} + F_{\mathrm{j}} + F_{\mathrm{w}})\, h_{\mathrm{g}}}{L} \tag{9-24}$$

式（9-23，9-24）中的第一项 $\dfrac{Gb}{L}$ 为汽车在水平路面上静止时前、后轴上的静载荷，第

二项 $\dfrac{(F_i + F_j + F_w)h_g}{L}$ 为行驶中产生的动载荷。当汽车上坡或加速时，前轮载荷减小，而后轮

载荷增加；汽车下坡或减速时，载荷变化与此相反。

　　由此可见，在一定附着系数的路面上，不同驱动方式的汽车具有不同的汽车附着力。后轮驱动的汽车在上坡和加速时，其驱动轮的法向反作用力大，驱动轮的附着力大，能得到的驱动力大，其加速能力和上坡能力好。

　　只有四轮驱动汽车才有可能充分利用整部汽车的重力来产生汽车附着力。当四轮驱动汽车前、后驱动轮的附着力分配刚好等于其前、后轮法向反作用力的分配时，得到的附着力最大。

9.2.4　汽车的驱动力—行驶阻力平衡图与动力特性图

1. 汽车的驱动力—行驶阻力平衡图

　　为了清晰而形象地表明汽车行驶时的受力情况及其平衡关系，一般是将汽车行驶方程式用图解法来进行分析的。就是说在图 9-3 所示汽车驱动力图上把汽车行驶中经常遇到的滚动阻力和空气阻力也算出并画上，作出汽车驱动力—行驶阻力平衡图，并以它来确定汽车的动力性。

　　图 9-12 为一具有四挡变速器汽车的驱动力—行驶阻力平衡图。图上既有各挡的驱动力，又有滚动阻力以及滚动阻力和空气阻力叠加后得到的行驶阻力曲线。

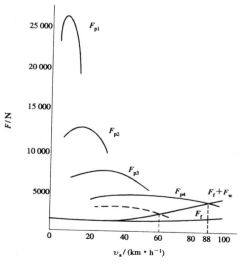

图 9-12　汽车驱动力—行驶阻力平衡图

从汽车的驱动力——行驶阻力平衡图上可以清楚地看出不同车速时驱动力和行驶阻力之间的关系。汽车以最高挡行驶时的最高车速，可以直接在图上找到。显然，F_t曲线与$F_f + F_w$曲线的交点便是$v_{a\,max}$。因为此时驱动力和行驶阻力相等，汽车处于稳定的平衡状态。图中最高车速为 88km/h。

从图 9-12 中还可以看出，当车速低于最高车速时，驱动力大于行驶阻力。这样，汽车就可以利用剩余的驱动力加速或爬坡。当需要在 60km/h 等速行驶时，驾驶员可以关小节气门开度（图中的虚线），此时发动机只用部分负荷特性工作，相应地得到虚线所示驱动力曲线，以使汽车达到新的平衡。

汽车的加速能力可用它在水平良好路面上行驶时能产生的加速度来评价，其数值可由汽车在水平路面上的驱动力平衡方程式得：

$$\frac{dv}{dt} = \frac{g}{\delta G}[F_t - (F_f + F_w)] \tag{9-25}$$

加速度的大小与汽车行驶的挡位和速度有关，低挡时，加速度较大；同一挡位速度较低时，加速度较大。由于加速度的数值不易测量，实际中常用加速时间来表明汽车的加速能力。譬如用直接挡行驶时，由最低稳定速度加速到一定距离或 $80\% v_{a\,max}$ 所需的时间表明汽车的加速能力。

汽车的上坡能力用最大爬坡度表示。汽车最大爬坡度是指汽车满载、节气门全开、以最低挡在良好路面上行驶，所能克服的最大道路坡度，记作 $i_{I\,max}$。其求法如下。

当汽车以全部剩余驱动力克服最大坡度时，加速度为 0，此时的驱动力平衡方程为：

$$F_i = F_t - (F_f + F_w)$$

式中：

$$F_i = G\sin\alpha$$

$$F_f = Gf\cos\alpha$$

因为 F_f 的数值本身较小，而且当 α 较小时，$\cos\alpha \approx 1$，故可认为：$F_f = Gf\cos\alpha \approx Gf$。

又

$$F_W = \frac{C_D A v_a^2}{21.15}$$

则驱动力平衡方程变为：

$$G\sin a = F_t - (Gf + \frac{C_D A v_a^2}{21.15}) \tag{9-26}$$

根据式（9-26），道路坡度角为：

$$a = \arcsin\frac{F_t - (Gf + \frac{C_D A v_a^2}{21.15})}{G} ;$$

再求道路坡度：

$$i = \tan a = \frac{\sin a}{\cos a} \approx \frac{F_t - (Gf + \frac{C_D A v_a^2}{21.15})}{G} ;$$

因此，头挡最大爬坡度：

$$i_{I\,max} = \tan a_{I\,max} = \frac{\sin a_{I\,max}}{\cos a_{I\,max}} \approx \frac{F_t - (Gf + \frac{C_D A v_a^2}{21.15})}{G} 。$$

应当指出，上述确定的汽车动力性指标尚未考虑附着条件的限制。

2. 动力特性图

汽车技术文献中常采用动力特性图，即动力因数—车速关系曲线，如图 9-13 所示。

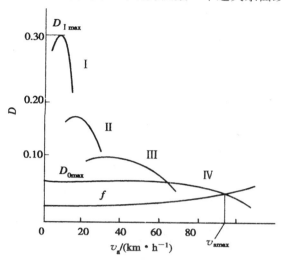

图 9-13　动力特性图

动力因数 D 是综合评定汽车动力性的参数，其值为：

$$D = \frac{F_t - F_w}{G} = f\cos\alpha + \sin\alpha + \frac{\delta}{g}\frac{dv}{dt} \tag{9-27}$$

利用动力特性图可以比较不同车重和空气阻力的车辆的动力性能。

9.3　汽车的功率平衡

9.3.1　功率平衡方程式

汽车在行驶中，不仅驱动力与行驶阻力互相平衡，在每一瞬时，发动机发出的功率 P_e 始终等于机械传动损失功率与全部运动阻力所消耗的功率，这就是汽车的功率平衡。其功率平衡方程式为：

$$P_e = \frac{1}{\eta_T}(P_f + P_w + P_i + P_j) \tag{9-28}$$

其中：滚动阻力消耗功率 $P_f = \dfrac{Gf\cos\alpha v_a}{3600}$；

上坡阻力消耗功率 $P = \dfrac{G\sin\alpha v_{a}}{3600}$；

空气阻力消耗功率 $P_{w} = \dfrac{C_{D}Av_{a}^{3}}{76140}$；

加速阻力消耗功率 $P_{f} = \dfrac{\delta G v_{a}}{3600g}\dfrac{\mathrm{d}v}{\mathrm{d}t}$；

V_{a} 是汽车的行驶速度。

9.3.2 功率平衡图

与驱动力—行驶阻力平衡图类似，功率平衡方程式也可以用图像来表示，称为功率平衡图。图 9-14 为一三挡汽车的功率平衡图。

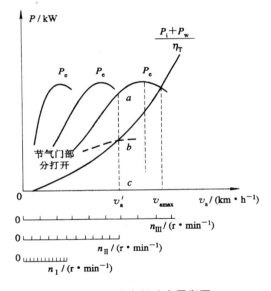

图 9-14　汽车的功率平衡图

图 9-14 中，最高挡时发动机功率曲线与阻力功率 $\dfrac{1}{\eta_{T}}(P_{i}+P_{w})$ 曲线相交点的车速，便是在良好水平路面上行驶汽车的最高车速 $V_{a\,max}$。

当汽车在良好水平路面上以 V_{a}' 的速度等速行驶时，汽车的阻力功率为线段 bc，此时，驾驶员控制节气门在某一开度，发动机功率如图中虚线所示，以维持汽车等速行驶。

但是汽车在最高挡以速度 V_{a}' 行驶时，发动机能产生的最大功率为线段 ac，线段 ab 可用来加速或爬坡。我们称 $P_{e} - \dfrac{1}{\eta_{T}}(P_{i}+P_{w})$ 为汽车的后备功率。

　　这就是说，在一般情况下维持汽车等速行驶所需发动机功率并不大，节气门开度较小。当需爬坡或加速时，驾驶员加大节气门开度，使汽车的全部或部分后备功率发挥作用。因此汽车后备功率越大，其加速能力、爬坡能力越强，汽车的动力性好。

　　利用功率平衡定性地分析设计与使用中有关动力性问题比较清晰简便，同时也能很清楚地看出行驶时发动机的负荷率的变化，所以对于以后汽车燃料经济性的分析也是比较方便的。

9.4　影响汽车动力性的主要因素

　　从对汽车行驶方程式的分析中知道，汽车的动力性与汽车结构参数和使用条件密切相关。下面讨论结构因素对汽车动力性的影响。

　　1. 发动机参数的影响

　　发动机功率愈大，汽车的动力性越好。设计中发动机最大功率的选择必须保证汽车预期的最高车速。

　　最高车速愈高，要求的发动机功率愈大，其后备功率也大，加速爬坡能力必然较好。但发动机功率不宜过大，否则在常用条件下，发动机负荷过低，燃料消耗增加。

　　单位汽车质量所具有的发动机功率称为比功率或功率利用系数。

　　发动机外特性曲线形状对动力性也有较大的影响。图 9-15 为两台发动机的外特性曲线。但其最大功率与其相对应的转速相等。由图可见，外特性曲线 1 的后备功率较大，使汽车具有较大的加速能力和上坡能力，因而动力性能较好。同时使汽车具有较低的临界车速，换挡次数可以减少，因而有利于提高汽车的平均行驶速度。

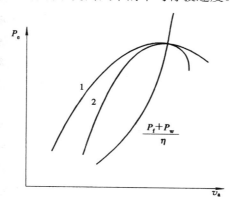

图 9-15　外特性曲线形状不同的汽车动力平衡图

2. 传动系参数的影响

（1）传动系机械效率

传动系损失功率可表示为 $P_\mathrm{T}=P_\mathrm{e}(1-\eta_\mathrm{T})$，可见传动系机械效率越高，传动损失越小，发动机有效功率更多地转变为驱动功率，汽车动力性好。目前可在润滑油中加入减磨添加剂和选用黏度适当且受温度影响小的润滑油，对提高传动效率有明显效果。

（2）主减速器传动比

当变速器处于直接挡时，主减速器传动比将直接影响汽车的动力性。

图 9-16 表示其他条件相同而主减速器传动比不同的直接挡功率平衡图，只有当 $i_0=i_0''$ 时，汽车的最高车速 $v_\mathrm{a\,max}$ 等于发动机最大功率相对应的车速，即 $v_\mathrm{a\,max}=v_\mathrm{p}$ 最高，此时得到 $v_\mathrm{a\,max}$ 的最大。其他条件不变，无论使主减速器传动比 i_0 增大还是减小，都使汽车的最高车速降低。

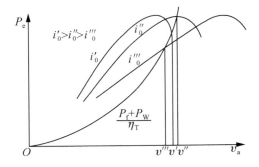

图 9-16　主减速器传动比不同时的功率平衡图

（3）变速器的挡数

变速器挡数增加，发动机在接近最大功率工况下的工作的机会增加，发动机的平均功率利用率高，可得到的后备功率大。例如，在两挡变速器的一挡与直接挡之间增加两个挡位时，见图 9-17，汽车的最高车速和最大爬坡度均不变。但在一定的速度范围，可利用的后备功率增大了（图中影线表示区域），有利于汽车的加速和上坡。

（4）变速器传动比

变速器 I 挡传动比对汽车动力性影响最大。传动比越大，汽车的最大爬坡度越大。但必须满足附着条件，当 I 挡发出最大驱动力时，驱动轮不应产生滑转。

变速器各挡的传动比应按等比级数分配，这样，汽车在换挡加速过程中功率利用程度最高，加速时间最短。

另外，减小空气阻力系数，减轻汽车的质量，选用滚动阻力系数小的轮胎（将使汽车的行驶阻力减小），都可以使汽车的动力性得到改善。

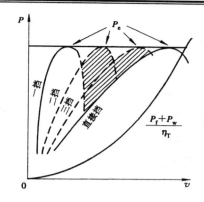

图 9-17　变速器的挡数对汽车动力性的影响

9.5　汽车动力性检测

9.5.1　汽车动力性检测项目与标准

汽车动力性检测项目主要有：汽车加速性能检测、汽车最高车速检测、汽车滑行性能检测、发动机输出功率检测、汽车底盘输出功率检测等。

动力性检测可依据的标准有：JT/T 198—2004《营运车辆技术等级划分和评定要求》，GB 3798—1983《汽车大修竣工出厂技术条件》，GB/T 15746.2—1995《汽车修理质量检查评定准则与发动机大修》，JT/T 201—1995《汽车维护工艺规范》。

9.5.2　汽车动力性检测方法

汽车动力性检测方法可以分为台架与路试两种。

1. 汽车动力性台架检测

汽车动力性台架试验的方式，主要是用底盘测功机检测汽车的最大输出功率、最高车速和加速能力。室内台架试验不受气候、驾驶技术等客观条件的影响，只受测试仪本身测试精度的影响，测试条件易于控制，所以汽车检测站广泛采用汽车动力性室内台架试验方式。

（1）汽车底盘测功机的基本结构

汽车底盘测功机一般由滚筒装置、测功装置、飞轮机构、测速装置、控制与指示装置等构成。其机械部分的结构见图 9-18。

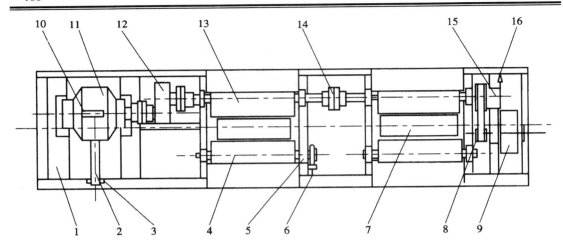

图 9-18　底盘测功机机械部分结构示意图

1—框架；2—测力杠杆；3—压力传感器；4—副滚筒；5—轴承座；6—速度传感器；

7—举升装置；8—传动带轮；9—飞轮；10—冷却水入口；11—电涡流测功器；

12—齿轮箱；13—主滚筒；14—联轴器；15—转鼓；16—电刷

① 滚筒装置。滚筒装置的作用相当于能够连续移动的路面，测功试验时，汽车驱动轮驱动滚筒旋转。底盘测功机的滚筒装置有单滚筒和双滚筒两种类型，如图 9-19 所示。

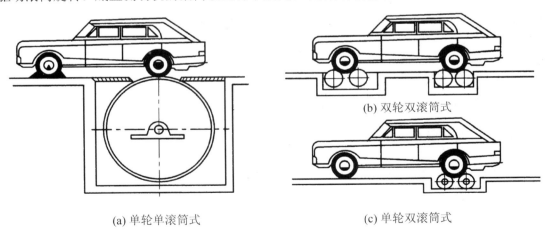

(a) 单轮单滚筒式　　　　　　　　　　　　(c) 单轮双滚筒式

(b) 双轮双滚筒式

图 9-19　滚筒装置的结构类型

单滚筒试验台：单滚筒试验台的滚筒多采用硬质木料或钢板制成，其直径一般在 1500～2500mm，由于表面曲率小，车轮在滚筒上滚动时就像在平路上行驶，轮胎与滚筒表面间的滑转率小，行驶阻力小，因而测试精度高。但大滚筒试验台制造成本大，占地面积大，同时对车轮在滚筒上的安放定位要求严格，而车轮中心与滚筒中心在垂直平面内的对中又比较困难，故使用不太方便。因此，单滚筒底盘测功机一般用于科研单位、大专院校和汽车制造部门，较少用于汽车维修和诊断企业。

　　双滚筒试验台：双滚筒试验台的滚筒多采用钢质材料制成，直径一般在 185~400mm 之间，由于曲率半径小，滚筒表面曲率大，因而轮胎与滚筒表面的接触面积较在平路上行驶时小得多。接触面积间比压和变形大，滑转率大，从而使滚动阻力增大，测试精度低。在较高试验车速下，轮胎的滚动功率损失可达到所传递功率的 15%~20%。但双滚筒底盘测功机具有车轮在滚筒上安放定位方便和制造成本低等优点，因而适用于汽车维修和诊断企业，尤其是单轮双滚筒式试验台应用广泛。

　　② 测功装置。测功装置用于吸收和测量汽车驱动轮的输出功率，通常称为测功器。测功装置也是一个加载装置，可模拟汽车在道路上行驶时所受的各种阻力，使车辆受力情况如同在道路上行驶时一样。底盘测功机常用的测功器有水力测功器、电力测功器和电涡流测功器三类。由于水力测功器功率吸收装置的可控性较差，电力测功器成本又较高，因此汽车检测站和维修企业使用的底盘测功机多采用电涡流测功器。

　　电涡流测功器主要由定子和转子构成，转子与滚筒相连，定子可绕其主轴线摆动。图 9-28 为水冷电涡流测功器的结构示意图。

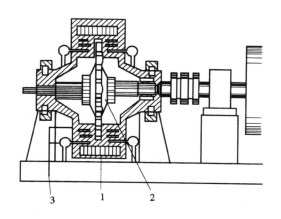

图 9-20　水冷电涡流测功器的结构示意图

1—有激磁线圈的定子；2—转子盘；3—水冷却室

　　③ 测速装置。测速装置一般由测速传感器、中间处理装置和指示装置构成。常用的测速传感器有光电式、磁电式和测速发电机等类型，通常安装在从动滚筒一端，随从动滚筒一起转动，把滚筒的转速转变为电信号。该电信号经放大送入处理装置，换算为车速（km/h）并在指示装置上显示出来。底盘测功机在进行测功、加速试验、等速试验、滑行试验和燃

油经济性试验时，都必须对试验车速进行测试。

④　飞轮机构。飞轮机构用于模拟汽车在道路上行驶时的动能，常采用离合器以实现与滚筒的自由接合。飞轮机构通常具有一组多个飞轮，其飞轮机构的转动惯量及其在各个飞轮上的分配应与所测车型进行加速能力试验和滑行能力试验的要求相适应。

⑤　控制装置。底盘测功机的控制装置和指示装置常做成一体，构成控制柜，安放在机械部分的左前方易于操作和观察的位置。如果测力装置和测速装置均为电测式，指示装置为机械式时，指示装置仅能显示驱动车轮的驱动力，驱动轮输出功率需根据所测出的驱动力和实验车速换算才能得到。

（2）底盘测功机的工作原理

①　汽车驱动轮输出功率测试。测功试验时，汽车驱动轮置于滚筒装置上，驱动滚筒旋转并经滚筒带动测功器的转子旋转。当定子上的励磁线圈没有电流通过时，转子不受制动力矩作用；而励磁线圈通以直流电时，所产生磁场的磁力线通过转子、空气隙、涡流环和定子构成闭合磁路。由于通过齿顶和凹槽的磁通量不同，因而当转子在滚筒带动下旋转时，通过涡流环任一点的磁通量呈周期性变化而产生了涡电流，涡电流产生的磁场与励磁场相互作用，产生了与转子旋转方向相反的转矩，从而对滚筒起了加载作用。测出该转矩和转子转速，便可据此得到由滚筒传递给测功器转子的驱动功率。作用力和反作用力是成对出现的。对转子施加制动力矩的同时，定子受到与制动力矩大小相同但方向相反的力矩的作用，力图使可绕主轴摆动的定子顺着转子旋转方向摆动。在测功器定子上安装上定长度的测力杠杆，并在其端部下方安装压力传感器，压力传感器便会受压力作用而产生与此成正比的电信号。显然，该压力与杠杆长度（压力传感器至测功器主轴的距离）之积便是定子（或转子）所受力矩的数值。在滚筒稳定旋转时，该力矩与驱动轮驱动力对滚筒的驱动力矩相等。据此，可求出车轮作用在滚筒（其半径为已知常数）上的驱动力的大小。

②　汽车的加速能力和滑行能力测试原理。底盘测功机对汽车加速能力（加速时间）和滑行距离的测试精度，首先取决于飞轮机构、滚筒装置及其他旋转部件的旋转动能是否与道路试验时汽车在相应车速下的动能相一致。汽车在底盘测功机上试验时，驱动轮驱动滚筒旋转，但整车处于静止状况。这样，要测试汽车在一定速度区间内的加速时间，必须以具有相应转动惯量的飞轮机构模拟汽车行驶时的动能。汽车在滚筒上加速时，滚筒及飞轮机构转速的提高使滚筒飞轮机构的旋转动能相应增加，从而消耗驱动轮输出功率，表现为汽车的加速阻力。滚筒圆周速度从某一值上升到另一值的时间与汽车路试时在相应速度区间的加速时间相对应。加速时间的长短则反映其加速能力的大小。汽车以某一车速在滚筒上作滑行试验时，汽车驱动轮首先带动滚筒装置、飞轮机构以相应转速旋转，此时滚筒装置和飞轮机构具有的动能与汽车道路试验时具有的动能相等。摘挡滑行后，储存在滚筒装置和飞轮机构的动能释放出来，驱动汽车驱动轮和传动系统旋转，滚筒继续转过的圆周长

与汽车路试时的滑行距离相对应。滑行距离长短可反映汽车传动系统传动阻力的大小，据此可判断汽车传动系统的技术状况。

2. 汽车动力性道路检测

通过道路试验分析汽车动力性能，其结果接近于实际情况，汽车动力性道路试验的检测项目一般有高挡加速时间、起步加速时间、最高车速、陡坡爬坡车速、长坡爬坡车速，有时为了评价汽车的拖挂能力，进行汽车牵引力检测。另外，有时为了分析汽车动力的平衡问题，采用高速滑行试验测定滚动阻力系数 f 及空气阻力系数 C_D，但由于道路试验受到道路条件、风向、风速、驾驶技术等因素的影响，而且这些因素可控性差，同时还需要按规定条件选用或建造专门的道路等。道路试验标准如下：

汽车动力性路试基本规范可按照 GB/T 12534—1990《汽车道路试验方法通则》进行；汽车最高车速试验按照 GB/T 12544—1990《汽车最高车速试验方法》的有关规定进行；汽车加速性能试验按照 GB/T 12543—2009《汽车加速性能试验方法》的有关规定进行；汽车爬陡坡试验按照 GB/T 12539—1990《汽车爬陡坡试验方法》的有关规定进行；汽车牵引力性能试验按照 GB/T 12537—1990《汽车牵引力性能试验方法》的有关规定进行。

复习思考题

1. 汽车的动力性包括哪些方面的内容？其评价指标是什么？
2. 驱动力的定义是什么？它与哪些因素有关？
3. 什么是传动系的机械效率？它与哪些因素有关？
4. 汽车在坡道上匀速行驶时，有哪些行驶阻力？
5. 叙说滚动阻力产生的原因，分析影响滚动阻力系数的因素。
6. 空气阻力由哪几部分组成？降低空气阻力系数的结构措施有哪些？
7. 什么是汽车的附着力？影响附着系数的因素是什么？
8. 汽车的驱动与附着条件是什么？写出其表达式。
9. 试分析影响汽车动力性的因素。
10. 根据汽车的驱动力—行驶阻力图，试分析汽车的动力性。
11. 汽车底盘测功机的基本组成有哪些？

第 10 章　汽车的燃油经济性

汽车的燃油经济性是汽车的主要使用性能之一。它是指汽车以最小的燃油消耗完成单位运输工作量的能力。由于汽车运输中汽车燃油消耗费用占总费用的 1/3 左右，所以，燃油经济性的提高就意味着汽车运输成本的下降和经济效益的提高。

由于汽车燃油消耗量与发动机类型、结构、制造工艺水平、调整状态、燃油品质及道路条件、交通状况、气候、驾驶技术等许多种因素有关，因此，燃油经济性指标值要根据道路试验或室内台架试验结果来评定，也可以通过理论分析来进行估算。

10.1　汽车燃油经济性的评价指标

评价汽车燃油经济性的指标很多，不同的国家所采用的评价参量是不同的，大致有以下几种。

（1）比油耗 g_e（燃料消耗率）

它表示发动机的单位有效功率在单位时间内所消耗的燃料量。在国际单位制中，它的单位为 g/（kW·h）（克/千瓦时）。

（2）每小时耗油量 G_t

它表示发动机每小时所消耗的燃料质量。常用的单位为 kg/h（千克/小时）。

（3）每千米耗油量 G_m

它表示汽车每行驶一公里所消耗的燃油数量（常以体积计算）。常用单位是 L/km（升/公里）。

（4）每升燃油行驶里程

它表示汽车消耗一升燃油可行驶的里程数。常用单位是 km/L（公里/升）。

（5）百千米油耗量 Q

它表示汽车每行驶 100 千米所消耗的平均燃油量（以体积计算）。常用单位为 L/100km（升/百公里）。

（6）百吨公里油耗量 Q_t

它表示汽车在运行过程中，每完成百吨公里运输量所消耗的燃油量（以体积计算）。

常用单位为 L/(100t·km)（升/百吨公里）。

在我国及欧洲，燃油经济性的指标的单位为 L/100 km，其数值越大，汽车的燃油经济性就越差。美国为 MPG（miles per gallon），指的每加仑燃油能行驶的英里数，其数值越大，汽车的燃油经济性就越好。

等速行驶百千米的燃油消耗量是常用的一种评价指标，指汽车在一定载荷下，以最高挡在水平良好路面上等速行驶 100 km 的燃油消耗量。但是，等速行驶工况并不能全面反映汽车的实际运行情况，特别是在市区行驶中频繁出现的加速、减速、怠速停车等行驶工况。因此，在对实际行驶车辆进行跟踪测试统计的基础上，各国都制定了一些典型的循环行驶试验工况来模拟汽车实际运行工况，并以其百千米的燃油消耗量（或 MPG）来评定相应工况的燃油经济性。

循环行驶试验工况规定了车速—时间行驶规范，例如，何时换挡、何时制动以及行车的速度和加速度等数值。因此，它在路上试验比较困难，一般多规定在室内汽车底盘测功机（转鼓试验台）上进行测试；而规定在路上进行试验的循环工况均很简单。

我国规定轿车按二十五工况进行循环试验，如图 10-1 和表 10-1 所示。

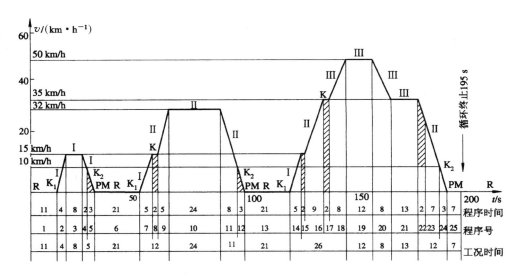

图 10-1 轿车二十五工况试验循环

K—离合器分离；K_1、K_2—离合器分离，变速器挂 1 挡或 2 挡；

Ⅰ、Ⅱ、Ⅲ—变速器 1 挡、2 挡、3 挡；PM—空挡；R—怠速（图中阴影部分）

表 10-1　轿车二十五工况试验循环试验表

程序号	运转次序	工况序号	加速度（m/s²）	车速（km/h）	程序时间（s）	工况时间（s）	累计时间（s）	如系手动变速器，所用挡位
1	怠速	1			11	11	11	PM*6s+K₁*5s
2	加速	2	1.04	0～15	4	4	15	I
3	匀速	3		15	8	8	23	I
4	减速	4	-0.69	15～10	2	5	25	I
5	减速、离合器脱开		-0.92	10～0	3		28	K₂
6	怠速	5			21	21	49	PM6s+K₁5s
7	加速	6	0.83	0～15	5	12	54	I
8	换挡		0.94	15	2		56	II
9	加速			15～32	5		61	II
10	匀速	7		32	24	24	85	II
11	减速	8	-0.75	32～10	8	11	93	II
12	减速、离合器脱开		-0.92	10～0	3		96	K₂
13	怠速	9			21	21	117	PM6s+K₁5s
14	加速	10	0.83	0～15	5	26	122	I
15	换挡			15	2		124	K
16	加速		0.62	15～35	9		133	II
17	换挡				2		135	K
18	加速		0.52	35～50	8		143	III
19	匀速	11		50	12	12	155	III
20	减速	12	-0.52	50～35	8	8	163	III
21	匀速	13		35	13	13	176	III
22	换挡	14	-0.86	35～10	2	12	178	II
23	减速				7		185	
24	减速、离合器脱开		-0.92	10～0	3		188	K₂
25	怠速	15			7	7	195	PM7s

注：PM——变速器空挡，离合器结合；

　　K₁——变速器挂 1 挡，离合器脱开；

　　K₂——变速器挂 2 挡，离合器脱开。

　　为了节约能源，国家对现生产及计划投产的载货汽车规定了燃油消耗量限值，考核指标为比燃油消耗量 q（吨百公里的燃油消耗量）。

$$q = \frac{Q_s}{G} \qquad\qquad (10\text{-}1)$$

被考核车型要求在满足动力性的前提下，比燃油消耗量 q 应符合"载货汽车燃油消耗量限值表"的规定，见表 10-2、表 10-3 和表 10-4。

表 10-2　汽油载货汽车燃油消耗量限值

汽车总质量（t）	比燃油消耗量（L/(100t·km)）	汽车总质量（t）	比燃油消耗量（L/(100t·km)）
2.5～4.0	4.05～3.17	9.0～12.0	2.64～2.50
>4.0～6.0	3.15～2.83	>12.0～15.0	2.48～2.39
>6.0～9.0	2.82～2.65		

表 10-3　柴油载货汽车燃油消耗量限值

汽车总质量（t）	比燃油消耗量（L/(100t·km)）	汽车总质量（t）	比燃油消耗量（L/(100t·km)）
2.5～4.0	2.82～2.16	9.0～12.0	1.68～1.55
>4.0～6.0	2.14～1.88	>12.0～15.0	1.53～1.43
>6.0～9.0	1.86～1.76		

表 10-4　重型载货汽车燃油消耗量限值

汽车总质量（t）	比燃油消耗量（L/(100t·km)）	汽车总质量（t）	比燃油消耗量（L/(100t·km)）
>15～17	1.42～1.40	>22～26	1.37～1.33
>17～22	1.39～1.37	>26～32	1.321～1.30

欧洲经济委员会（ECE）规定，要测量车速为 90km/h 和 120km/h 等速百千米燃油消耗量和按 ECE-R.15 循环工况的百千米燃油消耗量，并各取 1/3 相加作为混合百千米燃油消耗量来评定汽车燃油经济性。美国环境保护局（EPA）规定，要测量城市循环工况（UDDS）及公路循环工况（HWFET）的燃油经济性（单位为每加仑燃油汽车行驶英里数 mile/gal），并按下式计算综合燃油经济性（单位为 mile/gal），以它作为燃油经济性的综合评价指标。

$$\text{综合燃油经济性} = \frac{1}{\dfrac{0.55}{\underset{\text{城市循环燃油经济性}}{}}} + \frac{1}{\dfrac{0.45}{\underset{\text{公路循环燃油经济性}}{}}}$$

10.2　汽车燃油经济性计算

在汽车的设计、制造和改装时，常用计算法来估算汽车的燃油经济性。本节将介绍燃油经济性循环行驶试验中各工况，如等速、加速、减速和怠速停车等行驶工况的燃油经济性计算。

1. 等速行驶燃油经济性计算

汽车在平直良好的水泥或沥青路面上，满载，用高挡以 v_a 的速度等速行驶时，发动机发出的功率（此时的阻力功率）为 P（kW），发动机相应工况下的有效燃料消耗率为 g_e（g/(kw·h)），则等速行驶的燃料消耗量 Q_s 为：

$$Q_s = \frac{Pg_e}{v_a} \quad (\text{g/km}) \tag{10-2}$$

若燃料消耗量以升计，里程以百公里计，则上式可写为：

$$Q_s = \frac{Pg_e}{10 v_a \gamma} \quad (\text{L/100km}) \tag{10-3}$$

式中的 γ 是燃料密度，单位为 kg/L。按标准规定：

$$\gamma_汽 = 0.74 \quad (\text{kg/L})$$
$$\gamma_柴 = 0.830 \quad (\text{kg/L})$$

此时发动机发出的功率为：

$$P = \frac{1}{\eta_T} \left(\frac{Gfv_a}{3600} + \frac{C_D A v_a^3}{3600 \times 21.15} \right) \quad (\text{kW}) \tag{10-4}$$

代入上式得：

$$Q_s = \frac{g_e}{3600 \eta_T \gamma} \left(Gf + \frac{C_D A v_a^2}{21.15} \right) \quad (\text{L/100km}) \tag{10-5}$$

从式（10-5）可以看出，随 g_e、G、f、C_D、A、v_a 的下降，燃料消耗量减少，随 η_T 的下降，Q_s 上升。此方程称等速行驶百千米燃料消耗量方程。

2. 多工况循环行驶燃油经济性的计算

多工况循环由等速段、等加速段、等减速段及怠速所组成。只要知道各段燃料消耗量的计算方法，即可计算出按循环行驶每百千米燃料消耗量。

（1）等速行驶工况燃料消耗量计算

图 10-2 为某车用发动机的万有特性曲线。根据这些曲线可以确定发动机在一定转速 n、发出一定功率 P 时的燃料消耗率 g_e。为了计算方便，按 $v_a = 0.377 nr/(i_k i_0)$ 的关系，在横坐标上画出汽车在高挡上的车速比例尺。

根据已知 G、f、C_D、A、η_T 值，按式 $\frac{1}{\eta_T} \left(\frac{Gfv_a}{3600} + \frac{C_D A v_a^3}{76140} \right)$ 算出以各种速度等速行驶汽车的阻力功率 P 值。

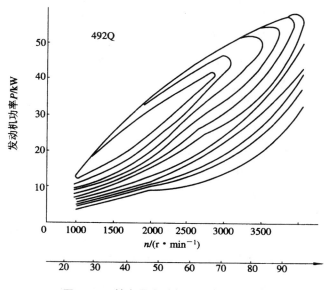

图 10-2　某车用发动机的万有特性曲线

由等速行驶的车速 v_a 及阻力功率 P，在万有特性图上查出相应的燃料消耗率 g_e，按下述各式算出等速行驶段单位时间的燃料消耗量 Q_t。

$$Q_t = P g_e \quad (\text{g/h}) \tag{10-6}$$

或

$$Q_t = \frac{P g_e}{1000 \gamma} \quad (\text{L/h}) \tag{10-7}$$

或

$$Q_t = \frac{P g_e}{3600 \gamma} \quad (\text{mL/s}) \tag{10-8}$$

等速行驶时间 t，行程 S（m）的燃料消耗量为：

$$Q = Q_t \cdot t \tag{10-9}$$

折合成百千米油耗为：

$$Q = \frac{P g_e}{3600 \gamma v_a} \quad (\text{mL}) \tag{10-10}$$

（2）等加速行驶工况燃料消耗量的计算

计算由 v_{a1} 加速到 v_{a2} 的燃料消耗量见图 10-3，其步骤如下。

① 在该图中，每隔 1km/h 把 v_{a1} 至 v_{a2} 分成 n 个小区间。

② 求小区间起点和终点对应的单位时间燃料消耗量 Q_t（mL/s）。

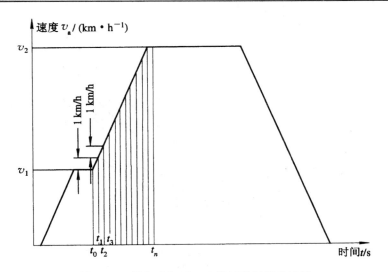

图 10-3　等加速行驶工况燃料消耗量的计算

由于 $P = \dfrac{1}{\eta_{\mathrm{T}}}(\dfrac{Gfv_{\mathrm{a}}}{3600} + \dfrac{C_{\mathrm{D}}Av_{\mathrm{a}}^3}{76140} + \dfrac{\delta Gjv_{\mathrm{a}}}{3600g})$ 为汽车加速时发动机发出的功率，所以可以利用

图 10-2，由 P、v_{a} 查出相应的 g_{e} 值，再计算出 Q_{t}：

$$Q_{\mathrm{t}} = \frac{Pg_{\mathrm{e}}}{3600\gamma} \quad (\mathrm{mL/s}) \tag{10-11}$$

③ 求小区间内加速的燃料消耗量

每个小区间所用时间为：

$$\Delta_{\mathrm{t}} = \frac{1}{3.6j} \quad (\mathrm{s}) \tag{10-12}$$

每个小区间的燃料消耗量为：

$$Q_{\mathrm{t}} = \frac{Q_{\mathrm{t}(i-1)} + Q_{\mathrm{ti}}}{2} \cdot \Delta_{\mathrm{t}} \quad (\mathrm{mL}) \tag{10-13}$$

式中：$Q_{\mathrm{t}(i-1)}$——车速为 $v_{\mathrm{t}(i-1)}$ km/h 时刻的单位时间燃料消耗量（mL/s）；

　　　　Q_{ti}——车速为 v_{ti} km/h 时刻的单位时间燃料消耗量（mL/s）。

依次计算出在每个小区间内加速的燃料消耗量 Q_1，Q_2，…，Q_n。即可得整个加速段的

燃料消耗量 Q_{a}：

$$Q_{\mathrm{a}} = Q_1 + Q_2 + \cdots + Q_n = \sum_{i=1}^{n} Q_i \quad (\mathrm{mL}) \tag{10-14}$$

相应的行驶距离为：

$$S_a = \frac{v_{a2}^2 + v_{a1}^2}{25.92 j} \quad (\text{m}) \tag{10-15}$$

（3）等减速行驶工况燃料消耗量的计算

在等减速段行驶，变速器处于空挡，发动机处于怠速状态，汽车轻微制动以达到规定的减速度 j（m/s^2）。所以等减速段的燃料消耗量 Q_d（ml），等于减速行驶时间 t（s）与发动机怠速燃料消耗率 Q_i（ml/s）乘积，有：

$$Q_d = Q_i \cdot t \quad (\text{mL}) \tag{10-16}$$

由于 $t = \dfrac{v_{a2} - v_{a3}}{3.6 j}$（s），所以

$$Q_d = Q_i \frac{v_{a2} - v_{a3}}{3.6 j} \quad (\text{mL}) \tag{10-17}$$

式中 v_{a2}、v_{a3} 分别为等减速段起始、终了车速。

减速段的行程为：

$$S_d = \frac{v_{a2}^2 - v_{a3}^2}{25.92 j} \quad (\text{m}) \tag{10-18}$$

（4）怠速停车工况燃料消耗量的计算

若循环中怠速停车时间为 t_s（s），发动机怠速燃料消耗率为 Q_i（mL/s），则怠速停车燃料消耗量为 Q_{id} 为：

$$Q_{id} = Q_i \cdot t_s \quad (\text{mL}) \tag{10-19}$$

（5）按循环工况行驶的百千米燃料消耗量

$$Q_v = \frac{100 \sum Q}{S} \quad (\text{L/100km}) \tag{10-20}$$

式中：$\sum Q$——一个循环各工况燃料消耗量之和（mL）；

$\qquad$ S——一个循环总的行程（m）。

10.3　影响汽车燃油经济性的因素

由汽车燃料消耗方程可知，汽车的燃油经济性主要取决于发动机的有效燃油消耗率、汽车行驶阻力及传动系效率。一切有利于发动机的有效燃料消耗率降低、汽车行驶阻力降低及传动系效率提高的措施都可以使汽车的燃料经济性提高。

下面从汽车结构与使用两个方面讨论影响汽车燃料经济性的因素，来分析提高燃料经济性的途径。

10.3.1 汽车结构方面

1. 发动机

由图 10-4 可知，发动机中的热损失与机械损耗占燃油化学能中的 65%左右。显然，发动机是对汽车燃料经济性最有影响的部件。目前看来提高发动机经济性的主要途径如下。

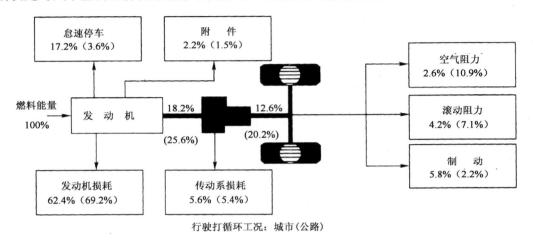

图 10-4　现代中型轿车 EPA 城市、公路循环行驶工况的能量平衡

（1）提高压缩比

根据等容加热理论循环，当压缩比提高时，热效率增加，发动机动力性提高，油耗率降低。试验表明，在 $\varepsilon = 7.5 \sim 9.5$ 范围内，压缩比每提高一个单位，油耗可以下降 4%以上。

汽油机压缩比的提高主要受爆震和 NO_x 污染物排放的限制，同时提高到一定程度后，不仅对提高发动机的功率和效率无明显效果，而且会增加排气中 NO_x 的浓度。提高压缩比的措施有：改进燃烧室和进气系统，提高发动机结构的爆震极限；使用爆震传感器，自动延迟产生爆震时的点火提前角；开发高辛烷值汽油等。

（2）采用汽油机电子燃油喷射系统

可燃混合气燃烧得完全，燃烧的放热量就多，这不仅能使发动机发出更大的功率，而且可使排出废气中的有害物质得到控制；燃烧得及时，可使比油耗下降，热效率提高。

与传统的化油器供给系统相比，电子汽油喷射系统通过电子技术对系统实行多参数控制，可使发动机的功率提高 10%，在耗油量相同的情况下，扭矩可增大 20%；从 0 至 100km/h 加速度时间减少 7%；油耗降低 10%；尾气排污量可降低 34%～50%，系统采用闭环控制并加装三元催化器，排放量可下降 73%。

（3）多气门结构

在未来 5～10 年内，多气门技术还将继续发展和普及。四气门的主要优点有：油嘴垂直且中心布置，使油线分布均匀，相应的燃烧室也可以中心布置，中心燃烧室与偏置燃烧相比，进气涡流动能的衰减要明显小得多；中置油嘴加中置燃烧室可以改善混合气的形成，提高燃烧质量，获得低的排放和高的转矩功率；四气门增加了气门的流通面积和流通力，进气面积可提高 11% 以上，排气面积可提高 25% 以上，从而降低了泵气损失，提高充气系数，有助于降低燃料消耗率；中置燃烧室使活塞顶上的热负荷趋于均匀，便于冷却油腔的布置，采用冷却油腔的活塞能承受更高的热负荷；四气门采用两个独立的进气道，便于实现可变进气涡流，高转速、全负荷时两个进气道都打开，而在低速时只开一个进气道，从而提高了涡流比；中置且垂直的油嘴安装位置使用可变流道面积喷嘴，有助于减少排放，特别是低转速、低负荷的颗粒排放。

（4）涡轮增压技术

增压是指对新鲜空气进行预压缩的过程。增压后进入燃烧室内的新鲜空气量增多，燃烧更多的燃料，从而可以提高发动机功率。增大空气密度 ρ_k，即提高进入汽缸空气的压力 p_k，降低进入汽缸空气的温度 T_k 是提高平均有效压力 p_{me} 最有效的方法。提高空气的压力和降低进入汽缸的空气温度的办法是采用增压和中间冷却技术。该技术除明显改善发动机的动力性外，还可以改善燃料经济性。实践证明，在小型汽车发动机上采用涡轮增压，当汽车以正常的经济车速行驶时，可以获得相当好的燃料经济性，同时，发动机功率的增加，能得到驾驶员所期望的良好的加速性能。

采用增压技术不仅可提高功率 30%～100%；还可以减少单位功率质量，缩小外形尺寸，节约原材料，降低燃料消耗。实践表明：在一般柴油机上，将进、排气管作适当变动，并调整加大供油量，加装废气涡轮增压器后，可明显增加功率，降低油耗。

（5）燃烧稀混合气

稀混合气可以提高发动机燃料经济性的主要原因是，由于稀混合气中的汽油分子有更多的机会与空气中的氧分子接触，容易燃烧完全，同时混合气越接近于空气循环，绝热指数 K 越大，热效率随之提高；采用稀混合气，由于其燃烧后最高温度降低，使汽缸壁传热损失较少，并使燃烧产物的离解减少，从而提高了热效率。另外，采用稀混合气，由于汽缸内压力、温度低，不易发生爆震，则可以提高压缩比，增大混合气的膨胀比和温度，减少燃烧室残余废气量，因而可以提高燃油的能量利用效率。但若混合气过稀，燃烧速度过于缓慢，等容燃烧速度下降，混合气发热量和分子改变系数减少，指示功减小，但机械损失功变化很小，使机械效率下降；混合气过稀，发动机的工作对混合气分配的均匀性和汽油、空气及废气三者的混合均匀性变得更加敏感，循环变动率增加，个别缸失火的概率增加。

2. 传动系

汽车传动系的挡数、传动比及传动系效率对汽车燃烧经济性都有很大影响。

为了降低汽车的燃料消耗量，不仅希望发动机的有效燃料消耗率的数值尽可能小，而且还希望发动机工作在特性曲线的最佳比油耗区。传动系的传动比（主要是变速器的传动比）影响发动机工作特性曲线与汽车行驶阻力之间的匹配。传动系的传动比应使发动机在经济工况下工作。

（1）变速器挡位数的影响

在一定的行驶条件下，变速器应尽量用较高挡位。例如在良好水平路面上，在某些速度下，既可用最高挡行驶，又可用次高挡行驶，则采用高挡行驶比较省油。因为在相同车速、相同阻力功率的情况下，采用高挡，发动机行驶阻力不变，因此，100km 燃料消耗较小。由此可知，能够用高速挡行驶时，尽量用高挡行驶。但应注意节气门开度不应过大，以避免化油器的加浓装置起作用。

传动系的挡位越多，汽车在运行过程中越有可能选用合适的速比，使发动机处于经济的工作状况，以提高汽车的燃料经济性。因此，近年来轿车手动变速器已基本上采用 5 挡。大型货车有采用更多挡位的趋势，如装载质量为 4t 的五十铃货车，装用了 7 挡变速器。由专职驾驶员驾驶的重型汽车和牵引车，为了改善动力性和燃料经济性，变速器的挡位可多至 10～16 个。但挡位数过多会使变速器结构大为复杂，同时操纵机构也过于烦琐，从而使变速器操作不便，选挡困难。为此常在变速器后接上一个两挡或三挡的副变速器。

如果无级变速器的传动效率与机械式有级变速器同样提高，则采用无级变速器最理想，它可使发动机的工作特性与汽车的行驶工况始终有最佳的匹配。

（2）超速挡的应用

传动系直接挡的总减速比（主减速器速比），是根据良好路面上的功率平衡图及直接挡要求的动力因素来选择的。这样的传动比，在中等车速下，节气门开度仍然不大，发动机的燃料消耗率较高。为了改善良好路面上行驶时的燃料经济性，常不改变主减速器传动比，而在变速器中设一个传动比小于 1 的超速挡。在相同的车速和道路条件下，用超速挡比用直接挡时发动机的转速低，负荷率高，故燃料消耗率下降，因而可降低汽车的 100km 燃料消耗量。

（3）主减速器传动比的影响

主减速器的传动比选择较小时，在相同的道路条件和车速下，也同样使发动机的燃料消耗减小，有利于提高汽车的燃料经济性。但主减速器传动比过小，会导致经常被迫使用低一挡的挡位，最小传动比挡位的利用率降低，反而使燃料消耗量增加。

（4）传动系的机械效率

传动系的效率越高，则传动过程中的功率损失越少，汽车的燃料消耗量也随之减少。

10.3.2　减小汽车行驶中的行驶阻力

汽车行驶过程中,滚动阻力和空气阻力在任何行驶条件下均会产生,因此汽车经常需要消耗功率来克服这些阻力。所以,减小汽车行驶中的滚动阻力和空气阻力,对节约燃料、提高汽车的燃料经济性很有意义。

1. 减小汽车的滚动阻力

汽车的滚动阻力与路面状况、行驶车速、轮胎结构,以及传动系统、润滑油料等都有关系。

（1）路面状况对汽车滚动阻力的影响

我们知道在汽车总重一定的情况下,汽车行驶的滚动阻力主要决定于滚动阻力系数。不同路面的滚动阻力系数相差很大。

汽车在不平的路面上行驶时,经常跳动,引起悬挂装置和轮胎变形的增加,滚动阻力增加。为了节约燃油,一定要修好路面,养好路面。

（2）汽车行驶速度对滚动阻力的影响

行驶车速对轮胎滚动阻力的影响很大,前面已给出了较多的分析。如图 10-5 所示,货车及轿车轮胎在车速 100km/h 以下时,滚动阻力逐渐增加但变化不大;轿车轮胎在 140km/h 以上时滚动阻力增长较快;车速达到某一临界车速,例如 200km/h 左右时,滚动阻力迅速增长,此时轮胎发生驻波现象,从而使滚动阻力显著增加。所以从经济性的角度出发,在使用汽车时,载货汽车的车速最好控制在 100km/h 以下,轿车的车速最好控制在 140km/h 以下。

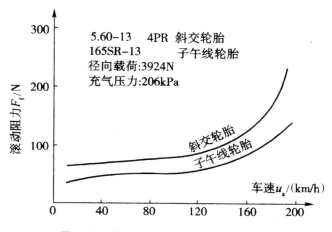

图 10-5　汽车行驶车速对滚动阻力的影响

（3）轮胎气压对滚动阻力的影响

轮胎的充气压力对滚动阻力系数影响很大，气压降低时，滚动阻力系数迅速增大。当汽车在良好的硬路面上以 50km/h 以下的速度行驶时，汽车的滚动阻力占总行驶阻力的 80% 左右。

滚动阻力系数取决于轮胎径向变形量。对于一定规格、层次的轮胎来说，径向变形量的大小主要取决于轮胎承载负荷和胎内气压。气压下降，径向变形量增大，滚动阻力系数增加，油耗增加。如当汽车各轮胎的气压均较标准（各车型规定值）降低 49kPa，就会增加 5% 的油耗；而当轮胎气压低于标准的 5%～20% 时，就会减少 20% 的轮胎行驶里程，相应增加 10% 的油耗。可见，保持轮胎气压在标准范围，是减小滚动阻力、降低油耗的有效措施。

（4）轮胎类型对滚动阻力的影响

轮胎的结构、帘线和橡胶的品种对滚动阻力都有影响。子午线轮胎比斜交胎的滚动阻力系数小。这是因为子午线轮胎的胎线层数比斜交胎的层数少，一般为 4 层，从而层与层之间的摩擦损耗减小。同样层数和规格的轮胎，子午线轮胎接地面积比斜交胎大，接地印痕呈长方形，而斜交胎印痕呈椭圆形，因此斜交胎对地压强小且均匀，轮胎的变形量减小。当轮胎滚动一周时，子午胎与地面相对滑移量小，可多 2% 左右，其耐磨性可提高 50%～70%。研究表明，汽车轮胎滚动阻力减小 4%，油耗可下降 1% 左右。例如人字形花纹轮胎反向使用时，滚动阻力比顺向使用时减少 10%～25%，约可降低油耗 3%～8%。

2. 减小汽车的空气阻力

（1）汽车车身结构与燃油消耗量的关系

空气阻力与汽车车身结构密切相关，它由发动机产生的牵引力来克服。减小空气阻力就可降低发动机消耗的功率，从而降低汽车的耗油量。要减小空气阻力，就必须减小汽车的迎风面积，并使之具有合理的流线型，从而降低空气阻力系数 C_D。另外，还要保持中速行驶。

空气阻力系数 C_D，一般应是雷诺数 Re 的函数，在车速较高、动压力较高而相应气体的黏性摩擦较小时，C_D 将不随 Re 而变化。C_D 将取决于汽车的外形，即汽车的流线型如何。汽车的外形从箱型、甲壳虫型、船型、鱼型到楔型，经过了 5 个发展时期。当今公路上实用汽车的行驶速度已达到 100～150km/h。为了保证较小的空气阻力和可靠的行驶稳定性，降低汽车的油耗，必须改善汽车车身的空气动力性能。

（2）改善汽车车身空气动力性能的措施

为了降低空气阻力，达到节油的目的，轿车的外形必然是在楔型的基础上不断改进的良好的流线型。货车及各类箱式车辆，尤其是大型牵引挂车，为了实用的目的，其巨大的车身一般均为非流线型，要想降低其空气阻力，解决的办法就是广泛使用各种局部的减阻装置。

① 外形设计的合理优化。首先是外形设计的局部优化，车头部棱角圆化可以防止气流分离和降低 C_D 值。图 10-6 所示为美国福特汽车公司对 3∶8 比例的汽车模型进行风洞试验的结果。

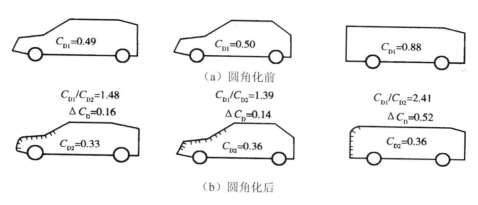

（a）圆角化前

（b）圆角化后

图 10-6　圆角化的影响

试验表明：当圆角半径取 40mm 时，即可防止气流在转角处的分离。轿车模型可使阻力减小 40%～50%；箱式客车模型阻力下降更大。试验还表明：如能使汽车的平均空气阻力减小 2%，所需发动机的功率大约可减少 0.5%；轿车 C_D 值下降 0.2，在公路上行驶可节油 22%，在市内可节油 6%，而在综合循环条件下，约节油 11%。例如 Audi100 轿车试验数据表明，C_D 从 0.42 降到 0.30，在混合循环时，燃料经济性可改善 9%左右，而当以 150km/h 的速度行驶时，燃料经济性改善达 25%。端面带圆角的物体比不带圆角的物体的 C_D 值小得多。同时 C_D 值还与物体的长度有关。只要有较小的圆角半径 r，就可以使 C_D 值大幅度下降。

其次是外形设计的整体优化。局部优化和气动附加装置都可部分地改进空气动力特性，取得良好的效果；但要使空气动力性能有较大的改变，以达到更高的水平，则应进行外形设计的整体优化，也就是将汽车空气动力学的各项研究成果及改进经验系统地应用到整车外形设计中来。

② 采用各种形式的减阻导流罩。导流罩是汽车四大节油装置之一，许多国家都广泛采用。

凸缘型减少空气阻力装置。这种装置装在箱式车身的前部，并包覆其顶边及两侧。安装这种装置后，空气阻力系数可减少 3%～5%。

空气动力筛眼屏板。这种减少空气阻力的装置装在驾驶室顶上，安装这种屏板后，空气阻力系数可减少 3%以上。

导流罩。导流罩也称导流板或导风罩，多为顶装式，即安装在驾驶室顶上。安装导流罩后，空气阻力系数可减少 3%～6%。

间隔封罩。它装在驾驶室和车厢之间，由驾驶室后端延至车厢前端，将驾驶室和车厢间的空隙密封。封罩由柔软的膜布制成，多与其他减少空气阻力的装置共用。安装这种装置后可节约燃油12%。

导流器。轿车的车速较高，容易在汽车尾部形成吸气涡流，为避免这种情况，可以在轿车的尾部加装空气导流器，安装后节油效果明显。

10.3.3　汽车轻量化技术

钢铁材料仍是汽车的主要用材，但其所占的比例呈下降趋势。有色金属和塑料所占的比例上升得最快。直接原因是对汽车轻量化的要求越来越高，而有色金属和塑料本身性能的改善和加工工艺的进步也为其扩大应用创造了条件。其他非金属材料的比例提高也是令人瞩目的。这主要是由于对车辆的舒适性要求逐年提高，装饰更为高级、豪华，各种涂料、皮革、织物等非金属材料的用量越来越多。也正是由于汽车趋向于快速、高级、豪华、舒适、安全，形形色色的附配装置大量使用，使汽车的总质量有了较大的增加。进一步加剧了汽车轻量化的迫切性与难度。汽车材料的这种变化趋势还会继续下去。

1. 汽车轻量化技术

轻量化技术可采用"比铁更轻的金属材料"、"可重复使用的塑料"、"车体和部件的结构更趋合理化的中空型结构"等对策。如，高强度钢板制的车体材料、铝制发动机机体、铝合金飞轮、塑料消声器等的使用已趋普遍。而悬架部件、燃油箱轻量化则刚开始。此外，还有把发动机的凸轮轴和曲轴等旋转部件制成中空化结构，以减轻质量。汽车轻量化，往往是通过这些细小技术的措施来使整体轻量化的。

发动机的质量，除决定于基本尺寸这一因素之外，还受材料的选择和制造技术所制约。使用薄壁铸造技术，用轻合金和塑料等所制造的汽缸体和汽缸套，铝合金制的发动机机体和曲轴，回转部分的中空结构，发动机凸轮轴和曲轴的以塑代钢、以陶代钢，以及采用陶瓷活塞销等，使零部件轻量小型，从而可实现提高功率、节能和燃料费降低的目标。

2. 材料轻量化

（1）各种汽车材料的密度

汽车各种材料的密度有很大差异，因此存在着用轻量化材料替代高密度材料，从而减轻制件的可能性。但是由于材料性能各异，特别是强度和刚性不同，材料间未必能等容积互代，低密度材料往往需要加大制件的尺寸才能等效地替代高密度材料。

（2）现用轻量化材料

汽车轻量化材料具有代表性的有轻金属、高弹力钢、塑料等。在构成材料中，这些材料所占有的比例渐渐增加。根据通用汽车公司的战略，今后将转向使用铝和塑料的轻量化材料。各汽车制造厂和研究所对轻型新材料研究虽十分盛行，但对大批量生产还存在成本平衡问题。在汽车界价格激烈竞争的情况下，轻量化带来的成本提高是不容易得到认可的。实施轻量化，应尽可能降低成本的提高，这是设计者们的目标。

（3）新型轻量化材料

多数新材料是在航空宇宙领域开发过程中产生的，现在汽车上使用的高强度钢，也是在 20 世纪 60 年代火箭开发中成熟起来的，新陶瓷、碳纤维是航天飞机和火箭中必用的材料。现在市场规模小，但在今后如进入成长期，并能迅速批量生产和低价格化时，才可在汽车上得到应用。

3. 轻量化材料减轻汽车质量的潜力

目前汽车的主导材料是钢。钢在汽车材料中的主导地位已受到密度较小的塑料和铝的竞争。主要领域仍限于轿车车身，而不是动力和传动系统，这是因为后者所包含的零部件大多是高应力件，所用钢种是高强度的中碳钢或合金中碳钢，往往运用热处理以及渗碳等化学热处理增强工艺。但车身应用低强度的低碳钢，因而其地位受到塑料和铝的挑战。

轿车质量的很大份额是车身壳体及车门、发动机罩、行李舱盖板、前后保险杠，以及汽油箱、座椅等薄板附件。现代汽车前后保险杠已基本实现了塑料代钢，汽油箱大体上也已被塑料占领，其他附件正处在激烈竞争状态。行李舱盖板和发动机罩等水平零部件是塑料和铝的发展热点。

传统的轿车车身是一种薄壳体，所用钢板已经很薄。由于钢的密度远远超过铝和塑料，因此从竞争角度还需继续减薄和降低质量。车身用钢的发展方向一是提高强度，二是提高延性，三是提高抗蚀性，还要在采用这些新材料的基础上，改善结构设计和制造成型技术。

不同种类的汽车对材料的需求是不同的，一般来说，轿车用铸铁和铸钢件较少，大多被铸铝件取代，相对来说轿车使用有色金属是比较多的。汽车所用的材料，由于节省能源、节省资源、轻量化的需要而有所变化，新材料相继被推出、应用。

10.3.4　汽车使用节能技术

1. 汽车驾驶与节油

汽车节油驾驶是整个汽车驾驶操作技能的主要组成，因为节省燃油会有直接的经济效益。熟练地掌握和运用这项操作技能驾驶汽车，一般可节油 2%～12%。

要实现节油驾驶操作，首先要掌握基本的汽车驾驶操作规范，并做好车辆维护，包括针对节油要求的各项调整维修，发现故障及时维修，确保汽车处于完好的技术状况，不带病行车。还必须坚决改掉不符合规范的费油操作习惯，然后根据具体车况、路况灵活运用各种节油操作技能，就会有效地得到良好的节油效果。

由于各种汽车的结构、性能有所不同，驾驶员还应随时随地按照所驾驶车辆的使用说明书中的要求操纵车辆，既能保证顺利地行车，也能做好节油驾驶。

2. 发动机启动与升温

发动机的启动，一般分为常温启动、冷启动和热启动三种。当大气温度或发动机温度高于 5℃时，启动发动机不需要采取辅助措施，这种操作称为常温启动。大气温度或发动机温度低于 5℃时，启动发动机称为冷启动。发动机温度在 40℃以上启动发动机称为热启动。

（1）发动机的常温启动

发动机常温启动的操作要领是：轻踩加速踏板，尽可能做到一次启动成功，启动后保持发动机低中速运转。试验表明：升温转速过低，升温时间加长，油耗增加；升温转速过高，油耗也增加，还会增加机件磨损。当发动机水温升到 40℃时，尽快转到怠速运转和准备起步。

（2）发动机的冷启动

我国北方地区寒冷的 1 月平均气温达-20℃以下，西北、东北及高原严寒地区最低温度达-30℃～-40℃。低温对汽车行驶的影响：首先是发动机的冷启动，如果不采取必要的冷启动措施，不但发动机启动困难，而且启动油耗增加和发动机磨损增大。

低温冷启动汽油发动机的主要困难有三项：①低温下机油黏度变大，曲轴旋转阻力矩增大，发动机启动转速降低，汽缸内气流扰动作用变差，燃料与空气混合不均匀；②随着温度降低，汽油的挥发性显著下降，黏度和相对密度增大、流动性变差，雾化不良，相当一部分汽油以液态进入汽缸，造成混合气过稀；③低温下蓄电池电解液黏度增大，向极板渗透能力下降，内阻增大，电瓶端电压下降，输出功率减少，以致启动机无力拖动发动机旋转或不能达到最低的启动转速。火花塞跳火能量也变小，不能点燃混合气。

在寒冷地区的汽车，发动机冷启动的措施首先是采用低温黏度的机油；还应预热进气系统，以提高发动机进气温度，改善燃油雾化；加热汽缸体水套，以提高汽缸内温度，改善燃烧过程。在严寒地区应采用电瓶加热保温箱，防止电瓶电解液温度过低而导致输出功率过低，并保证向电瓶正常充电；对进气系统应喷入启动汽油（柴油机为启动液）以改善混合气质量等。

目前在发动机汽缸体中已普遍灌注乙二醇型冷却液。结合采用、各低温黏度机油和发动机的预加热装置等，是冬季启动发动机节省燃油的有效措施。

（3）发动机的热启动

汽车在行驶过程中经常有临时停车后重新启动发动机的情况，由于这时发动机水温较高，称为发动机的热启动。热启动时应轻踩加速踏板，做到一次顺利启动，如果重踩加速踏板启动发动机，反而费油。

在发动机启动升温时，为了节省燃油，应该待发动机水温升到40℃以上才起步行驶。由于起步水温低时，燃油雾化不良、发动机不能正常工作，加之机油黏度较大，摩擦损失功率增加，都会增加油耗。

3. 汽车起步加速

汽车起步加速要求做到发动机既不熄火又能省油，关键在于正确掌握抬离合器踏板和踩加速踏板的要领。

汽车平路起步时，左脚完全踩下离合器踏板，将变速杆置于低挡位置，左手握转向盘，右手放松驻车制动器操纵杆，当左脚抬离合器踏板时，这个操作应分两个阶段，前一阶段动作适当快一些，待传动机件稍有振抖，发动机声音略有变化，即离合器与飞轮刚接合时，抬离合器踏板的动作（后一阶段）在这一位置稍作短暂停留，同时，右脚轻轻踩下加速踏板，左脚再缓慢抬起离合器踏板，使车辆平稳起步。

右脚踩下加速踏板的限度，可以听发动机的声音，以声音增高较柔和为宜。如果加速踏板踩下过猛，发动机会出现发"闷"的吼声，说明加速过量，应稍抬踏板，防止发动机短期内出现高负荷，引起车辆加速过快向前冲。如果加速踏板踩下不够，会感到车辆动力不足，应适当踩下踏板。如果加速踏板踩得不够而离合器踏板抬起过猛，会使发动机熄火，只能重新起步，以上三种操作都会增加油耗，关于踩加速踏板对提速和油耗的关系，一般来说踩加速踏板轻（缓加速）时，油耗较少但提速慢；踩加速踏板重（稍重）时，提速较快但费油。

汽车在坡道上起步时也要平稳起步，必须做到操纵驻车制动、离合器踏板和加速踏板的动作相互配合得当，即右手握住驻车制动操纵杆，右脚轻踩加速踏板，使发动机转速提高到中等程度，这时抬离合器踏板到半接合状态，当听到发动机声音发生变化时缓缓放松驻车制动，同时逐渐踩下加速踏板和慢抬离合器踏板，做到平稳起步。如果脚手操作配合不当会使汽车倒退，发动机熄火，必将增加油耗。

汽车起步加速时还要做好初始挡位的选择，因为汽车起步要克服车辆的静止惯性，需要有较大的驱动力，由于发动机提供的转矩不能直接满足汽车起步的需要，就要通过在汽车变速器上选择一挡、二挡位置的减速增扭作用，可加大车轮的驱动转矩，达到提高汽车起步的驱动力的目的。

汽车满载以及空载在坚实平坦的路面上可用二挡起步，既能满足汽车起步加速的动力要求，又能有效地节约燃油。当汽车起步阻力很大时，如在坑洼土路和泥泞道路，以及拖带挂车和半挂车满载起步时才采用一挡起步。

4. 汽车行驶

汽车行驶过程中，随着道路状况、交通流量等具体情况的变化需要更换变速器的挡位，使驱动车轮获得所需的牵引力，以克服变化的行驶阻力，这就面临挡位选择及换挡时机的问题。

一般的变速器有四五个前进挡位和一个倒挡，其中一挡、二挡为低速挡，它的传动比大，减速增扭作用显著，主要用于汽车起步、爬陡坡等要求牵引力大的工况，但油耗大，不宜长时间使用。三挡为中速挡，是汽车由低速到高速或由高速到低速的过渡挡位，还适用于转急弯、窄路、窄桥会车和通过困难路段等工况，车速稍快，但油耗较大，仍不宜长距离行驶。四挡、五挡为高速挡，由于传动比小或直接传动，所以传递到驱动轮上的转矩较小，但车速快，是汽车在良好路面上行驶的常用挡位。

（1）汽车行驶时的换挡

汽车行驶时应及时换挡，它对油耗的影响很大。及时换挡一般有以下几方面的内容。

① 汽车在平原或丘陵地带低挡起步后，在道路和交通条件良好、车速不受限制情况下，应及时逐级加挡，换入高速挡行驶，不仅可提高车速，而且节省油耗。

② 汽车在坡道行驶能用相邻较高一挡时，应及时换入较高的挡位，但换入高一挡位后行驶距离很短或车速难以升起，则应及时减挡，仍用相邻较低一级的挡位行驶。

③ 汽车在陡坡行驶，如坡道不长、交通条件允许，并用高速挡能够冲上坡顶的情况下，不需减挡爬坡，尤其是柴油车在坡道上能以较高车速通过。对于较长坡道或较大陡坡道，汽车用高速挡不能爬过时，"高挡不硬撑"，应及时逐级减挡，不要等汽车惯性消失才换挡，否则等于汽车在陡坡上重新起步，将增加油耗。

（2）汽车行驶中掌握好换挡时机

汽车及时换挡除了选用合适挡位外，关键是掌握好换挡时机，对节油十分重要。换挡时机一般用换挡时的车速来表示，可用距离或时间来表示。试验表明：汽车在平路上行驶必须按最佳的换挡时机自低速挡依顺序换入高速挡，超前或滞后换挡都会费油。

由于各种车型的结构不同，最佳换挡车速和距离也不同，甚至同一类型的汽车也不尽相同。具体到某一车辆就需要驾驶员自己摸索，才能逐步掌握好最佳换挡时机。

（3）汽车行驶中的换挡操作

汽车在坡道上的减挡操作相对于在平路上的换挡操作要突出一些。减挡过早指汽车在坡道速度下降很少，甚至没有下降，还不到换挡时机就换到低一级挡位行驶致不能充分利用汽车惯性来克服行驶阻力，反而抑制惯性，增加阻力，造成油耗增加。减挡过迟一般是指汽车在坡道上速度下降到该减挡的时刻而没有及时减挡，推迟了换挡时机。由此可知，汽车上坡减挡的关键是既要利用汽车惯性，又不可使汽车惯性过多消失，才能做到节约燃油。

一脚离合器换挡的加挡程序是：当车辆需要提高车速而增高一级挡位时（加挡），迅速抬加速踏板，同时踩下离合器踏板，将变速杆从原挡挂入空挡稍作停顿再挂入高挡，快抬离合器踏板和踩加速踏板使汽车继续行驶。减挡程序是：当车辆受到交通环境变化和坡道行驶使车速降低，以及道路阻力增大需要减低一级挡位时，可稍抬加速踏板，同时踩下离合器踏板，将变速杆摘下后迅速挂入低挡，快抬离合器踏板和踩加速踏板使汽车继续行驶。以上操作程序可以简化：

① 抬加速踏板（减挡时稍抬），同时踩下离合器踏板。

② 将变速杆从原挡摘下，并迅速挂入新挡位（加挡时稍缓）。

③ 抬起离合器踏板和踩加速踏板行车。

汽车行驶过程运用一脚离合器换挡时，操作必须熟练、准确、敏捷，需要逐步领会和掌握，如果操作不当会造成同步器早期磨损。还要根据不同车型、不同挡位采用。对需要减速换用一挡时，采用两脚离合器换挡操作较为可靠。

（4）汽车行驶速度的合理选择

控制汽车行驶速度除了确保安全地完成生产任务外，也是为了节约汽车燃油和降低运输成本。合理地选择安全和节油的车速是驾驶员节油驾驶操作中最为主要的环节。

汽车行驶过程的燃油消耗，不仅取决于发动机的单位燃油消耗，还取决于汽车克服行驶阻力所需的功率。当车速低时，克服行驶阻力所需功率较小；但发动机负荷低而比油耗上升，导致油耗增加；当车速高时，发动机负荷高而比油耗下降，但车速提高克服行驶阻力所需的功率较大，超过了发动机比油耗下降的作用，也会使油耗增加，所以汽车速度较低和较高都增加油耗，只有在中间某一速度时油耗最低，这个车速称为经济车速。汽车在每个挡位行驶时，都有一个对应的油耗最低车速，这就是各挡位的经济车速。

根据国家标准测定汽车在平坦的水泥、沥青路面上，用最高挡等速行驶，油耗特性曲线中最低燃料消耗量对应的车速称为技术经济车速。技术经济车速仅仅是评定汽车燃料经济性的一项指标。汽车在完成客货运输生产时必须服从运输任务的要求和适应各种主、客观条件，以此运用相应的最低油耗或较低的行车速度，做到既能较好地完成运输任务，又能节约燃油，这种行车速度称为运行经济车速。它可以通过公路行驶实地测试求得，也就是汽车使用说明书提供的该车满载、最高挡和一定的运行条件下的经济车速；但是这个运行经济车速只是一个车速点，经验丰富的驾驶员也不可能将车速长期稳定在某个点上。为了便于做好节油驾驶操作，将经济车速前后及油耗比较低的车速划为一组，称为运行经济车速范围，具有实用意义。在一般的情况下，汽车在整个运行过程中使用最高挡位行驶在良好公路上的总行程和总油耗所占的比例相当大（70%～90%），所以用上述最高挡位车速作为汽车的运行经济车速。对于其他挡位、低级公路和山区公路的运行经济车速也可通过测试得出。

汽车在公路上行驶时，驾驶员为了节约燃油，应该根据当时的道路和路面状况、交通流量、气候风向、车辆载重等不同工况随时调整加速踏板，尽可能保持在运行经济车速范围内运行,更应尽量避免不必要的高速行车而使油耗剧增。一般来说,汽车在良好的交通条件下行驶,用最高挡和运行经济车速范围的下限行驶;当汽车行驶阻力增大,以及交通繁杂,不能用最高挡行驶时,应及时换入低挡并保持在该低挡的经济车速范围内行驶。驾驶员在生产实践中积累经验,便能做到灵活地运用好运行经济车速,创造出优良的节油效益。

复习思考题

1. 汽车燃油经济性的评价指标有几种?各有何优缺点?
2. 什么是等速百千米燃油消耗量?
3. 什么是比燃料消耗量?它与等速百千米燃油消耗量有何区别?
4. 写出汽车燃料消耗量的计算公式,说明燃料消耗量的影响因素。
5. 用高挡行驶为什么会省油?
6. 变速器设置超速挡有何作用?
7. 分析汽车拖挂省油的原因。

第 11 章　汽车的制动性

汽车的制动性能是汽车的主要性能之一。制动性能直接关系到汽车的行车安全，重大交通事故往往与制动距离太长、紧急制动时发生侧滑等情况有关，因此汽车的制动性能是汽车行驶的重要保障，也是汽车制造厂、使用者、汽车维修和管理人员关心的重要性能之一。

11.1　制动时车轮的受力分析

汽车制动的目的是使汽车从一定的车速制动到较低的速度或直至停车，以保障汽车安全行驶。为此，就必须使汽车受到一个与行驶方向相反的外力的作用。这个外力只能由空气和路面提供。汽车行驶时受到了空气阻力和滚动阻力等路面阻力的作用，但是，汽车行驶时的空气阻力和路面阻力是随机的、不可控的，虽然作用在汽车上的这些阻力能起到制动作用，可用于制动却显然太小，靠它们实现不了制动的目的。因此，还必须由路面提供汽车制动所需的阻力，这个阻力便称之为地面制动力。为在地面生成制动力，就在汽车上设置了制动装置，以确保地面能生成汽车制动时所需要的制动。

下面分析一个车轮在制动时的受力状况，以说明影响汽车地面制动力的主要因素。

11.1.1　地面制动力

图 12-1 画出了在良好的硬路面上制动时车轮的受力情况。图中滚动阻力偶矩和减速时的惯性力、惯性力偶矩均忽略不计。T_μ 是车轮制动器中摩擦片与制动鼓（盘）相对滑转时的摩擦力矩，单位为 N·m；F_{xb} 是地面制动力，单位为 N；W 为车轮垂直载荷、F_p 为车轴对车轮的推力、F_z 为地面对车轮的法向反作用力，它们的单位均为 N。

显然，从力矩平衡得到：

$$F_{xb} = \frac{T_\mu}{r} \tag{11-1}$$

式中，r——车轮半径（m）。

地面制动力由车轮经车桥和悬架传给车架及车身，迫使整部汽车产生一定的减速度。显然，地面制动力越大，汽车制动减速度也越大。

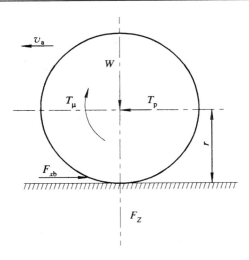

图 11-1　车轮在制动时的受力分析

11.1.2　制动器制动力

汽车制动时，车轮制动器的摩擦力矩 T_μ 通过车轮传给路面的周缘力称为制动器制动力 F_μ。制动器制动力是相当于把汽车架离地面促动制动装置后，在车轮周缘沿切线方向推动车轮直至车轮能转动所需的力，显然：

$$F_\mu = \frac{T_\mu}{r} \tag{11-2}$$

式中：T_μ——制动器的摩擦力矩（N·m）；

　　　r——车轮半径（m）。

由式（11-2）可知，制动器制动力仅取决于制动器的结构参数，即取决于制动器的形式、结构尺寸、制动器摩擦副的摩擦系数以及车轮半径。

11.1.3　地面附着力

制动器制动力是生成路面制动力的源泉。因此，在汽车制动时，地面制动力的大小首先取决于制动器制动力，只有足够的制动器制动力才能产生足够的地面制动力。但是，地面制动力又是车轮与路面间滑动摩擦的约束反力，受车轮与路面间的摩擦条件制约，其最大值受车轮与路面间的摩擦力的限制。

由于车轮与路面间摩擦的特殊性、复杂性，汽车工程将车轮与路面间的摩擦条件称为附着条件，将其间的摩擦力称为附着力 F_φ，将其间的摩擦系数称为附着系数 φ。这样，地面制动力既取决于制动器制动力，又受地面附着力的制约，其间有如图 11-2 所示的关系。

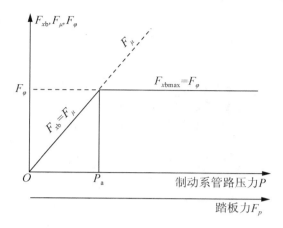

图 11-2　汽车制动过程中地面制动力、制动器制动力和地面附着力间的关系

从图 11-2 可见，当制动系管路压力或制动踏板力较小，未达到某一限值时，制动器摩擦力矩不大，地面制动力足以克服制动器摩擦力矩推动车轮滚动。此时地面制动力就等于制动器制动力，并随制动系管路压力（制动器制动力）的增长成正比地增大，直至某一限值，地面制动力便不再随制动管路压力继续增加，而达最大值，制动器制动力却随制动管路压力继续增大。这是由于地面附着力制约了地面制动力的继续增大。地面附着力便成了地面制动力的极限，地面制动力 F_{xb} 不可能大于地面附着力 F_φ，即

$$F_{xb} \leqslant F_\varphi = F_z \varphi \tag{11-3}$$

最大地面制动力　　　　　　　$$F_{xbmax} = F_z \varphi \tag{11-4}$$

地面制动力达最大值，即等于地面附着力时，车轮将"抱死"停转而拖滑。此时若要继续提高路面制动力以使汽车具有更大的制动能力，就只有靠改善车轮与路面间的附着条件，提高附着系数了。

11.1.4　硬路面上的附着系数

汽车制动过程中，地面附着系数不是固定不变的，不是常数，而是随制动车轮的运动状况变化，即与车轮的滑动程度有关。制动时车轮的滑动状况常用滑移率 S 表征。滑移率 S 定义为汽车速度与车轮速度之差对汽车速度之百分比，表示制动过程中滑动成分的多少。其值可按下式计算：

$$S = \frac{v - \omega r}{v} \times 100\% \tag{11-5}$$

式中：v——汽车速度（m/s）；

　　　ω——车轮转速（rad/s）；

　　　r——车轮滚动半径（m）。

　　通过观察胎面留在地面上的印痕，可以发现车轮的运动状况变化是从车轮滚动到边滚边滑，再到抱死拖滑一个渐变的连续过程。图 11-3 是汽车制动过程中逐渐增大踏板力时轮胎留在地面上的印痕，印痕基本上可分三段。

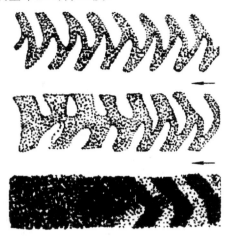

图 11-3　制动时轮胎在地面上的印痕

　　第一段内，印痕的形状与轮胎胎面花纹基本上一致，车轮还接近于单纯的滚动，可以认为：

$$v = r\omega \tag{11-6}$$

　　第二段内，轮胎花纹的印痕可以辨别出来，但花纹逐渐模糊，轮胎不只是单纯的滚动，胎面与地面发生一定程度的相对滑动，即车轮处于边滚边滑的状态，此时：

$$v > r\omega \tag{11-7}$$

且随着制动强度的增加，滑动成分的比例越来越大。

　　第三段内，形成一条粗黑的印痕，看不出花纹的印痕，车轮被制动器抱住，在路面上作完全的拖滑，此时

$$\omega = 0 \tag{11-8}$$

　　从这三段的变化情况可以看出，随着制动强度的增加，车轮滚动成分越来越少，而滑动成分越来越多。

　　因此，根据定义，在纯滚动时，$v = r\omega$，滑动率 $S = 0$；在纯拖滑时，$\omega = 0$，$S = 100\%$；边滚边滑时，$0 < S < 100\%$。所以，滑动率的数值说明了车轮运动中滑动成分所占的比例。滑动率越大，滑动成分越多。

　　实验证明，当车轮在路面上滑动时，车轮与路面间的附着系数 φ 与滑移率 S 有如图 11-4 所示的关系。图中 φ_B 为沿车轮旋转平面方向的附着系数，称为纵向附着系数，即通常所说的附着系数。φ_S 为垂直于车轮旋转平面方向的附着系数，称为横向附着系数。从图可见，

附着系数随滑移率 S 的增大近似直线上升，达最大值后，便随滑移率 S 继续增大逐渐减小。这是由于车轮与路面间的滑动摩擦系数小于静摩擦系数，因此地面附着系数在达到最大值后就逐渐降低。

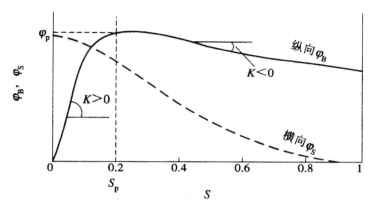

图 11-4　附着系数随滑动率变化的关系

附着系数的最大值称为峰值附着系数 φ_p，对应的滑移率称为峰值滑移率 S_p，$S_p=15\%\sim20\%$。在峰值滑移率左边，虽然有一定的滑移率，但车轮并没有同路面发生真正的相对滑动。滑移率大于零的原因是轮胎的滚动半径变大。当出现路面制动力时，轮胎前面即将与路面接触的胎面受到拉伸而伸长，轮胎滚动半径与路面制动力成正比增大，直至峰值滑移率后，轮胎接地面积中才出现局部的相对滑移。

在峰值滑移率 S_p 的左边，地面附着力能跟随汽车制动力矩的增加，提供足够的路面制动力（矩），而这时的横向附着系数 φ_S 也较大，具有足够的抗侧滑能力，故一般称峰值滑移率 φ_p 的左边为制动稳定区。

在峰值滑移率 S_p 的右边，附着系数 φ 随滑移率 S 的增大而减小，即随着车轮制动器摩擦力矩的继续增大，地面制动力反而在逐渐减小。制动器摩擦力矩与路面制动力差值的急剧扩大，就使车轮迅速减速而趋向"抱死"停转，发生拖滑。从峰值滑移率 S_p 增长到 100% 滑移率的这一过程几乎是瞬间完成的，仅需 0.1s 左右的时间。在滑移率达到 100% 时，纵向附着系数 φ_B 大约降低 1/3～1/4。横向附着系数却按图 11-4 中的虚线趋势递减而接近于零。从而，不但降低了汽车的制动效果，还使汽车丧失了抗侧滑的能力。因此，称峰值滑移率右边的这一区域为制动不稳定区。

附着系数的数值主要取决于道路的材料、路面的状况、轮胎结构、胎面花纹、轮胎材料和汽车行驶的速度等因素。

图 11-5 表示不同路面状况对附着系数的影响。从图可见，路面虽然不同，附着系数与滑移率的特性是一致的，只是附着系数的数值不同而已。

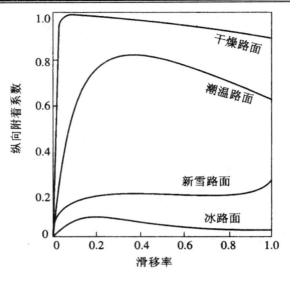

图 11-5　不同路面附着系数与滑移率

　　轮胎对附着系数有重要的影响，胎面花纹影响轮胎的"抓地"能力、排水能力。增大轮胎与其地面的接触面积会提高附着性能，因此低气压、宽断面的轮胎和子午线轮胎的附着系数就较一般轮胎高。轮胎的磨损会影响轮胎的附着能力，轮胎的附着系数将随胎面花纹深度的减低显著下降。图 11-6 显示了胎面花纹深度对附着系数的影响。

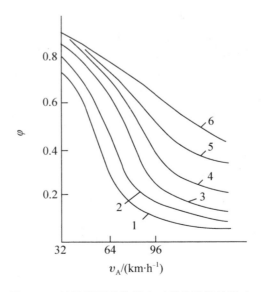

图 11-6　轮胎胎面花纹深度对附着系数的影响

汽车的行驶速度对附着系数的影响也较大。行驶速度越高，附着系数就越低。图 11-7 显示了载货汽车行驶速度与附着系数的关系。

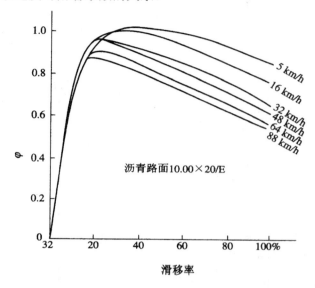

图 11-7　汽车行驶速度与附着系数的关系

11.2　汽车制动性能的评价

汽车制动性是指汽车行驶时，能在短距离内停车且维持行驶方向稳定和下长坡时能维持较低车速的能力。汽车制动性能主要从制动效能、制动抗热衰退性和制动时汽车的方向稳定性三个方面来评价。

11.2.1　汽车的制动效能

制动效能是指汽车迅速降低行驶速度直至停车的能力，是制动性能中最基本的评价指标。它是由制动力、制动减速度、制动距离等参数来评定。GB 7258—2004《机动车运行安全技术条件》规定，用制动距离法、制动减速度或制动力法三者之一，来评价汽车的制动效能。

1. 制动距离法

各国对制动距离的定义不一致，在我国安全法规中，是指在指定的道路条件下，机动车在规定的初速度下急踩制动时，从脚接触制动踏板（或手触动制动手柄）时起至车辆停住时止车辆驶过的距离（见 GB 7258—2004）。制动距离的长短直观地体现了汽车制动效能的高低，是表征汽车制动性最基本的特性参数。

为便于理解，用图 11-8 所示的制动减速度 j 与制动时间 t 的关系曲线来分析制动全过程。

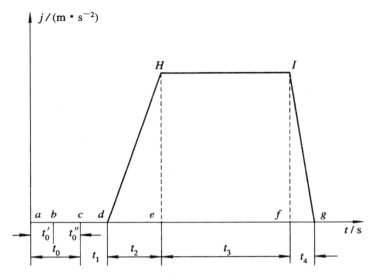

图 11-8　制动减速度与制动时间的关系曲线

汽车获取制动效果基本上要经历这样几个阶段：驾驶员得到制动信息、发出制动指令；制动器起作用产生制动力、地面生成制动力、出现减速度；汽车稳定减速；解除制动，彻底释放制动力。下面进行具体说明。

t_0 为驾驶员反应时间，是从出现危险信号开始，到驾驶员的脚刚接触制动踏板为止所经历的时间。在该时间内，汽车以 u_0 的初速度作等速运动。一般 t_0 为 0.3～1s。

t_1 为制动系响应时间，是从驾驶员刚踩着制动踏板到汽车出现制动减速度为止所经历的时间。它用以克服制动系机械传动部分的间隙，克服制动踏板的自由行程，气压或液压沿管路传递，克服制动蹄片与制动鼓（盘）的间隙等。一般液压制动系的响应时间为 0.015～0.03s，气压制动系为 0.05～0.06s。在 t_1 时间内，汽车的减速度为零，作等速运动。

t_2 为制动力由零增加至稳定值，制动减速度由零增至稳定值所经历的时间。每辆在用车的稳定制动减速度值各不相同。液压制动系为 0.15～0.3s，气压制动系为 0.3～0.8s。

常将 $t_1 + t_2$ 称为制动系的协调时间，一般在 0.2～0.9s 之间。其长短主要取决于制动器的结构形式和驾驶员踩踏板的速度。

制动力、制动减速度达最大值后，其值基本不变，称为持续制动过程。t_3 称为稳定减速度持续制动时间。

t_4 是从开始放松制动踏板的瞬时起，到制动力完全消除所经历的时间，称为制动解除时间，一般为 0.2～1s 之间。该段时间对制动过程没有影响，但时间过长，会延迟随后起步行驶的时间。

根据定义，制动系的协调时间内，汽车驶过的距离 S_1 可按下式计算：

$$S_1 = \frac{t_1 + t_2}{2u_0} \qquad (11\text{-}9)$$

式中：t_1——制动系响应时间（s）；

t_2——制动力由零增加至稳定值，制动减速度由零增至稳定值所经历的时间（s）；

u_0——制动初速度（m/s）。

持续制动阶段汽车驶过的距离 S_2 为：

$$S_2 = \frac{u_0^2}{2j} \qquad (11\text{-}10)$$

式中：u_0——制动初速度（m/s）；

j——制动减速度（m/s²）。

$$j = \frac{F_{\mu max}}{G/g} \qquad (11\text{-}11)$$

式中：$F_{\mu max}$——制动器最大制动力（N）；

G——汽车重力（N）；

g——重力加速度（m/s²）。

汽车制动时，若制动器的最大制动力 $F_{\mu max}$ 尚未达到或不能达到路面附着力 F_φ，且在制动过程是恒定不变的，则汽车在持续制动阶段内驶过的距离为：

$$S_2 = \frac{u_0^2 G}{2F_{\mu max} g} \qquad (11\text{-}12)$$

若在持续制动阶段内制动器的最大制动力达到或超过路面附着力，且最大制动力稳定不变，则此时的汽车制动减速度达最大值，$j = \varphi g$。汽车驶过的距离为：

$$S_2 = \frac{u_0^2}{2\varphi g} \qquad (11\text{-}13)$$

因此，汽车在制动两阶段内驶过距离的和便是制动距离 S，即：

$$S = S_1 + S_2 = \left(t_1 + \frac{t_2}{2}\right) u_0 + \frac{u_0^2}{2j} \qquad (11\text{-}14)$$

从上式可见，决定汽车制动距离的主要因素是：制动系协调时间、制动器的最大制动力。汽车行驶速度与制动距离是平方的关系，其对制动距离的影响尤为显著，但车速是由驾驶员控制的，是与制动系结构无关的汽车运行参数。

真正使汽车减速停车的是持续制动时间。但制动系协调时间对制动距离的影响不容忽视。例如，一辆汽车在良好的硬路面上，以 30km/h 速度制动到停车的距离为 5.7m。若设制动系协调时间为 0.2s，则在 0.2s 内汽车驶过的距离为 1.25m，占总制动距离 22%左右。若制动系协调时间为 0.6s，则相应的行驶距离延长到 3.75m，总制动距离增加到 8.18m，就已超出有关交通法规的容许值了。

制动系协调时间、制动器最大制动力均取决于制动系的结构形式和结构参数。改进制动系结构，减少制动系协调时间，是缩短制动距离的有效措施。例如，早年的"红旗"CA770轿车制动系由真空助力改为压缩空气助力（气顶油）后，以 30km/h 车速的制动试验表明，制动距离缩短了 32%，制动时间减少了 31.6%，最大制动减速度提高 3.6%。虽然试验未单独列出制动系协调时间的变化，但由于最大减速度提高不多，说明持续制动时间缩短不多，因此可以认为缩短制动距离主要是制动系协调时间减少的结果。

2. 制动减速度法

制动减速度的大小是汽车降低行驶速度能力强弱的量化体现。制动减速度按测试、取值和计算的方法不同，可分为制动稳定减速度和充分发出的平均减速度。

众所周知，汽车制动过程中减速度不是固定不变的，不是常量而是变量。通常都是用制动减速度的均值，即平均制动减速度来表征汽车的制动性。

（1）制动稳定减速度 j_a（m/s²）

用制动减速度仪测取的制动减速度随时间的变化曲线，取其最大稳定值为制动稳定减速度，用 j_a 表示。

一般认为制动到抱死状态，具有最大的地面制动力，因而产生最大制动减速度。这时车轮在路面上拖滑，在路面上留下黑色的印痕。

在平直路面上，当所有车轮都抱死时，汽车的地面制动力为：

$$F_{xbmax} = \sum Z \varphi = G \varphi \tag{11-15}$$

制动时的空气阻力 F_w 相对于 F_{xbmax} 较小，可忽略不计。按牛顿第二定律有 $G\varphi = Gj_a/g$，故

$$j_a = g\varphi \tag{11-16}$$

上式表明：制动到所有车轮都处于抱死状态时，所能达到的制动稳定减速度和车轮与路面的附着系数 φ 成正比，比例系数为重力加速度，与汽车的总质量无关。

（2）充分发出的平均减速度 $MFDD$（m/s²）

充分发出的平均减速度是在车辆制动试验中用速度计测得了制动距离和速度的情况下，从 u_b 到 u_e 速度间车辆驶过的距离。根据下列公式计算平均减速度：

$$MFDD = \frac{u_b^2 - u_e^2}{25.92(S_e - S_b)} \tag{11-17}$$

式中：u_b——0.8u_0 车辆的速度（km/h）；

u_e——0.1u_0 车辆的速度（km/h）；

S_b——在初速度 u_0 和 u_b 之间车辆驶过的距离（m）；

S_e——在初速度 u_0 和 u_e 之间车辆驶过的距离（m）。

上式中的速度和距离应采用速度精度为 ±1% 的仪器进行测量。MFDD 的精度应在 ±3% 以内。实际上也可以认为充分发出的平均减速度是采样时段的平均加速度，即为：

$$MFDD = \frac{u_b - u_e}{3.6 t_{be}} \tag{11-18}$$

式中，t_{be}（s）为机动车速度由 u_b 降低至 u_e 所花的时间，u_b 和 u_e 与标准 MFDD 中 u_b 和 u_e 的定义相同。

充分发出的平均减速度不受测试时车辆倾角的影响，能较准确地反映车辆的制动减速特性。

一般将制动减速度控制在 $j < (0.4 \sim 0.5)g$，点制动时 $j = 0.2g$。当 $j = (0.7 \sim 0.9)g$ 时，将有害于乘客或货物的安全。因此应在保证行车安全的前提下，尽量避免紧急制动。

该方法对车辆检测的初速度要求不很严格，容易操作。

3. 制动力法

制动力是制动过程的基本输出参数。制动力的变化特性表征了减速度的变化特性，间接地反映了制动距离的变化。因此，制动力既可用于评定汽车的制动效能，也可用以评定汽车制动时的方向稳定性。评定汽车的制动效能用各轮制动力的总和值，评定制动时的方向稳定性用同轴左右轮的制动力差。

制动力可以采用试验台的方法检验。其中，在用车按空载的要求检验，出厂新车按满载的要求检验。这里的满载，并不是指货厢内一定要装载，而是说各轮制动器制动力的总和应不小于满载总质量的 50%；主要承载轴（4×2 货车为后轴）制动力之和不小于满载该轴载荷的 50%。在用车各轮制动器制动力总和不小于汽车空载质量的 60%；主要承载轴左、右制动力之和不小于空轴轴荷的 60%。因此，按满载检验要求较高。

为了较全面地检验车辆的制动性能，用制动力作为单独的检验指标时，在规定了制动力的大小、制动力的合理分配及平衡制动力平衡性的同时，还要规定制动协调时间。

由于制动器制动力是指紧急制动中，制动鼓与制动蹄发生滑摩时，在轮胎周缘上施加的切向力。因此，制动力测试过程中轮胎与滚筒之间不能打滑，以免影响制动力的测试结果。

用制动力这一参数检验车辆的制动性能时，因用测力试验台测试，所以，主要反映制动系统对整车制动性能的影响，而反映不出制动系以外的因素（例如，钢板弹簧的刚度不同等）对整车制动性能的影响。

安全条件规定：用制动距离法、制动力法、制动减速度法三者之一检验合格，即认为汽车的制动效能合格。当车辆经台架检验后对其制动性能有质疑时，可用规定的路试检验进行复检，并以满载路试的检验结果为准。

4. 改善制动效能的措施

改善制动效能主要从增大制动器制动力和缩短制动协调时间两个方面着手。

（1）增大制动器制动力

增大制动蹄与制动鼓接合面积，采用制动蹄摩擦面圆弧半径稍大于制动鼓内径及合理调整蹄、鼓间隙的办法可以达到这一要求；应保持摩擦表面的摩擦系数；必要时重新调整制动控制阀的平衡弹簧，加大预紧力，使制动气室的气压和储气筒的气压接近，以增大制动蹄对制动鼓的压紧力。

（2）缩短制动协调时间

减少制动系机械零部件间的旷量；适当减少制动踏板的自由行程；保持制动管路畅通和气、液路系统的密封；适当缩小蹄鼓间隙。

11.2.2　制动效能的恒定性

制动效能的恒定性是指汽车抗制动效能下降的能力。汽车制动系在不同的使用环境下，制动效能会发生变化，会衰退、降低。根据导致制动效能衰退的原因，可将制动效能的衰退现象分为热衰退和水衰退。

1. 制动效能的热衰退

热衰退是指由于摩擦热的影响使制动器摩擦材料的摩擦系数下降，导致制动效能暂时降低的现象。热衰退是目前制动器不可避免的现象，只是有程度的差别。制动器热衰退程度用热衰退率评价。在产生相同制动力的条件下，制动器冷状态下所需的操纵力（制动系统压力）与热状态下所需的操纵力之比称为热衰退率。

从能量观点看，汽车的制动过程是将汽车的机械能（动能和势能）的一部分或全部，通过制动器的摩擦转化为热能，并向大气耗散的过程。能量的这种转换和耗散就使制动器摩擦副发热、温度升高、摩擦系数下降，并产生磨损，从而影响汽车制动性能和制动器的寿命。汽车在高速下紧急制动，制动时间短，汽车全部动能的转换和耗散任务几乎全部由制动器承担；而在短时间内连续制动，尤其是下长坡连续和缓制动、重复制动，制动时所产生的热量，难以及时散出，就将使制动器温度迅速升高超出正常范围，导致制动效能明显下降。制动时制动器所达到的温度取决于制动产生热量的条件（如制动初速、终速、制动减速度、制动频繁程度、汽车总质量等）和散热条件（如大气温度、行驶速度、制动器通风环境、制动器受热零件的热容量、散热面积等）。汽车行驶的环境条件和行驶工况是随机的，因此制动器的热衰退程度主要还是取决于制动器摩擦副材料和制动器结构。

在制动过程中制动器摩擦衬片表面的温度经常可达到 300～400℃。摩擦衬片一般都是用石棉摩擦材料制造，石棉摩擦材料在温度升到一定程度时，摩擦系数将显著下降。当温度升到 300℃ 以上时，石棉分解出焦油状物，在摩擦表面上起到润滑作用，使摩擦系数下降；而在温度达到 800℃ 时，石棉就会完全脱去结晶水而分解，助长了热衰退现象。为提高制动器的热稳定性，除改进石棉摩擦材料的组成成分和压制工艺外，最好采用热稳定性好的、无石棉摩擦材料做摩擦衬片，如金属摩擦材料。

此外，制动器结构也对抗热衰退产生影响。盘式制动器热稳定性优于鼓式制动器，这是由于盘式制动器散热效果好。一般采用非金属材料摩擦衬片的制动器，这是由于非金属材料摩擦衬片的绝热性能，其所能吸收的热量很少，绝大部分由制动鼓（制动盘）吸收。鼓式制动器散热条件差，制动鼓受热胀大变形，就使制动蹄与制动鼓只在中部接触，鼓式制动器的热稳定性也因此不如盘式制动器。

2. 制动效能的水衰退

水衰退是指制动器摩擦表面浸水使制动效能下降的现象。制动器摩擦表面浸水后，由于水的润滑作用就使摩擦系数下降，从而导致制动器制动效能降低。

水衰退的程度可用制动器浸水后的制动效能与浸水前的制动效能的比值（%）表征。

若水衰退发生在汽车一侧车轮制动器上，就将造成左右车轮制动力不等，进而恶化汽车制动时的方向稳定性。

汽车制动时产生的热量可使制动器摩擦衬片干燥。因此，为了保证安全，汽车涉水后应踩几脚制动踏板，使制动蹄与制动鼓发生摩擦产生热量，使制动器迅速干燥，恢复正常。这种现象称为水恢复。

实验研究表明盘式制动器的水衰退影响比鼓式制动器要小，水恢复也较鼓式制动器快。这是由于盘式制动器的效能因数（在制动盘或制动鼓的作用半径上所得到的摩擦力与输入力之比）受摩擦系数下降的影响较小，而且制动器中的水分会被旋转的制动盘甩出，同时制动器摩擦块的压力较高，也易于将摩擦衬片上的水分挤出和擦干。鼓式制动器的排水干燥就较为困难，需经较多次数的制动才能恢复原有制动性能。盘式制动器的抗水衰退性和水恢复性就明显优于鼓式制动器。

11.2.3　制动时的方向稳定性

汽车制动时的方向稳定性是指在制动过程中，汽车按驾驶员给定的轨迹行驶的能力，也即维持直线行驶或按预定弯道行驶的能力。在制动过程中会出现因制动跑偏、侧滑或失去转向能力，而导致汽车失控、偏离原来的行驶方向，从而引发严重的交通事故。调查表明发生人身伤亡的交通事故中，与侧滑有关的比例在潮湿路面上约为 30%，在冰雪路面上为 70%～80%。而侧滑的产生有 50% 是由制动引起的。

1. 制动跑偏

制动跑偏是指汽车直线行驶制动时，在转向盘固定不动的条件下，汽车自动向左侧或右侧偏驶的现象。

　　制动跑偏主要是由于汽车左、右车轮,特别是转向轴左、右车轮制动力不相等造成的。

　　图 11-9 为汽车转向轴左右轮制动力 F_{1l}、F_{1r} 不等引起的汽车制动跑偏的受力分析。图中左轮制动力大于右轮制动力($F_{1l}>F_{1r}$),它们对各自主销形成的力矩便不相等,且方向相反,并使转向轮向左偏转一个角度(向力矩大的方向偏转)。尽管转向盘不动,但由于转向杆系中存在间隙及杆件弹性的影响,因此转向轮左右轮制动力不等所形成的力矩仍会引起转向轮跑偏。左右轮制动力不相等,还会对汽车质心形成一个不平衡力矩,为平衡左右轮制动力不等所产生的绕质心的力矩,必然会在前、后轴地面引起侧向作用力 F_{y1}、F_{y2}。当转向轮主销有后倾时,这个侧向力 F_{y1} 也会对转向轮产生一偏转力矩,从而加大了车轮的偏转,使汽车跑偏增强。

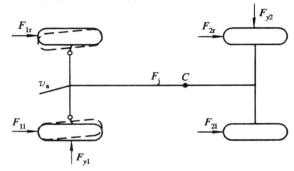

图 11-9　制动跑偏时的受力分析

C—质心;F_j—汽车惯性力

　　转向轴左右轮制动力不等是难以避免的,因为各轮制动器摩擦副表面状况、轮胎状况、制动器的调整状况,以及左、右轮与路面接触状况不可能完全一致。问题是左右轮制动力不相等到什么程度才会造成汽车不容许的跑偏。

　　根据国外相关研究实验证明,制动跑偏随转向轴左、右轮制动力不等度的增加而增大;同一左、右轮制动力不等度的制动跑偏随制动过程延续时间的延长而增大。在其他条件一定时,制动过程延续时间的长短就取决于制动初速,制动初速越高,制动过程的延续时间就越长,同一制动力不等度的制动跑偏也就越严重;在左、右轮制动力不等度相同的条件下,锁住转向盘的制动跑偏比转向盘撒手时小;制动跑偏的程度还受后轮抱死与否的影响。左、右轮制动力不等度相同,后轮抱死时的制动跑偏的程度明显大于后轮未抱死时的跑偏;后轮未抱死时,一般允许转向轴左、右轮制动力相差 10%～30%,若差值太大肯定会引起明显的制动跑偏。

　　此外,制动时汽车悬架导向杆系与转向系拉杆在运动学上不协调,发生杆系间的运动干涉,也会导致转向轮偏转引起跑偏。

　　杆系运动干涉引起的制动跑偏方向是固定的,因此是系统性的,通过正确的设计就可避免。定型汽车使用过程中，因转向杆系间的运动干涉所导致的制动跑偏，是转向轴变形、杆系变形、调整不当等汽车使用因素造成，只要正确、合理使用汽车，基本上可以避免。

为防止车辆出现跑偏现象，用制动力法检测汽车的制动效能时，提出了左、右轮制动器动力平衡性的要求。

2. 前轮抱死时的方向稳定性

当前轮抱死或先于后轮抱死，前轮的横向附着系数为零（图 11-4），尽管操纵转向盘使前轮偏转，但路面却产生不了对前轮的侧向力，汽车因而丧失了转向能力。这个时候，汽车若受外界侧向力作用，或因左、右轮制动力不等引起的侧向力作用，由于前轮已丧失了横向附着能力，前轴就将沿横向滑动，即产生侧滑，受力分析见图 11-10（a）。

汽车直线行驶，前轴产生侧滑时，前轴中点的前进速度 v_a 偏转一个角度；而后轴未发生侧滑，后轴的前进速度 v_b 仍沿汽车轴线方向。此时，汽车相当于绕其质心作圆周运动，其瞬时回转中心为速度 v_a，v_b 两垂线的交点 O，在侧滑的同侧。同时，汽车在作圆周运动时将产生作用于质心的离心惯性力 F_j。很显然，离心惯性力 F_j 的方向与侧向力相反，其作用效果总是起抵消侧向力的作用，消减侧滑。且一旦侧向力消失，F_j 有使汽车自动回正的作用。因此，前轮抱死或先于后轮抱死产生的侧滑在汽车前进方向上的改变不大。根据国外的研究实验，当汽车制动初速度为 65km/h 时，前轮抱死，汽车纵向轴线的偏角小于等于 $10°$，汽车基本上维持直线行驶，汽车处于一种稳定状态。

汽车弯道制动同样如此，汽车将不再按原来的弯道行驶而是沿弯道切线方向驶出。

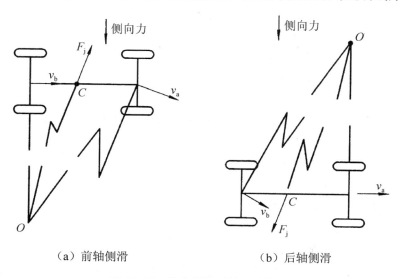

（a）前轴侧滑　　　　　　　　　（b）后轴侧滑

图 11-10 汽车侧滑时的运动状况

3. 后轮抱死时的方向稳定性

汽车制动过程中，后轮先于前轮抱死时，只要有侧向力作用，就会发生后轴侧滑。其受力分析见图 11-10（b）。图为前轮滚动，后轴制动到抱死拖滑，后轴左右轮便丧失了横向附着力，如有侧向力作用，后轴就会发生侧滑，后轴中点的速度 v_b 便绕纵轴线偏转一个角度，而前轴中点的速度 v_a，仍沿汽车纵轴线方向。此时，汽车也会发生类似转弯运动，其瞬时转向中心 O 却在后轴侧滑方向的另一侧，这样作用于汽车质心 C 的惯性力 F_j 就与后轴侧滑方向一致，从而加剧了后轴的侧滑，后轴侧滑又使惯性力 F_j 增强，又将加剧汽车转动，这样循环不已的互相影响，严重时汽车就发生甩尾转向，失去控制汽车方向的能力。因此，后轴侧滑是一种不稳定的危险工况。

制动初速对后轴侧滑引起的方向稳定性有较大的影响。试验表明，在一般的道路条件下，汽车制动初速在 25km/h 以下时，后轴的侧滑较轻微，制动初速超过 25km/h 时，后轴的侧滑就随制动初速度的增加迅速增大，后轴侧滑将发生质变，直至出现汽车掉头现象，成为非常危险的侧滑。

试验发现，汽车制动过程中，若只有一个后轴车轮先抱死，则汽车不会发生侧滑，侧滑的程度取决于晚抱死的后轮与晚抱死的前轮两者的时间差。

总之，从保证汽车方向稳定性的角度出发，首先不能出现只有后轴车轮抱死或后轴车轮比前轴车轮先抱死的情况，以防止后轴侧滑。其次，尽量减少只有前轮抱死或前后轮都抱死的情况，以维持汽车的转向能力。最理想的就是避免任何车轮抱死，以确保制动时的方向稳定性。

4. 汽车列车制动时的方向稳定性

汽车列车是由牵引车通过铰接与半挂车（或牵引杆挂车）连接组成。列车制动时，车轴的侧滑或牵引车与挂车间的制动时间不协调，就会使制动方向稳定性变差，严重时会出现列车折叠、挂车摆动，如图 11-11 所示。

汽车列车制动时的折叠，一般是由牵引车后轴先抱死侧滑引起的，若在后轴侧滑的同时，半挂车的惯性推力方向偏离牵引车的纵轴线，就会促进牵引车和半挂车间的相对转动，使列车发生折叠的不稳定现象。

列车制动时，半挂车的摆动一般是由于挂车后轴抱死侧滑引起的，若此时牵引铰接点又受惯性推力作用，就将使半挂车发生摆动；若此时牵引铰接点是受拉力作用，半挂车的摆动就不明显。

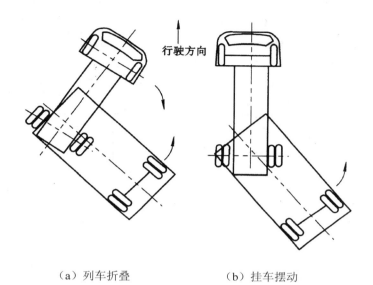

（a）列车折叠　　　　　　　（b）挂车摆动

图 11-11　汽车列车的折叠和摆动

为避免和减轻汽车列车制动时的折叠和摆动，列车各轴的抱死顺序应为：牵引车前轴先抱死，半挂车车轴次之，牵引车后轴最后抱死。同时应尽可能减少半挂车制动的滞后时间，以避免出现挂车推牵引车的制动不稳定状况。

11.3　前后制动器制动力的比例关系

前面在分析汽车的制动过程中，可能出现如下两种情况，即：

（1）前轮先抱死拖滑，然后后轮抱死拖滑；

（2）后轮先抱死拖滑，然后前轮抱死拖滑。

其中（1）是稳定工况，但在制动时汽车丧失转向能力；情况（2）中，后轴可能出现侧滑，是不稳定工况。

因此，前、后轮抱死拖滑的次序对方向稳定性和制动系工作效率都有很大的影响。而前、后轮抱死拖滑的次序取决于前、后制动器制动力和附着力之间的关系，这就是研究前、后制动器制动力分配比例的重要性所在。

在分析前、后制动器制动力分配比例以前，必须先了解在制动时地面作用于前、后车轮的法向反作用力。汽车在水平路面上制动时的受力如图 11-12 所示。

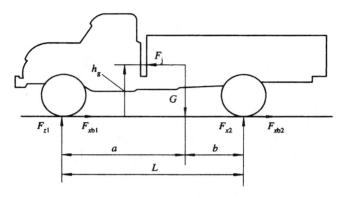

图 11-12　制动时汽车受力图

1. 地面法向反作用力

图 11-12 中忽略了滚动阻力偶矩、空气阻力以及旋转质量惯性力偶矩。若忽略制动时车轮边滚边滑的过程，并对后轮接地点取力矩，则得：

$$F_{z1}L = Gb + m\frac{\mathrm{d}u}{\mathrm{d}t}h_{\mathrm{g}} \qquad (11\text{-}19)$$

式中：F_{z1}——地面对前轮的法向作用力；

　　　　G ——汽车重力；

　　　　b ——汽车质心至后轴中心线的距离；

　　　　m ——汽车质量；

　　　　h_{g} —汽车质心高度；

　　　　$\mathrm{d}u/\mathrm{d}t$——汽车减速度。

对前轮接地点取力矩，则得

$$F_{z2}L = Ga - m\frac{\mathrm{d}u}{\mathrm{d}t}h_{\mathrm{g}} \qquad (11\text{-}20)$$

式中：F_{z2}——地面对后轮的法向反作用力；

　　　　a ——质心至前轴中心线的距离。

所以

$$\left.\begin{aligned} F_{z1} &= \frac{G}{L}\left(b + \frac{h_{\mathrm{g}}}{g}\frac{\mathrm{d}u}{\mathrm{d}t}\right) \\ F_{z2} &= \frac{G}{L}\left(a - \frac{h_{\mathrm{g}}}{g}\frac{\mathrm{d}u}{\mathrm{d}t}\right) \end{aligned}\right\} \qquad (11\text{-}21)$$

若在不同附着系数的路上制动，前、后轮都抱死（不论次序如何），则 $F_{xb} = F_\varphi = G_\varphi$，此时有

$$F_{z1} = \frac{G}{L}(b + \varphi h_g) \atop F_{z2} = \frac{G}{L}(a - \varphi h_g) \Bigg\} \qquad (11\text{-}22)$$

式（11-21）和式（11-22）均为直线方程。随着附着系数的变化，前、后轮的法向反作用力变化很大。

若在制动过程中，附着系数为常值，则式（11-22）为直线方程。随着附着系数的变化，前、后轮的法向反作用力的变化是很大的。例如 NJ130 型汽车，当 $du/dt = 0.7g$ 时，亦即 $\varphi = 0.7$ 时，前轴法向反作用力增加了 90%，而后轴减少了 38%。

2. 理想的前、后轮制动器制动力分配

制动时前、后轮同时抱死拖滑，是制动的理想状态，制动效果最佳。在任意附着系数 φ 的路面上，均能保证前后轮同时抱死拖滑的前后轮制动器制动力分配，称为理想分配。

在任何附着系数的路面上，前、后车轮同时抱死的条件为前、后轮制动器制动力之和等于附着力，并且前、后轮制动器制动力分别等于各自的附着力。即：

$$\begin{aligned} F_{\mu1} + F_{\mu2} &= \varphi G \\ F_{\mu1} &= \varphi F_{z1} \\ F_{\mu2} &= \varphi F_{z2} \end{aligned} \Bigg\} \qquad (11\text{-}23)$$

因
$$\frac{F_{\mu1}}{F_{\mu2}} = \frac{F_{z1}}{F_{z2}} \qquad (11\text{-}24)$$

并将式（11-22）代入式（11-23），得：

$$\begin{aligned} F_{\mu1} + F_{\mu2} &= \varphi G \\ \frac{F_{\mu1}}{F_{\mu2}} &= \frac{b + \varphi h_g}{a - \varphi h_g} \end{aligned} \Bigg\} \qquad (11\text{-}25)$$

消去变量 φ 得

$$F_{\mu2} = I(F_{\mu1}) = \frac{1}{2}\left[\frac{G}{h_g}\sqrt{b^2 + \frac{4h_g L}{G}F_{\mu1}} - \left(\frac{Gb}{h_g} + 2F_{\mu1}\right) \right] \qquad (11\text{-}26)$$

由式（11-26）画成的曲线，即为理想的前、后轮制动器制动力分配曲线，简称 I 曲线。I 曲线的作法为：将不同的 φ 值（$\varphi = 0.1, 0.2, \cdots$）代入式（11-25）中的第一式，则在图 11-13 上可得到一组与坐标轴成 45° 的平行线。再将不同的 φ（$\varphi = 0.1, 0.2, \cdots$）代入式（11-25）中的第二式，则得到一组通过坐标原点、斜率不同的射线。

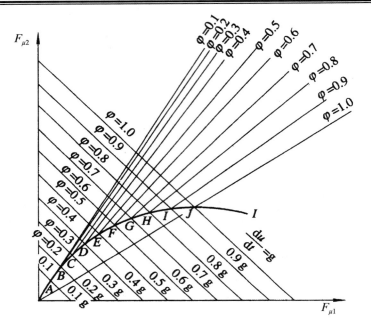

图 11-13　理想的前后制动器制动力分配曲线

　　在这两组直线中，对应某一 φ 值，均可找到两条直线，两直线的交点便是满足式（11-25）中两式的点，即为 I 曲线上的点。把对应不同 φ 值的两直线交点 A，B，C……连接起来，便得到 I 曲线。

　　I 曲线是踏板力增长到前、后车轮同时抱死时前、后轮制动器制动力分配曲线。因为车轮抱死时，$F_\mu = F_\varphi = F_{xb}$，所以 I 曲线也是车轮抱死时 $F_{\varphi 1}$ 和 $F_{\varphi 2}$ 的关系曲线。

　　还应进一步指明，汽车前、后制动器制动力常不能按 I 曲线的要求来分配。制动过程中常是一根车轴的车轮先抱死，随着踏板力的进一步增加，接着另一根车轴的车轮抱死。显然，I 曲线还是前、后轮都抱死后的地面制动力 F_{xb1} 与 F_{xb2}，即 $F_{\varphi 1}$ 与 $F_{\varphi 2}$ 的关系曲线。

　　3. 具有固定比值的前、后制动器制动力与同步附着系数

　　不少两轴汽车的前、后制动器制动力之比为一固定值。常用前制动器制动力与汽车总制动器制动力之比来表明分配的比例，称为制动器制动力分配系数，并以符号 β 表示，即

$$\beta = F_{\mu 1}/F_\mu \tag{11-27}$$

式中：$F_{\mu 1}$——前制动器制动力；

　　　　F_μ——汽车总制动器制动力；

　　　　$F_{\mu 2}$——后制动器制动力。

故
$$\frac{F_{\mu 1}}{F_{\mu 2}} = \frac{\beta}{1-\beta} \qquad (11\text{-}28)$$

若用 $F_{\mu 2} = \text{B}(F_{\mu 1})$ 表示，则 $F_{\mu 2} = \text{B}(F_{\mu 1})$ 为一直线，此直线通过坐标原点，且其斜率为

$$\tan\theta = \frac{1-\beta}{\beta} \qquad (11\text{-}29)$$

这条直线称为实际前、后制动器制动力分配线，简称 β 线。图 11-14 给出了某一货车的 β 线，同时还给出了该货车空载和满载时的 I 曲线。

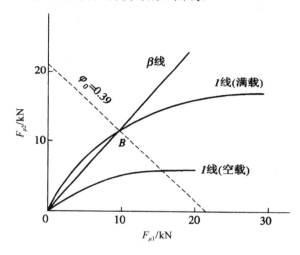

图 11-14 某货车的 β 线与 I 曲线

可以看出，β 线与 I 曲线在 B 点相交，我们称对应于这一点的附着系数 φ_0 为同步附着系数。它是反映汽车制动性能的一个重要参数，它说明前、后制动器制动力为固定比值的汽车只有在附着系数为 φ_0 的路面上制动时，才能使前后轮同时抱死。

同步附着系数由汽车的结构参数决定，主要是根据道路条件和常用车速来选择。

4. 前、后制动器制动力具有固定比值的汽车在各种路面上制动过程的分析

利用 β 线与 I 曲线的配合，就可以分析前、后制动器制动力具有固定比值的汽车在各种路面上的制动情况。

（1）在 $\varphi < \varphi_0$ 的路面上，I 曲线位于 β 线的上方，前后车轮不能同时抱死。设 $\varphi_0 = 0.55$，如在 $\varphi = 0.3$ 的路面上，当制动系统压力为 P_{p1} 时，前轮制动器制动力 $F_{\mu 1}$ 达到附着极限等于 $F_{\varphi 1}$，后轮制动器制动力只达到 $F_{\mu 2}$，小于后轮附着力 $F_{\varphi 2}$，只有当制动系统压力由 $F_{\varphi 1}$ 增加到 P_{p2} 时，后轮才能达到附着力 $F_{\varphi 2}$。因此在 $\varphi < \varphi_0$ 的路面上制动时，前轮先于后轮抱死拖滑。

（2）在 $\varphi > \varphi_0$ 的路面上，I 曲线位于 β 线的下方，这时前后轮也不能同时抱死拖滑。设 $\varphi_0 = 0.55$，如在 $\varphi = 0.70$ 的路面上，当制动系统压力为 P_{p1} 时，后轮制动器制动力 $F_{\mu 2}$ 达到附着极限等于 $F_{\varphi 2}$，前轮制动器制动力只达到 $F_{\mu 1}$，小于前轮附着力 $F_{\varphi 1}$，只有当制动系统压力由 P_{p1} 增加到 P_{p2} 时，前轮才能达到附着力 $F_{\varphi 1}$。因此在 $\varphi > \varphi_0$ 的路面上制动时，后轮先于前轮抱死拖滑。

可见，β 线位于 I 曲线下方，制动时总是前轮先抱死。前已指出，前轮先抱死虽是一种稳定工况，但丧失转向能力；β 线位于 I 曲线上方，制动时总是后轮先抱死，因而容易发生后轴侧滑使汽车失去方向稳定性。

（3）$\varphi = \varphi_0$ 时，不言而喻，在制动时汽车的前、后轮将同时抱死，此时的减速度为 $g\varphi_0$，即 $0.55g$，也是一种稳定工况，但也失去转向能力。

11.4　影响汽车制动性的主要因素

汽车的制动性与汽车的结构及其使用条件有关。诸如汽车轴间负荷的分配、载质量、制动系的结构、利用发动机制动、行驶速度、道路情况、驾驶方法等，均对制动过程有很大影响。

1. 轴间负荷分配的影响

汽车制动时，前轴负荷增加，后轴负荷减小。如果前、后轮制动器制动力根据轴间负荷的变化分配，符合理想分配的条件，则前、后轮同时抱死。如果前、后轮制动器制动力的比例为定值，则只有在具有同步附着系数的路面上，前、后轮才能同时抱死。当 $\varphi > \varphi_0$ 时，后轮先抱死；当 $\varphi < \varphi_0$ 时，前轮先抱死；空载时总是后轮先抱死。

2. 制动力的调节和车轮防抱死

（1）制动力的调节

为了防止制动时后轮抱死而发生危险的侧滑，汽车制动系的前、后轮制动器制动力的实际分配线（β 线）应当总在理想的前后轮制动器制动力分配曲线（I 曲线）下方。为了减少前轮失去转向能力的倾向和提高制动系效率，β 线越接近 I 曲线越好。如果能按需要改变 β 线使之达到上述目的，将比前后轮制动器制动力具有固定比值的汽车具有更大的优越性。为此，在现代汽车制动系中装有各种压力调节装置。

常见的压力调节装置有限压阀、比例阀、载荷控制比例阀、载荷控制限压阀。

采用比例阀，在制动系油压达到某一值以后，比例阀自动调节前、后轮制动器油压，使前、后轮制动器制动力仍维持直线关系，但直线的斜率小于 $45°$ 线变为折线，β 线总在 I

曲线下面且接近 I 曲线，但它仅适合于一种载荷下的 β 线与 I 曲线配合。

（2）车轮的防抱死

采用按理想制动器制动力分配曲线来改变 β 线的制动系能提高汽车制动时的方向稳定性，且制动系效率也较高。但各种调节装置的 β 线常在 I 曲线的下方，因此不管在什么 φ 值的路面上制动时，前轮仍将抱死而可能使汽车失去转向能力。另外，从 φ—s 曲线可知，汽车的附着能力和车轮的运动状况有关。当滑动率 $s=10\%\sim20\%$ 时，附着系数最大；而车轮完全抱死，$s=100\%$ 时，附着系数反而下降。一般汽车的制动系，包括装有调节阀能改变 β 线的制动系都无法利用峰值附着系数，在紧急制动时，常常是利用较小的滑动附着系数使车轮抱死。

为了充分发挥轮胎与地面间的潜在附着能力，全面满足对汽车制动性的要求，已采用了多种形式的制动防抱死装置。有了防抱死装置，在紧急制动时，能防止车轮完全抱死，而使车轮处于滑动率为 $10\%\sim20\%$ 的状态。此时，纵向附着系数最大，侧向附着系数也很大，从而使汽车在制动时不仅有较强的抗后轴侧滑能力，保证汽车的行驶方向稳定性，而且有良好的转向操纵性。由于利用了峰值附着系数，也能充分发挥制动效能，提高制动减速度和缩短制动距离。

3. 汽车载质量的影响

对于载质量较大的汽车。因前、后轮的制动器设计，一般不能保证在任何道路条件下都使其制动力同时达到附着极限，所以汽车的制动距离就会由于载质量的不同而发生差异。实践证明，对于载质量为 3t 以上的汽车，大约载质量每增加 1t，其制动距离平均要增加 1.0m。即使是同一辆汽车，在装载质量和方式不同时，由于重心位置变动，也会影响汽车的制动距离。

4. 车轮制动器的影响

车轮制动器的摩擦副、制动鼓的构造和材料，对于制动器的摩擦力矩和制动效能的热衰退都有很大影响。在设计制造中应选用好的结构形式及材料，在使用维修中也应注意摩擦片的选用。

在制动器张力相同的条件下，制动器所能产生的制动力矩也大。但当制动器摩擦副的摩擦系数下降时，其制动力矩将显著下降，制动性能的稳定性较差。

制动器的技术状况不仅和设计制造有关，而且和使用维修情况有密切关系。制动摩擦片与制动鼓的接触面积不足或接触不均匀，将降低制动摩擦力矩。而且局部接触的面积和部位不同，也将引起制动性能的差异。

　　制动摩擦片的表面不清洁，如沾有油、水或污泥，则摩擦系数将减小，制动力矩即随之降低。如汽车涉水之后水渗入制动器，其摩擦系数将急剧下降20%～30%。

5. 制动初速度的影响

　　制动初速度高时，需要通过制动消耗的运动能量也大，故制动距离会延长。制动初速度愈高，通过制动器转化产生的热量也愈多，制动器的温度也愈高。制动蹄片的摩擦性能会随温度的升高而降低，导致制动力衰减，制动距离增长。

6. 利用发动机制动

　　发动机的内摩擦力矩和泵气损耗可用来作为制动时的阻力矩，而且发动机的散热能力要比制动器强得多。一台发动机，在单位时间内大约有相当于其功率 1/3 的热量必须散发到冷却介质中去。因此，可把发动机当做辅助制动器。

　　发动机常用做减速制动和下坡时保持车速不变的惯性制动，一般用上坡的挡位来下坡。必须注意的是，在紧急制动时，发动机不仅无助于制动，反而需要消耗一部分制动力去克服发动机旋转质量的惯性力。因此，这时应脱开发动机与传动系的连接。

　　发动机的制动效果对汽车制动性的影响很大。它不仅能在较长的时间内发挥制动作用，减轻车轮制动器的负担，而且由于传动系中差速器的作用，可将制动力矩平均地分配在左、右车轮上，以减少侧滑甩尾的可能性。在光滑的路面上，这种作用就显得更为重要。此外由于发动机的制动作用，在行车中可显著地减少车轮制动器的使用次数，对改善驾驶条件颇为有利。同时，又能经常保持车轮制动器处于低温而能发挥最大制动效果的状态，以备紧急制动时使用。

　　有些适合山区使用的柴油车，为了加强发动机的制动效果，在排气歧管的末端安装有排气制动器。排气制动器中设有阀门，制动时将阀门关闭，以增大排气歧管中的反压力，从而产生制动作用。这种方法称为排气制动。这时发动机作为"耗功机"（压缩机）。特别是在下长坡时，用发动机进行辅助制动，更能发挥其特殊的优越性。应用这种方法，一般可使发动机制动时所吸收的功率达到发动机有效功率的50%以上。

7. 驾驶技术的影响

　　驾驶技术对汽车制动性有很大影响。制动时，如能保持车轮接近抱死而未抱死的状态，便可获得最佳的制动效果。经验证明，在制动时，如迅速交替地踩下和放松制动踏板，即可提高其制动效果。因为，此时车轮边滚边滑，轮胎着地部分不断变换，故可避免由于轮胎局部剧烈发热胎面温度上升而降低制动效果。在紧急制动时，驾驶员如能急速踩下制动踏板，则制动系的协调时间将缩短，从而缩短制动距离。在光滑路面上不可猛烈踩制动踏板，以免因制动力过大而超过附着极限，导致汽车侧滑。

8. 道路条件的影响

道路的附着系数 φ 限制了最大制动力，故它对汽车的制动性有很大的影响。当制动的初速度相同时，随着 φ 值的减小，制动距离随之增加。

由于冰雪路面上的附着系数特别小，所以制动距离增大。特别要注意冰雪坡道上的制动距离，并应利用发动机制动。有计算表明，在冰雪路面上，利用发动机制动的辅助作用可使制动距离缩短 20%～30%。

在冰雪路面上制动时方向稳定性变坏，当车轮被制动到抱死时侧滑的危险程度将更大。汽车在冰雪路面上行驶时，应加装防滑链。

11.5　汽车制动防抱死系统

有过驾驶经历的人都会有这样一些经验：高速行驶在弯道上进行紧急制动，汽车有可能从路边滑出或闯入对面的车道；在被雨淋湿而带有泥土的柏油路上或在积雪道上紧急制动时，汽车会发生侧滑甚至调头旋转等危险情况。制动防抱死系统（Antilock Braking System，简称 ABS）就是为了防止这些危险状况的发生而研制的，它是在制动过程中防止车轮被制动抱死、避免车轮在路面上进行纯粹地滑移、提高汽车在制动过程中的方向稳定性和转向操纵能力、缩短制动距离的系统。

ABS 通常都由车轮转速传感器、制动压力调节装置、电子控制装置和 ABS 警示灯组成，在不同的 ABS 系统中，制动压力调节装置的结构形式和工作原理往往不同，电子控制装置的内部结构和控制逻辑也可能不尽相同。图 11-15 是一种较为典型的电子控制制动防抱死系统。

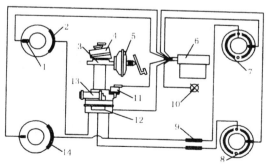

图 11-15　典型 ABS 系统的组成

1—车轮转速传感器；2—右前轮制动器；3—制动主缸；4—储液室；5—真空助力器；6—电子控制装置；
7—右后轮制动器；8—左后轮制动器；9—比例阀；10—ABS 警示灯；11—储液器；12—调压电磁阀总成；
13—电动泵总成；14—左前轮制动器

在如图 11-15 所示的 ABS 系统中，每个车轮上各安置一个转速传感器，将关于各车轮转速的信号输入电子控制装置。电子控制装置根据各车轮转速传感器输入的信号对各个车轮的运动状态进行监测和判定，并形成相应的控制指令。制动压力调节装置主要由调压电磁阀总成、电动泵总成和储液器等组成一个独立的整体。通过制动管路与制动主缸和各制动轮缸相连，制动压力调节装置受电子控制装置的控制，对各制动轮缸的制动压力进行调节。

如图 11-15 所示的 ABS 工作过程可以分为常规制动、制动压力保持、制动压力减小和制动压力增大等阶段。在常规制动阶段，ABS 并不介入制动压力控制。调压电磁阀总成中的各进液电磁阀均不通电而处于开启状态。各出液电磁阀均不通电而处于关闭状态，电动泵也不通电运转，制动主缸至各制动轮缸的制动管路均处于沟通状态，而各制动轮缸至储液器的制动管路均处于封闭状态，各制动轮缸的制动压力将随制动主缸的输出压力而变化，此时的制动过程与常规制动系统的制动过程完全相同。在制动过程中，电子控制装置根据车轮转速传感器输入的车轮转速信号判定有车轮趋于抱死时，ABS 就进入防抱死制动压力调节过程。例如，电子控制装置判定右前轮趋于抱死时，电子控制装置就使控制右前轮制动压力的进液电磁阀通电，使右前进液电磁阀转入关闭状态，制动主缸输出的制动液不再进入右前制动轮缸，此时，右前出液电磁阀仍未通电而处于关闭状态，右前制动轮缸中的制动液也不会流出，右前制动轮缸的制动压力就保持一定，而其他未趋于抱死车轮的制动压力仍会随制动主缸输出压力的增大而增大；如果在右前制动轮缸的制动压力保持一定时，电子控制装置判定右前轮仍然趋于抱死，电子控制装置又使右前出液电磁阀也通电而转入开启状态，右前制动轮缸中的部分制动液就会经过处于开启状态的出液电磁阀流回储液器，使右前制动轮缸的制动压力迅速减小，右前轮的抱死趋势将开始消除；随着右前制动轮缸制动压力的减小，右前轮会在汽车惯性力的作用下逐渐加速，当电子控制装置根据车轮转速传感器输入的信号判定右前轮的抱死趋势已经完全消除时，电子控制装置就使右前进液电磁阀和出液电磁阀都断电，使进液电磁阀转入开启状态，使出液电磁阀转入关闭状态，同时也使电动泵通电运转，向制动轮缸泵送制动液，由制动主缸输出的制动液和电动泵输送的制动液都经过处于开启状态的右前进液电磁阀进入右前制动轮缸，使右前制动轮缸的制动压力迅速增大，右前轮又开始减速转动。ABS 通过使趋于抱死车轮的制动压力循环往复地经历保持一减小一增大过程，而将趋于抱死车轮的滑动率控制在峰值附着系数滑动率的附近范围内，直至汽车速度减小到很低或者制动主缸的输出压力不再使车轮趋于抱死时为止，制动压力调节循环的频率可达 3～20Hz。在该 ABS 中对应于每一个制动轮缸各有一对进液和出液电磁阀，可由电子控制装置分别进行控制，因此，各制动轮缸的制动压力能够被独立地调节，从而使四个车轮都不发生制动抱死现象。

尽管各种 ABS 的结构形式和工作过程并不完全相同，但都是通过对趋于抱死车轮的制动压力进行自适应循环调节，来防止被控制车轮发生制动抱死的，而且，各种 ABS 在以下几个方面都是相同的。

（1）ABS 只是在汽车的速度超过一定以后（如 5km/h 或 8km/h），才会对制动过程中趋于抱死的车轮进行防抱死制动压力调节。当汽车速度被制动降低到一定时，ABS 就会自动地中止防抱死制动压力调节，此后，装备 ABS 汽车的制动过程将与常规制动系统的制动过程相同，车轮仍然可能被制动抱死。这是因为在汽车的速度很低时，车轮被制动抱死对汽车制动性能的影响已经很小，而且要使汽车尽快制动停车，就必须使车轮制动抱死。

（2）在制动过程中，只有当被控制车轮趋于抱死时，ABS 才会对趋于抱死车轮的制动压力进行防抱死调节；在被控制车轮还没有趋于抱死时，制动过程与常规制动系统的制动过程完全相同。

（3）ABS 都具有自诊断功能，能够对系统的工作情况进行监测。一旦发现存在影响系统正常工作的故障时将自动地关闭 ABS，并将 ABS 警示灯点亮，向驾驶员发出警示信号，汽车的制动系统仍然可以像常规制动系统一样进行制动。

对于防抱死系统来说，根据哪些运动参数来判断车轮即将抱死应该减压或抱死现象已消失需要重新制动是很重要的。一般常用的参数有：车轮角减（加）速度与车轮半径的乘积、车轮角速度减小量、汽车减速度等。

11.6　汽车制动性检测

制动性检测什么，用什么方法检测，用什么样的参数检测，检测参数限值取值多少，是保障车辆制动系完好技术状况的技术基础。在用车制动性检测执行 GB 7258—2004《机动车运行安全技术条件》强制性国家标准。当前采用的制动性测试方法可分为道路试验检测法（路试检测法）或台架试验检测法（台试检测法）。路试检测只能在室外进行，台试检测是在室内进行，二者的检测条件（检测的环境条件、检测工况、驾驶操作等）差异明显，两种检测法检测的同一辆车的同一参数的数值可有大小之差，却无好次之分，二者不具可比性。

11.6.1　制动性能的道路试验检测法

根据国家标准 GB 7258—2004《机动车运行安全技术条件》的规定，道路试验主要通过检测制动距离、充分发出的平均减速度等参数来检测汽车行车制动和应急制动性能；用坡道试验检测汽车驻车制动性能。

1. 道路试验条件

行车制动性能和应急制动性能检验应在平坦（纵向坡度不大于 1%）、硬实、清洁、干燥且轮胎与地面间的附着系数不小于 0.7 的水泥或沥青路面上进行。检验时发动机应脱开。

驻车制动试验在坡度为 20%（对总质量为整备质量的 1.2 倍以下的机动车为 15%）、轮胎与路面间的附着系数不小于 0.7 的坡道。

2. 道路试验检测方法

道路制动试验应在符合道路试验条件的道路上进行。在试验路面上应画出标准中规定的制动稳定性要求相应宽度试车道的边线。被测车辆沿着试验车道的中线行驶至高于规定的初速度后，置变速器于空挡。当滑行到规定的初速度时急踩制动踏板，使车辆停住。

用速度计、第五轮仪或用其他测试方法测量车辆的制动距离。

用速度计、制动减速度仪或用其他测试方法测量车辆充分发出的平均减速度（MFDD）与制动协调时间。充分发出的平均减速度应在测得公式中相关参数后计算确定。

3. 道路制动性能检测设备

（1）第五轮仪

在道路试验中检测车辆的整车性能时，经常要使用第五轮仪，可以测出车辆行驶的距离、时间和速度。当第五轮仪用于检测车辆的制动性能时，能测出制动距离、制动时间和制动初速度。

第五轮仪一般由传感器部分和记录仪部分组成，并附带一个脚踏开关。传感器部分与记录仪部分由导线（信号线）连接。脚踏开关带有触点的一端套在制动踏板上，另一端接在记录仪上。

传感器部分：传感器部分的作用是把汽车行驶的距离变成电信号。它一般由充气车轮、传感器、支架、减振器和连接装置等组成，如图 11-16 所示。充气车轮为轮胎式，安装在支架上，支架通过连接装置固定在汽车的侧面或尾部的车身上。在减振器压簧的作用下，充气车轮紧贴地面，并随汽车的行驶而滚动。对于四轮汽车来说，安装上去的充气车轮就像汽车的第五轮一样，故称为第五轮仪。当充气车轮在路面上滚动一周时，汽车行驶了充气车轮周长的距离。在充气车轮中心处安装有传感器，可以把轮子在路面上滚动的距离变成电信号。

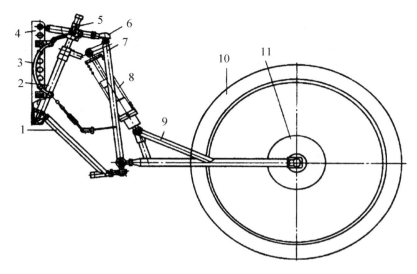

图 11-16 第五轮仪的传感器部分

1—下臂；2—调节机构；3—固定板；4—上臂；5—手把；

6—活节头；7—立架；8—减振器；9—支架；10—充气车轮；11—传感器

记录仪部分：记录仪部分的作用是把传感器部分送来的电信号和内部产生的时间信号，进行控制、计数并计算出车速，然后指示出来。它由测距、测时、测速、音响和稳压等部分组成的，整机各元件均安装在一个金属盒子内。从传感器部分送来的电信号，经整形电路整形成矩形脉冲后通过控制器。其中一路送入测距电路进行测距计数，再经数据选择器及译码器由荧光数码管直接显示汽车行驶距离；另一路送入车速计数电路，通过时标电路以 0.36s 瞬时车速值通过寄存器、译码器，由另一组数码管直接显示汽车行驶速度。测时则是把从石英谐振器经分频电路取出的 1kHz 频率，通过控制器送入测时计数器进行以毫秒为单位的测时计数，并通过数据选择器、译码器由荧光数码管直接显示汽车行驶时间。制动系反应时间的检测是通过一个传感器——附有磁钢的摆锤完成的。当车辆制动时，从驾驶员的脚踩上制动踏板（脚踏开关的触点闭合）时开始时间计数，到车辆刚出现减速度，摆锤因惯性作用向前摆动时，干簧管受摆锤磁钢影响闭合后送出闭合信号，数码管立即停止时间显示，因而测出了制动系的反应时间。

（2）制动减速度仪

制动减速度仪以检测制动减速度和制动时间为主，用于整车道路试验。该种仪器小巧轻便，便于携带，不用五轮作传感器，并且对制动初速度要求不高，因而使用极为方便，适用于维修企业验车用。

按照制动减速度仪传感器结构，制动减速度仪可分为摆锤式和滑块式两种。

用制动减速度仪检测制动稳定减速度评价汽车的制动性能，我国在 1997 年以前曾经采用过，目前国外仍有些国家继续采用。但是，当使用滑块式或摆锤式制动减速度仪检测制动稳定减速度时，存在以下问题：汽车制动时，车头下沉，车身前倾，制动减速度仪的测量精度受到影响。特别是紧急制动、空载制动时，影响尤其明显。

鉴于这一原因，修订后的 GB 7258—2004《机动车运行安全技术条件》，对于路试检验制动性能不再使用制动稳定减速度，而是采用充分发出的平均减速度（MFDD）这一评价指标。充分发出的平均减速度（MFDD）是一个较为稳定的平均值，且不受车辆制动时车身倾角的影响，因而能较准确地反映汽车制动时的实际状况。

11.6.2　制动性能的台架试验检测法

在用车制动性的年检、年审量大、面广，要求检测作业准确而快速。路试检测制动性需要在受检车上装卸测试仪器，费时费事、效率低。因此，在用车辆制动性年检都是采用台试检测法，路试检测只是在必要时用来验证台试结果的可靠性。

根据国家标准 GB 7258—2004《机动车运行安全技术条件》的规定，台试检测法主要通过检测制动力、汽车的制动协调时间、汽车车轮阻滞力和制动完全释放时间等参数来检测汽车行车制动和应急制动性能；用驻车制动力检测汽车驻车制动性能。

1. 台试制动性能检测方法

台试检测法按检测时受检车辆相对地面的运动状况，可分为动态检测法和静态检测法。

台试动态检测是指受检车辆如同在道路上行驶制动一样，在台架上行驶中制动。受检车辆在台架上行驶的速度较在道路上低，一般都小于 5km/h。台试动态检测具有路试检测的优点，且不受道路、气候条件的影响，但台试检测的重复性容易受驾驶操作控制因素的影响。检测重复性差是台试动态检测的主要不足之点。动态检测用的台架为平板式制动检验台。

台试静态检测是指受检车辆在检测时对地面不发生相对运动，是静止不动的。由于静态检测的受检车制动时没有惯性作用，不可能产生路试制动时的轴荷前移作用，故前轴车轮容易抱死，从而使具有大制动能量的前轴制动器的制动能力难以得到发挥，尤其是用于检测轿车前轴的制动性时更不易测到制动器可能提供的最大值动力。静态检测用的台架以滚筒式制动检验台为主。

2. 台试制动性能检测设备

目前国内汽车综合性能检测站所用的制动检测设备多为反力式滚筒制动检验台和平板式制动试验台。

（1）反力式滚筒制动检验台

反力式滚筒制动检验台的结构简图如图 11-17 所示。它由结构完全相同的左右两套对称的车轮制动力测试单元和一套指示、控制装置组成。每一套车轮制动力测试单元由框架（多数试验台将左、右测试单元的框架制成一体）、驱动装置、滚筒组、举升装置、测量装置等构成。

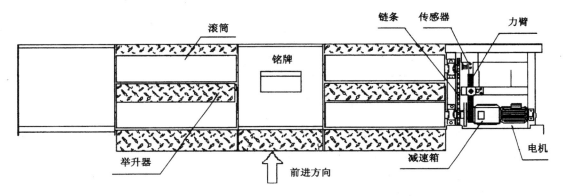

图 11-17 反力式制动检验台结构简图

每一车轮制动力测试单元设置一对主、从动滚筒。每个滚筒的两端分别用滚筒轴承与轴承座支承在框架上，且保持两滚筒轴线平行。滚筒相当于一个活动的路面，用来支承被检车辆的车轮，并承受和传递制动力。

制动力测试装置主要由测力杠杆和传感器组成。测力杠杆一端与传感器连接，另一端与减速器壳体连接，被测车轮制动时测力杠杆与减速器壳体将一起绕主动滚筒（或绕减速器输出轴、电动机枢轴）轴线摆动。传感器将测力杠杆传来的、与制动力比例的力（或位移）转变成电信号输送到指示、控制装置。

进行车轮制动力检测时，被检汽车驶上制动试验台，车轮置于主、从动滚筒之间，放下举升器（或压下第三滚筒，装在第三滚筒支架下的行程开关被接通）。通过延时电路启动电动机，经减速器、链传动和主、从动滚筒带动车轮低速旋转，待车轮转速稳定后驾驶员踩下制动踏板。车轮在车轮制动器的摩擦力矩作用下开始减速旋转。此时电动机驱动的滚筒对车轮轮胎周缘的切线方向作用制动力以克服制动器摩擦力矩，维持车轮继续旋转。与此同时车轮轮胎对滚筒表面切线方向附加一个与制动力方向反向等值的反作用力，在反作用力矩作用下，减速机壳体与测力杠杆一起朝滚筒转动相反方向摆动，如图 11-18 所示，测力杠杆一端的力或位移量经传感器转换成与制动力大小成比例的电信号。从测力传感器送来的电信号经放大滤波后，送往 A/D 转换器转换成相应数字量，经计算机采集、贮存和处理后，检测结果由数码显示或由打印机打印出来。打印格式或内容由软件设计而定。一般可以把左、右轮最大制动力、制动力和、制动力差、阻滞力和制动力—时间曲线等一并打印出来。

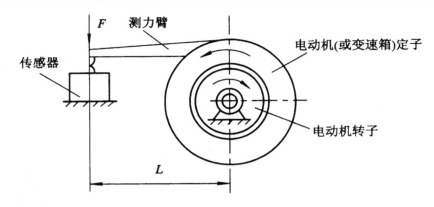

图 11-18　制动力测试原理图

由于制动力检测技术条件要求是以轴制动力占轴荷的百分比来评判的，因而对总质量不同的汽车来说是比较客观的标准。为此除了设置制动检验台外，还必须配置轴重计或轮重仪，有些复合式滚筒制动试验台装有轴重测量装置。其称重传感器（应变片式）通常安装在每一车轮测试单元框架的 4 个支承脚处。

GB 7528—2004《机动车运行安全技术条件》中定义制动协调时间是从驾驶员踩下制动踏板的瞬间作为起始计时点，为此，在制动测试过程中必须由驾驶员通过套装在汽车制动踏板上的脚踏开关向试验台指示、控制装置发出一个"开关"信号，开始时间计数，直至制动力与轴荷之比达到标准规定值的 75%时瞬间为止。这段时间历程即为制动协调时间，通常可以通过检验台的计算机执行相应程序来实现。

目前，采用的反力式滚筒制动检验台对具有防抱死（ABS）系统的汽车制动系的制动性能，还无法进行准确的测试。主要原因是这些试验台的测试车速较低，一般不超过 5km/h，而现代防抱死系统均在车速 10～20km/h 以上起作用，所以在上述试验台上检测车轮制动力时，车辆的防抱死系统不起作用，只能相当于对普通的液压制动系统的检测过程。

滚筒反力式制动台检测过程不受驾驶员操作状况的影响，检测工况稳定，检测结果稳定可靠，多次检测的重复性好；反力台检测时是滚筒推动车轮转动，因此，它可检测车轮阻滞力和驻车制动力；反力台制动检测过程可包括制动器作用阶段和持续制动阶段，故可检查车轮的蹄、鼓接触配合状况，判断制动鼓的失圆度。

滚筒反力式制动台是静态检测，不能检测汽车动态制动状况（轴荷转移）下的制动力。尤其是用于检测轿车前轴制动力，静态检测时很难提供前轮制动器充分发挥固有制动力的条件。此点是反力台的最大不足。

滚筒反力式制动台受结构制约，一次只能检测一轴车轮的制动力。

滚筒反力式制动台的结构较平板台复杂。其检测能力、检测准确度受结构参数的制约，同一辆车在结构相似，结构参数（值）不同的反力台上检测，测得的数值可相差明显。反力台检测时力的传递环节多，尤其是齿轮减速器结构影响制动力的检测准确度，还影响制动时间测取的准确度。为此，反力台需要经常维护、定期检定，以保障检测的准确度。

上述几点是滚筒反力式制动台结构原理性的不足，非调整、优化结构参数所能弥补。

（2）平板式制动试验台

平板式制动试验台是 20 世纪 80 年代发展起来的一种新型的制动检测设备。它能够在实际紧急制动过程中测定汽车前后轴制动力，能够比较客观地反映汽车制动器产生制动力的大小。

平板制动台主要由几块测试平板、传感器和数据采集系统等组成。小车线一般由四块制动—悬架—轴重测试用平板及一块侧滑测试板组成。数据采集系统由力传感器、放大器、多通道数据采集板等组成，如图 11-19 所示。

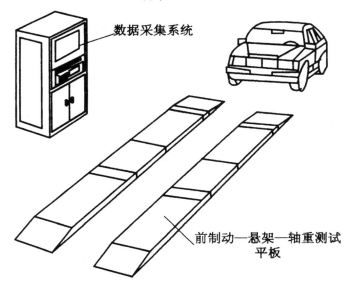

图 11-19　平板式制动试验台结构图

检验时汽车以 5～10km/h（或按出厂说明允许更高）速度驶上平板，参见图 11-20，当前、后轮分别驶达平板后，控制系统指示驾驶员急踩制动踏板，车轮制动器产生的制动力使车轮在平板上产生一个与车轮制动力 F_{xb} 大小相等方向相反的作用力 F_t，推动平板沿纵向位移，经传感器测出各车轮的制动力并由数据采集系统处理计算出轮重、制动及悬架性能的各参数值，并显示检测结果。

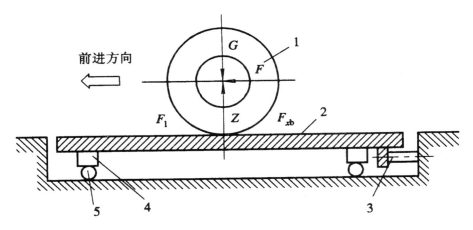

图 11-20　平板式制动试验台原理图

1—车轮；2—平板；3—力传感器；4—压力传感器；5—支撑钢球

平板式试验台结构简单、运动件少、用电量少、日常维护工作量小，提高了工作可靠性。该试验台不需要模拟汽车转动惯量，较容易将制动试验台与轮重仪、侧滑仪组合在一起，可检测制动、轮荷、悬架、侧滑四项参数，提高了检测效率。由于测试过程与实际路试条件较接近，能反映车辆的实际制动性能，除了能反映制动时轴荷转移带来的影响外，还能够反映汽车悬架结构、刚度等对汽车制动性能的影响。

平板台检测时，若汽车与平板间不发生相对运动或没有相对运动趋势，就无以检测，故平板台不能检测车轮阻滞力、驻车制动力。

由于驾驶员的操作状况的变化明显影响动态检测工况的稳定性，平板制动台重复性差，对不同轴距车辆适应性差，占地面积大、需要助跑车道。

11.6.3　两种检验方法的比较

GB 7258—2004 规定：机动车安全技术检验时机动车制动性能的检验宜采用滚筒反力式制动检验台或平板制动试验台检验制动性能，其中前轴驱动的乘用车更适合采用平板制动检验台检验制动性能。不宜采用制动检验台检验制动性能的机动车及对台试制动性能检验结果有质疑的机动车应路试检验制动性能。

路试法检验制动性能的优点是直观、简便，能真实地反映汽车实际行驶过程中汽车动态的制动性能，如轴荷转移的影响；能综合反映汽车其他系统的结构性能对汽车制动性能的影响，如转向机构、悬架系统结构和形式对制动方向稳定的影响，且不需要大型设备与厂房。但也存在下列不足之处：只能反映整车制动性能的好坏，而对于各轮的制动状况及制动力的分配，虽能从拖、压印做出定性分析，但不易取得定量的数值；不易诊断故障发生的具体部位；重复性较差，制动距离的长短和制动减速度的大小，往往因驾驶员操作方法、路面状况和道路交通状况而异；只有在专用试验道路上用专用试验仪器的情况下才能获得重复性较好的检验结果；除道路条件外，路试还将受到气候条件等的限制且有发生事故的危险；消耗燃料，磨损轮胎，紧急制动时的冲击载荷对汽车各部件都有不良影响。

台试法检验制动性能的优点是迅速、准确、经济、安全，不受外界条件的限制，重复性较好，能定量测得各轮制动全过程（制动力随时间增长的过程）的参数。由于检测时是滚筒推动车轮转，因此，它可以检测车轮的阻滞力和驻车制动力；检测过程可包括制动器作用阶段和持续制动阶段，故可检查车轮的制动蹄摩擦片与制动鼓接触配合状态，判断制动鼓的圆度；又因制动台在测试时，左、右轮各自同时采集制动力，所以可以分析同一轴制动力的平衡状态、给故障诊断提供可靠依据。所以台试法已成为汽车诊断与检验的发展方向，在国内外获得了广泛应用。台试法除需要大型设备与相应厂房外，也存在许多不足之处。

复习思考题

1. 汽车的制动性包括哪些内容？其评价的指标是什么？
2. 画图说明制动力产生的过程。
3. 什么叫地面附着力？试述其影响因素。
4. 说出"制动跑偏"、"制动侧滑"的定义。二者之间产生的原因有何不同？
5. 什么是"理想制动力分配曲线"？实际制动力分配曲线与它有何区别？
6. 说出制动防抱死系统（ABS）的作用。
7. 简述制动防抱死系统（ABS）的工作过程。
8. 在反力式滚筒制动试验台上测制动力时，车轮处于滚动状态与处于抱死状态的制动力有何区别？为保证检测的准确性可采取哪些措施？
9. 制动性路试检验的项目有哪些？制动性台试检验的项目有哪些？
10. 简述反力式滚筒制动检验台与平板式制动试验台的测试原理，两者的主要区别是什么？

第 12 章　汽车的操纵稳定性

汽车的操纵稳定性是指驾驶员不感到过分紧张、疲劳的条件下，汽车能遵循驾驶员通过转向系及转向轮给定的方向行驶，且当遇到侧向力（如侧向风、汽车在横坡行驶时重力的侧向分力等）时，汽车能抵抗干扰而保持稳定行驶的能力。

汽车的操纵稳定性包含互相联系的两个部分，即操纵性和稳定性。操纵性是指汽车能够确切地响应驾驶员转向指令的能力；稳定性是指汽车受到外界干扰时保持稳定行驶的能力，两者很难断然分开，故统称为操纵稳定性。汽车的操纵稳定性不仅影响汽车驾驶的操纵方便程度，而且也是决定高速汽车安全行驶的一个主要性能。随着道路的改善、车速的提高，汽车的操纵稳定性日益受到重视，成为现代汽车的重要使用性能之一。

12.1　汽车的操纵稳定性

12.1.1　概述

如图 12-1 所示，在汽车操纵稳定性的研究中，我们常把汽车整车作为一个系统，通过系统的输入和输出物理参数之间的关系，来表征汽车的操纵稳定性。

汽车操纵稳定性涉及的问题较为广泛，它要采用较多的物理参量从几个方面来评价。作为基本学习内容，本章将着重讨论汽车在方向盘阶跃输入下的稳态响应。

转向盘角阶跃输入下进入的稳态响应，是表征汽车操纵稳定性的转向盘角位移输入下的时域响应。

图 12-1　系统分析示意图

汽车在转弯时，实际输入的物理参数显然是方向盘转角，但为了简化分析过程，假设方向盘转角与前轮偏转角之间为单纯的线形关系，即：

$$\delta_{sw}(t) = i_{\omega}\delta(t) \tag{12-1}$$

式中：$\delta_{sw}(t)$ ——方向盘转角随时间变化的函数；

$\quad i_{\omega}$ ——转向系角传动比，假设为常数；

$\quad \delta(t)$ ——前轮偏转角随时间变化的函数。

所谓的前轮偏转角 (δ) 是指假想的设置在前轴中点的车轮偏转角，见图 12-2。δ 的大小为：

$$\delta = \frac{1}{2}(\delta_1 + \delta_2) \tag{12-2}$$

式中 δ_1、δ_2 分别为左、右前轮的偏转角。

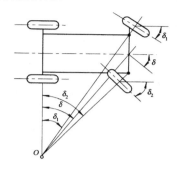

图 12-2　前轮偏转角示意图

因此，在下面的分析中，均以前轮偏转角 δ 作为输入量。

阶跃输入函数是工程上常用的输入函数之一，对于前轮角阶跃函数而言，其数学表达式为：

$$\delta(t) = \begin{cases} 0 & t < 0 \\ \delta_0 & t \geq 0 \end{cases} \qquad (12\text{-}3)$$

见图 12-3。

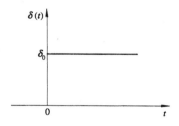

图 12-3　前轮角阶跃函数

12.1.2　轮胎的侧偏特性

轮胎的侧偏特性主要是指侧偏力与侧偏角之间的关系，它是研究汽车操纵稳定性的基础。

1. 轮胎的坐标系

为了讨论方便，建立如图 12-4 所示的轮胎坐标系。取垂直于车轮轴线的轮胎中分平面为车轮平面；坐标原点为车轮平面和地面的交线与车轮旋转轴线在地平面上投影线的交点；X 轴为车轮平面与地平面的交线，规定向前为正；Z 轴与地平面垂直，规定向上为正；Y 轴在地平面上，规定面向车轮前进方向时指向左方为正。侧偏角 α 是轮胎接地印迹中心（即坐标原点）位移方向与 X 轴的夹角，图示方向为正；外倾角 γ 是垂直平面（XOZ）与车轮平面的夹角，图示方向为正。

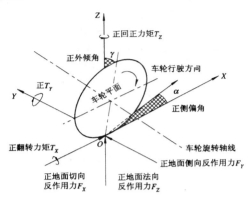

图 12-4　轮胎坐标系

2. 轮胎的侧偏现象

汽车行驶时，由于各种侧向力的作用，相应地在地面上产生地面侧向反作用力 F_Y，F_Y 又称做侧偏力。车轮在侧向力 F_y 和侧偏力 F_Y 的作用下，其运动方向偏离了车轮平面方向，这种现象称为轮胎的侧偏现象。分析其原因，主要有以下两方面：

（1）当侧偏力 F_Y 达到车轮与地面间的附着极限时，车轮发生侧向滑动，若滑动速度为 Δu，车轮便沿合成速度 u' 方向运动，偏离了车轮平面 cc 方向（见图 12-5）。

（2）由于弹性车轮在侧向力的作用下产生侧向变形所引起的侧偏。下面利用图 12-6 对这个现象作一说明。设想在车轮的中心平面圆周上作出 a，b，c，……标记，当车轮未受侧向力而滚动时（图 12-6（a）），车轮上的 b 点将与支承面上的 b_1 点相接触，c 点将与 c_1 点相接触，依此类推，从而可得车轮在支承面上的运动轨迹 af_1。由于 af_1 处于车轮平面之内，因此车轮的运动方向与车轮平面一致，没有侧偏现象。当车轮受到侧向力 F_y 作用时，就会产生如图 12-6（b）所示的侧向变形，一旦滚动，车轮上的 b 点将与支承面上的 b_1' 相接触，c 点将与 c_1' 相接触，依此类推。车轮在支承面上的运动轨迹 af_1' 相对于车轮平面偏离某一角度 α。换言之，弹性车轮在侧向力作用下，由于车轮的侧向弹性变形，其实际运动方向不再是车轮平面所指的方向，而是偏离了一个角度，这个角度 α 称为侧偏角。从图中可以看出，侧偏方向与侧向力 F_y 的方向一致，与侧偏力 F_Y 的方向相反。当汽车转弯时，侧偏方向则与离心力方向一致，因此也可用离心力方向来定义 α 的正值。显然，侧偏角 α 的数值与侧向力 F_y 的大小有关；换言之，侧偏角 α 的数值与侧偏力 F_Y 的大小有关。

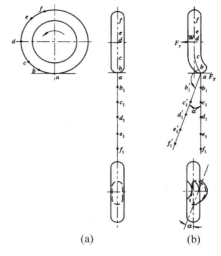

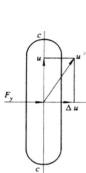

图 12-5　车轮侧滑时的运动简图

图 12-6　弹性车轮和侧偏现象

3.　轮胎的侧偏特性

轮胎的侧偏特性是指侧偏力 F_Y 与侧偏角 α 之间的数值关系。图 12-7 为侧偏力——侧偏角曲线。曲线表明，侧偏角不超过 $3°\sim4°$ 时，可以认为 F_Y 与 α 成线性关系，随着侧偏力的增大，侧偏角也增大。侧偏角增至某一数值后（$\alpha = 10°$），由于轮胎与路面开始局部滑移，侧偏角增长加快，当侧偏力等于附着力时，车轮发生侧滑。汽车正常行驶时，侧偏角一般不超过 $4°\sim5°$，故认为侧偏力与侧偏角成线性关系，即

$$F_Y = k\alpha \tag{12-4}$$

式中 k 为 F_Y—α 曲线在 $\alpha = 10°$ 时的斜率，称为侧偏刚度。

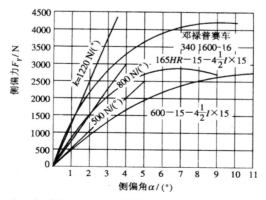

注：垂直载荷 $W=3000$ N，胎压 $P_i=180$ kPa，速度 $u=16.7$ m/s。

图 12-7　侧偏特性曲线

4. 影响侧偏刚度的因素

（1）轮胎的尺寸、形式和结构

尺寸较大的轮胎有较高的侧偏刚度。子午线轮胎接地面宽，一般侧偏刚度较高，见图 12-8。

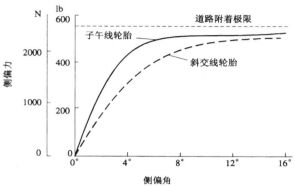

图 12-8　子午线轮胎与斜交轮胎的侧偏特性

轮胎断面高 H 与断面宽 B 之比 $H/B \times 100\%$ 称为扁平率。早期轮胎的扁平率为 100%，现代轮胎的扁平率逐渐减小，目前不少轿车已采用扁平率为 60% 的宽轮胎。扁平率对轮胎侧偏刚度影响很大，采用扁平率小的宽轮胎是提高侧偏刚度的主要措施。

（2）轮胎的充气压力

轮胎的充气压力对侧偏刚度也有显著影响。由图 12-9 可知，随着气压的增加，侧偏刚度增大，但气压过高后侧偏刚度不再变化。

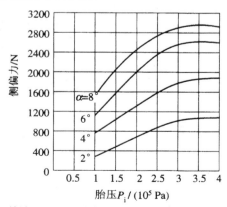

注：轮胎 6.40-13，速度 $u=11$ m/s，垂直载荷 $W=4000$ N。

图 12-9　轮胎气压对侧偏刚度的影响

（3）轮胎的垂直载荷

由图 12-10 可以看出，同一侧偏角下，不同垂直载荷时的侧偏力不一样。一般侧偏刚度随垂直载荷的增加而加大，但垂直载荷过大时，轮胎产生很大的径向变形，侧偏刚度反而有所减小。侧偏刚度最大时的垂直载荷约为额定载荷的 150%。

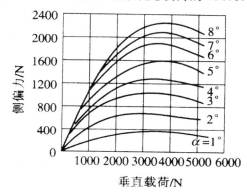

图 12-10　不同垂直载荷下的侧偏力

（4）地面切线反作用力

上面讨论的是没有切向反作用力作用时轮胎的侧偏特性。实际上，在轮胎上常同时作用有侧向力与切向力。由试验得到的曲线（图 12-11）表明，一定侧偏角下，驱动力或制动力增加时，侧偏力逐渐有所减小，这是由于轮胎侧向弹性有所改变的关系。当纵向力相当大时，侧偏力显著下降。因为此时接近附着极限，切向力已耗去大部分附着力，而侧向能利用的附着力很少。由图还可看出，这组曲线的包络线接近于一椭圆，一般称为附着椭圆。它确定了在一定附着条件下切向力与侧偏力合力的极限值。

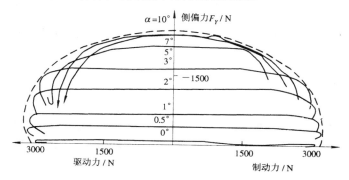

图 12-11　地面切线反作用力对侧偏特性的影响

（5）路面及其粗糙程度、干湿状态对侧偏特性的影响

路面及其粗糙程度、干湿状态对侧偏特性，尤其是最大侧偏力有很大影响。粗糙路面

较光滑路面的最大侧偏力大；同种路面干态较湿态较光滑路面的最大侧偏力大。路面有薄水层时，由于滑水现象，会出现完全丧失侧偏力的情况。图 12-12 表明一轮胎在不同轮胎胎面、路面粗糙度和水层厚度等条件下，最大侧偏力的降低情况。水层厚 1.02mm 时，在粗糙路面上，开有 4 条沟槽的胎面能防止滑水现象。水层厚 7.62mm 时，不论胎面有无沟槽、路面是否粗糙，当车速为 80km/h 时均出现滑水现象，此时最大侧偏力为零。

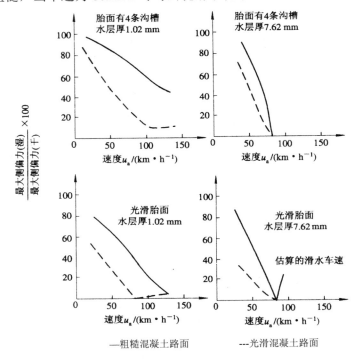

图 12-12　轮胎胎面、路面粗糙程度、水层厚度和滑水现象的关系

12.1.3　汽车的转向特性

1. 刚性车轮转向的几何关系

汽车在转弯过程中，在不考虑轮胎侧向偏离的情况下，要保持每个车轮都处于纯滚动，应使各轮均绕同一中心 O 作圆周运动，即内、外轮转角关系如图 12-13 所示。

根据图中的几何关系，可得以下几个方程式：

$$\cot\delta_o = (R_o + 0.5d)/L$$
$$\cot\delta_i = (R_o - 0.5d)/L \qquad\qquad (12\text{-}5)$$
$$\cot\delta_o - \cot\delta_i = d/L$$

式中：δ_0——前外轮转角；

　　　δ——前内轮转角；

　　　d——两主销中心线延长到地面交点之间的距离；

　　　L——轴距。

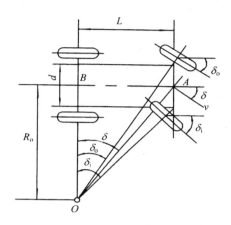

图 12-13　刚性车轮转向简图

从转向中心 O 到汽车纵向对称轴 AB 之间的距离 R_0，称为转向半径。

$$R_0 = L/\tan\delta \tag{12-6}$$

式中：δ——前轴中点速度方向与 AB 间夹角。

δ 称为前轴转角，取 $\delta = \dfrac{1}{2}(\delta_0 + \delta_i)$，当转角不大时，$\tan\delta \approx \delta$，式（12-6）可写为

$$R_0 = L/\delta \tag{12-7}$$

当用（12-7）计算时，δ 用弧度计。

2. 弹性车轮转向的几何关系

若考虑轮胎的侧偏，汽车的转弯半径和瞬时转动中心位置都会发生变化。为研究方便，取前、后轴中心的速度来确定瞬心的位置。如图 12-14 所示，δ 是两转向轮转角的平均值；α_1 是前轴两车轮侧偏角的平均值，α_2 是后轴两车轮侧偏角的平均值，瞬心位置 O' 如图 12-14，此时的转弯半径为：

$$R = \frac{L}{\tan(\delta - \alpha_1) + \tan\alpha_2} \tag{12-8}$$

当转角 δ 不大时，α_1、α_2 相应较小，因而：

$$R = \frac{L}{\delta - (\alpha_1 - \alpha_2)} \tag{12-9}$$

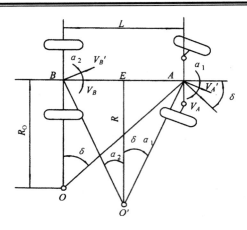

图 12-14　弹性车轮转向简图

3．前轮角阶跃输入下的稳态响应

汽车等速行驶时，在前轮角阶跃输入下进入的稳态响应就是等速圆周行驶。常用输出与输入的比值，如稳态时的横摆角速度与前轮转角之比来评价稳态响应。这个比值称为稳态横摆角速度增益，也称为转向灵敏度，以符号 $\left.\dfrac{\omega_r}{\delta}\right)_s$ 表示。

由刚体平面运动分析可知，若汽车的车速为 u，稳态转向半径为 R，则

$$\omega_r = u / R \tag{12-10}$$

由式（12-9）可得

$$\delta = \frac{L}{R} + \alpha_1 - \alpha_2 \tag{12-11}$$

设汽车前、后轴荷为 G_1、G_2，前、后轴的侧偏刚度为 K_1、K_2（是车轮侧偏刚度的 2 倍，$K_1 = 2k_1$，$K_2 = 2k_2$），则汽车转弯时，前、后轴受到的侧向力为：

$$F_{y1} = \frac{G_1}{g} \cdot \frac{u^2}{R}; \quad F_{y2} = \frac{G_2}{g} \cdot \frac{u^2}{R}$$

相应的前后轮侧偏角为：

$$\alpha_1 = \frac{1}{K_1} \cdot \frac{G_1}{g} \cdot \frac{u^2}{R}; \quad \alpha_2 = \frac{1}{K_2} \cdot \frac{G_2}{g} \cdot \frac{u^2}{R}$$

由此可以得到稳态横摆角速度增益为

$$\left.\frac{\omega_r}{\delta}\right)_s = \frac{u/R}{\dfrac{L}{R} + \left(\dfrac{G_1}{K_1} - \dfrac{G_2}{K_2}\right) \cdot \dfrac{u^2}{g \cdot R}} = \frac{u/L}{1 + \left(\dfrac{G_1}{K_1} - \dfrac{G_2}{K_2}\right) \cdot \dfrac{u^2}{g \cdot L}}$$

令 $K = \left(\dfrac{G_1}{K_1} - \dfrac{G_2}{K_2} \right) \cdot \dfrac{1}{g \cdot L}$，则

$$\left. \frac{\omega_r}{\delta} \right)_s = \frac{u/L}{1 + K \cdot u^2} \tag{12-12}$$

K 称为稳定性因素，它是表征汽车稳态转向特性的重要参数。根据 K 的不同，汽车前轮角阶跃输入下的稳态响应可分为三类（如图 12-15 所示）。

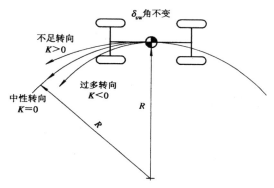

图 12-15　汽车的三类稳态响应

（1）中性转向（$K = 0$）

$K = 0$ 时，$\left. \dfrac{\omega_r}{\delta} \right)_s = \dfrac{u}{L}$，即横摆角速度增益与车速成线性关系。这种稳态称为中性转向，如图 12-16 所示。此曲线也就是汽车以极低车速行驶而又无侧偏角时的转向关系曲线。

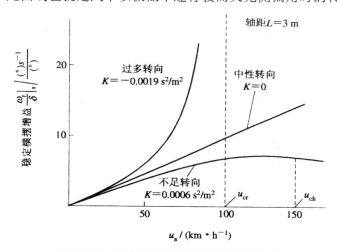

图 12-16　汽车的稳态横摆角速度增益曲线

中性转向的汽车，当转向盘保持一个固定的转角加减速行驶时，汽车的转向半径不变，即转向半径与车速无关。此时，转向半径 $R = L/\delta$。

（2）不足转向（$K>0$）

$K>0$ 时，$\left.\dfrac{\omega_r}{\delta}\right)_s - \dfrac{u}{L}$ 为一条低于中性转向汽车稳态横摆增益线且下弯的曲线。K 愈大，横摆角速度增益曲线愈低，不足转向量愈大。可以证明，当车速为 $u_{ch} = \sqrt{1/K}$ 时，汽车稳态横摆增益达到最大值，且其横摆角速度增益为与轴距 L 相等的中性转向汽车横摆角速度增益的一半，u_{ch} 称为特性车速。

当方向盘保持一个固定的转角，汽车以不同的固定车速行驶时，随着车速的增加，不足转向汽车的转向半径 R 增大。

（3）过多转向（$K<0$）

$K<0$ 时，$\left.\dfrac{\omega_r}{\delta}\right)_s - \dfrac{u}{L}$ 曲线随着车速的增加而向上弯曲。当车速为 $u_{ch} = \sqrt{-1/K}$ 时，稳态横摆角速度增益趋于无穷大，u_{cr} 称为临界车速。

当方向盘转角固定不变，汽车以不同的固定车速行驶时，其转向半径只随着车速的增加而减小。

过多转向汽车达到临界车速时将失去稳定性。因为 ω_r/δ 为无穷大时，只要有极小的前轮转角便会产生极大的横摆角速度。这意味着汽车转向半径极小，汽车发生急转而侧滑或翻倒。

4. 表征稳态转向特性的其他参数

为了便于分析，汽车的稳态转向特性还可以采用其他的一些参数来描述。

（1）前、后轮侧偏角之差（$\alpha_1 - \alpha_2$）

为了测定汽车的稳态响应，可采取固定转向盘转角，令汽车以不同的速度作圆周行驶，测出前、后轮侧偏角的绝对值 α_1 和 α_2，并以（$\alpha_1 - \alpha_2$）与侧向加速度 α_y（绝对值）的关系曲线来评价汽车的稳态响应。

根据式（12-9）得到的（$\alpha_1 - \alpha_2$）- α_y 曲线是三条斜率为 KL 的直线，见图 12-17。当 $K=0$ 时，（$\alpha_1 - \alpha_2$）$= 0$，为中性转向；当 $K>0$ 时，（$\alpha_1 - \alpha_2$）> 0，为不足转向；当 $K<0$ 时，（$\alpha_1 - \alpha_2$）< 0，为过多转向。可见，若增大 α_1，减小 α_2，则使不足转向量增加，反之，若减小 α_1，增大 α_2，则使不足转向量减小，甚至有可能转变为过多转向。

（2）转向半径的比值 R/R_0

当汽车转向时有 $R = u/\omega_r$，再由式（12-12）得：

$$R = \frac{u}{\omega_r} = \frac{(1+Ku^2)\,L}{\delta} = (1+Ku^2)\,R_0 \tag{12-13}$$

或

$$\frac{R}{R_0} = 1 + Ku^2 \tag{12-14}$$

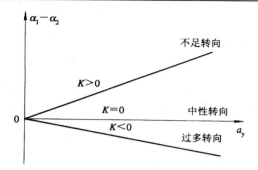

图 12-17　表示汽车稳态转向特性的 $(\alpha_1-\alpha_2)-\alpha_y$ 曲线

图 12-18 显示了按式（12-14）求得的 $\dfrac{R}{R_\mathrm{O}}-u^2$ 关系曲线。

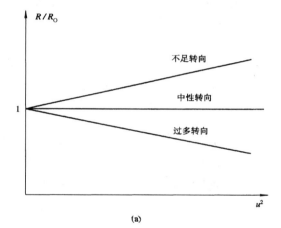

(a)

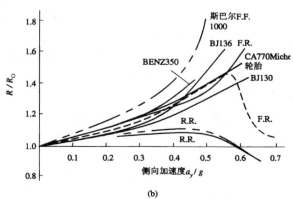

(b)

图 12-18　汽车稳态响应的转向半径比值 R/R_O 曲线

式（12-14）表明，当 $K>0$ 时，$\dfrac{R}{R_O}>1$，表示不足转向汽车的转向半径 R 总大于 R_O，且 R 将随车速的提高而增加。当 $K<0$ 时，$\dfrac{R}{R_O}<1$，表示过多转向汽车的转向半径 R 总小于 R_O，且 R 将随车速的提高而减小。当 $K=0$ 时，$\dfrac{R}{R_O}=1$，表示中性转向汽车的转向半径 R 总等于 R_O，不随车速而变。

5. 影响汽车稳态转向特性的主要因素

（1）轮胎气压的影响

轮胎气压对侧偏刚度影响很大，降低轮胎气压，侧偏刚度下降，可以产生较大的侧偏角。汽车说明书中规定的轮胎气压是考虑了获得不足转向性的数值，故使用中应注意在冷态下检查并按说明书的规定调整轮胎的充气压力。有的高速轿车甚至规定了每种乘坐条件及不同季节时前后轮胎的充气压力，以确保需要的不足转向性。前轮气压低于规定值，仅使汽车不足转向性增大，转向灵敏度即横摆角速度增益下降；而后轮气压过低，后轮的侧偏角加大，甚至使原来是不足转向性的汽车变为过多转向性汽车，对操纵稳定性带来严重不良影响。

（2）驱动形式的影响

转向时施加于轮胎上的切向力增加，轮胎的侧偏刚度下降，使产生的侧偏角增加。因此，后轮驱动的车辆，转向时施加驱动力，使后轮侧偏角增加，有减少不足转向性、向过多转向性转化的倾向；前轮驱动的汽车，转向时施加驱动力，使前轮侧偏角增加，有增加不足转向性的作用。

（3）轮胎结构的影响

不同结构（帘布层数、扁平率等）、不同形式（子午线轮胎、普通斜交轮胎）的轮胎，侧偏刚度不同，可能使汽车具有过多转向性。

子午线轮胎和普通斜交帘线轮胎在车上混合装用对汽车的操纵性有严重影响。子午线轮胎侧偏刚度大，若仅前轮改用子午线轮胎，可使前轮侧偏角 α_1 减少，如果小于后轮侧偏角 α_2，可使原为不足转向性的汽车变为过多转向性汽车。

扁平率小的宽轮胎，侧偏刚度大，产生的侧偏角小。因此，如仅前轮换用扁平率小的轮胎，有使汽车产生过多转向的倾向；如仅后轮换用，则有汽车呈不足转向的倾向。

（4）汽车的质量分配与车轮侧偏刚度的匹配

在汽车设计及改装中，应使汽车的质量在前后轴上的分配与车轮的侧偏刚度相适应，使稳定性因数 $K>0$，以保证汽车的不足转向性。

前置发动机前驱动的轿车，前轴上的轴荷较大，转弯时前轴承担的离心惯性力较大，在前后车轮侧偏刚度相同的情况下，前轮会产生较大的侧偏角，故趋向于呈不足转向性。反之，后置发动机后驱动的轿车则趋向于呈过多转向性。

（5）汽车悬架的影响

① 车轮侧倾角的变化。

当车厢侧倾时，由于悬架结构形式的不同，车轮侧斜角的变化有如下三种情况：

a. 车轮朝车厢侧倾的方向倾斜，即车轮的侧斜方向与离心力方向一致，如图 12-19（a）、（b）、（c）所示。它们分别是上、下横臂长度相等且平行的双横臂、单纵臂、烛式独立悬架。

b. 车轮朝车厢侧倾的相反方向倾斜，即车轮的侧斜方向与离心力方向相反，如图 12-19（d）所示的单横臂独立悬架在小侧向加速度时，就是属于这种情况。

c. 车轮的侧斜不随车厢的侧倾而变，如图 12-19（e）所示的非独立悬架。

车轮侧斜后，由于轮胎与地面接触面的受力情况发生变化，从而产生一个附加的侧偏角 $\Delta\alpha$。$\Delta\alpha$ 的大小与车轮侧斜角 γ 有关，二者的关系可通过试验求得。$\Delta\alpha$ 的方向与车轮倾斜的方向一致，因此当 γ 与离心力方向一致时，$\Delta\alpha$ 为正值，车轮的侧偏角增大，如图 12-19（b）所示；当 γ 与离心力方向相反时，$\Delta\alpha$ 为负值，车轮的侧偏角减小，如图 12-19（d）所示。

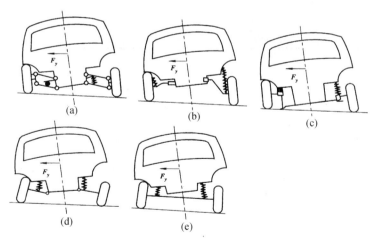

图 12-19　车轮侧倾与悬架导向机构的关系

② 左、右轮垂直载荷再分配的影响。

轮胎侧偏刚度在一定范围内随垂直载荷的增加而增加。在侧向力作用下，若前轴左右轮垂直载荷变动量大，则汽车趋向于减少不足转向性。由于增加前悬架的角刚度（车身每侧倾 1° 在前悬架上需施加的侧倾力矩值），能使侧倾力矩分摊到前轴上的数值增加，因而能使前轴左右轮垂直载荷的变动量加大；减少后悬架的角刚度，能使侧倾力矩分摊到后轴上的数值减少，因而后轴左右轮垂直载荷的变动量减少，有利于增加汽车的不足转向性。

③ 轴转向。

当车厢侧倾时，由于悬架导向机构的运动学关系，使车轴绕垂直轴线转动，这种现象称为轴转向。

下面以单纵臂非独立悬架为例进行说明，见图 12-20。汽车转向时车厢侧倾，外侧的弹性元件受到压缩，铰接中心 C 将下移至 C_1 点，相应地车轮中心 O 将左移至 O_1 点。而内侧因弹性元件伸张，铰接中心将上移至 C_2 点，相应地车轮中心 O 将右移至 O_2 点。从俯视图可以看出，车轴线转动了 λ 角，这就是轴转向现象。

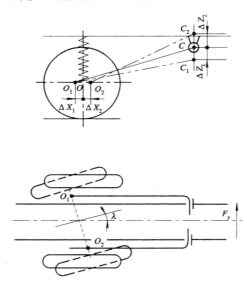

图 12-20　单纵臂非独立悬架的轴转向

轴转向的大小和方向与悬架的结构形式、布置和参数有关。如果轴转向的方向与离心力方向一致，则从运动学的观点来看，相当于使车轮的侧偏角增加，对于后轴而言，将使汽车减小不足转向量；如果轴转向方向与离心力方向相反，则相当于使车轮的侧偏角减小，若为后轴，将使汽车增加不足转向量。

综上所述可知，汽车悬架的设计，不仅应满足汽车平顺性的要求，同时还应顾及对操纵稳定性的影响。

12.1.4　汽车的纵翻和侧翻

1. 汽车的纵向翻倾

当汽车在等速上坡时，其受力如图 12-21 所示。随着道路坡度增大，前轮的地面法向反作用力不断减小。当道路坡度大到一定程度时，前轮的地面法向反作用力为零。在这样的坡度下，汽车将绕 A 点向后翻倾，通常称之为纵翻。下面求出汽车不发生纵翻的极限坡度角 $\psi_{\max}$。

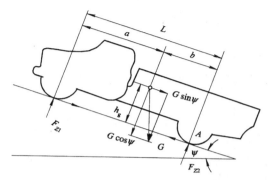

图 12-21　汽车在纵向坡道上等速行驶受力图

根据受力平衡可得：

$$F_{Z1} = \frac{Gb\cos\psi - Gh_g\sin\psi}{L} \tag{12-15}$$

$$F_{Z2} = \frac{aG\cos\psi + h_g G\sin\psi}{L} \tag{12-16}$$

令 $F_{Z1} = 0$，则有：

$$\tan\psi = \frac{b}{h_g} \tag{12-17}$$

因此，汽车不发生纵翻的极限坡度角 $\psi_{\max} = \arctan\dfrac{b}{h_g}$。

另一方面，汽车上坡时，坡度阻力随坡度的增大而增加，在坡度大到一定程度时，为克服坡度阻力所需的驱动力超过附着力时，驱动轮将滑转。这两种情况均使汽车的行驶稳定性遭到破坏。以后轴驱动汽车为例，汽车以较低速度等速上坡时，驱动轮不发生滑转的临界状态为：

$$F_{t\max} = G\sin\psi_{\varphi\max} = F_{Z2} \times \varphi = \frac{aG\cos\psi + G_g G\sin\psi}{L} \times \varphi \tag{12-18}$$

式中：$\alpha_{\max}$ ——汽车后轮不发生滑转所能克服的最大道路坡度角，其大小为：

$$\tan\psi_{\varphi\max} = \frac{\alpha\varphi}{L - \varphi h_g} \tag{12-19}$$

显然，如果 $\psi_{\max} < \psi_{\varphi\max}$，则当汽车遇有坡度角为 $\psi_{\max}$ 的坡道时，驱动轮因受附着条件的限制而滑转，地面不能提供足够的驱动力以克服坡道阻力，因而无法上坡，也就避免

了汽车的纵向翻倒。所以汽车避免纵翻的条件是

$$\frac{\alpha\varphi}{L-\varphi h_g} < \frac{b}{h_g}$$　　　　　　　（12-20）

由此整理可得后轴驱动汽车纵向稳定性条件是：

$$\frac{b}{h_g} > \varphi$$　　　　　　　（12-21）

同样可以求出前轴驱动汽车避免纵翻的条件为 $L>0$；全轴驱动汽车避免纵翻的条件与后轴驱动相同。

由于现代汽车的质心位置较低，因此上述条件均能满足而有余。但是对于越野汽车，其轴距 L 较小，质心较高（h_g 较大），轮胎又具有纵向防滑花纹因而附着系数较大，故其丧失纵向稳定性的危险增加。因此，对于经常行驶于坎坷不平路面的越野汽车，应尽可能降低其质心位置，而前轮驱动型汽车的纵向稳定性最好。

2. 汽车的侧向翻倾

汽车在行驶中常受到重力的侧向分力、离心力、侧向风力和道路不平的侧向冲击等各种侧向力的作用。侧向力将引起左、右车轮法向反作用力的改变，当一侧车轮的法向反作用力变为零时，将发生侧向翻车。

下面讨论汽车在具有横向弯道作等速转向运动时，汽车不发生侧翻的极限车速 $u_{a\max}$。

汽车在弯道上等速行驶的受力如图 12-22 所示。随着车速的提高，其离心力增大，内侧车轮的法向反作用力逐渐减小。当 $F_{zx}=0$ 时，汽车将失去侧向稳定性开始向外侧翻。此时对应的车速为弯道上产生侧翻的临界车速，用 $u_{a\max}$ 表示。

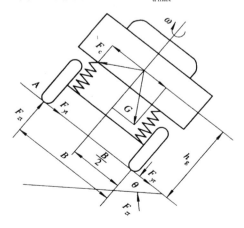

图 12-22　汽车在横向弯道上等速行驶受力图

$$F_{zr} = \frac{Gh_g \sin\theta + G\frac{B}{2}\cos\theta + F_c\frac{B}{2}\sin\theta - F_c h_g \cos\theta}{B} \quad (12-22)$$

式中：G——汽车重力，$G = mg$；

F_c——汽车转向行驶时离心力的侧向分力，近似按离心力计算，$F_c = \dfrac{mu^2}{R_r}$；

B——汽车的轮距。

令 $F_{zr} = 0$，整理得：

$$R_r g(2h_g \tan\theta + B) = u^2(2h_g - B\tan\theta)$$

因此，汽车不发生侧翻的极限车速 $u_{a\max}$ 为：

$$u_{a\max} = 3.6\sqrt{\frac{gR_r(B + 2h_g\tan\beta)}{2h_g - b\tan\beta}} \quad (km/h) \quad (12-23)$$

若汽车在水平路面上（$\theta = 0$）作等速转向运动时，不发生侧翻的极限车速 $u_{a\max}$ 为：

$$u_{a\max} = 3.6\sqrt{\frac{gR_r B}{2h_g}} \quad (km/h) \quad (12-24)$$

汽车在侧向力的作用下，如车轮的侧向反作用力达到附着力时，汽车还将沿侧向力的作用方向滑移。如图 12-22 所示，经受力分析，汽车在具有横向弯道作等速转向运动时，汽车不发生侧滑的条件为：

$$F_c\cos\theta - G\sin\theta = (F_c\sin\theta + G\sin\theta)\varphi_侧 \quad (12-25)$$

将上式整理可得在具有横向弯道作等速转向运动时，汽车不发生侧滑的极限车速 $u_{\varphi\max}$ 为：

$$u_{\varphi\max} = 3.6\sqrt{\frac{R_r g(\varphi_侧 + \tan\theta)}{1 - \varphi_侧\tan\theta}} \quad (km/h) \quad (12-26)$$

式中：$\varphi_侧$——侧向附着系数。

若汽车在水平路面上（$\theta = 0$）作等速转向运动时，汽车不发生侧滑的极限车速 $u_{\varphi\max}$ 为：

$$u_{\varphi\max} = 3.6\sqrt{R_r g\varphi_侧} \quad (km/h) \quad (12-27)$$

侧滑与侧翻都是汽车行驶中应避免的失控现象，比较起来侧翻更危险。要避免侧翻，应使汽车侧滑的临界车速低于侧翻的临界车速。即：

$$u_{\varphi\max} < u_{a\max}$$

由此经分析整理可得，避免侧翻的条件为：

$$\frac{B}{2h_g} > \varphi_侧 \quad (12-28)$$

$\dfrac{B}{2h_g}$ 又称为汽车侧向稳定系数，满足此式，称为满足侧向稳定条件。

一般汽车行驶于干燥的沥青路面上，这时 $\varphi_{侧}$ 值较大，约为 0.7～0.8，仍然能满足上述稳定的条件。由于轮距 B 受车宽小于或等于 2.5m 的限制，要避免侧翻应力求降低质心高度，一般车辆都能满足要求。只有在装载货物质心太高且偏向车厢的一侧，或者转向时车速过高，转动转向盘过急，致使离心力过大时，才容易产生侧翻。为了保证行车安全，就是侧滑也不希望发生，所以汽车转弯应降低车速，以减少侧翻及侧滑的机会。

用普通货车底盘改装的厢式货车，如冷藏车等，改装后的质心高度增加，使侧翻的危险性加大。

12.1.5 汽车转向轮的摆振与稳定

在平直良好路面和转向盘转角不变的情况下，操纵稳定性良好的汽车能够自行抵抗侧向风、微小路面不平等外界干扰，保持直线稳定行驶。但在上述条件下，有些汽车会出现低速摆头、高速摆振等行驶不稳定现象。研究这些现象的特点及其产生原因，对于恢复和保持汽车行驶稳定性无疑是十分必要的。

1. 转向轮的摆振

（1）车轮不平衡引起的转向轮摆振

车轮动不平衡和传动轴动不平衡会引起汽车高速摆振。当车轮质心 C 与旋转中心 O 不相重合时，在转动中会产生离心力 F_j，其分力 F_{jx} 是周期性的干扰力，它使前轴产生角振动，由于陀螺效应也可能引起前轮的摆振。当左、右轮偏心质量处于相隔 180° 位置时，摆振更为严重，如图 12-23 所示。

即使质心 C 与旋转中心 O 重合，但质量分布相对于车轮的中心平面不对称，离心力的合力为零，而离心力的合力矩不为零，这时车轮也处于动不平衡状态。在车轮旋转中，合力矩的方向不断变化，对主销产生周期性的干扰力矩，使转向轮绕主销摆振。

（2）传动轴不平衡引起的转向轮摆振

若传动轴存在动不平衡，离心力会忽左忽右随转动而周期性变化，通过车身、悬架也会使汽车行驶方向左右偏摆不定。

实际上车轮满足动平衡，就肯定满足静平衡。在实际使用中，轮胎修补、轮胎钢圈变形、前轮胎螺栓数量不一致等因素都会导致轮胎动不平衡；传动轴弯曲、平衡块脱落等会引起传动轴动不平衡。由动不平衡引起的摆振，其特点是随着车速的提高，摆振会不断加剧。要避免车轮总成和传动轴动不平衡的影响，必须对转向轮和传动轴进行动平衡试验。

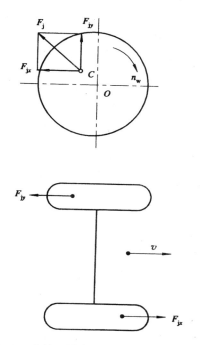

图 12-23　车轮不平衡引起的转向轮摆振示意图

2. 转向系与悬架的运动干涉引起的方向摆振

图 12-24 所示为一种纵置半椭圆板簧前悬架与转向系布置简图。板簧的固定吊耳在前轴前面，活动吊耳及转向机在前轴的后面。前轴和转向节等固定于板簧上，随板簧一起运动。转向机固定于车架上。当板簧发生变形时，车轮相对于车架有上下方向的运动，转向节的球销 c 作为前轴上一点绕 O_2 点摆动，其运动轨迹为 bb 弧；但 c 又与纵拉杆相连，这样 c 将绕转向机垂臂下端球关节 O_1 摆动，运动轨迹为 aa 弧（实际上是以 O_1 点为圆心，以纵拉杆长度为半径作球面运动）。c 点不能同时满足这两个运动要求，于是转向节将相对主销发生转动，以满足 c 点沿 aa 弧的运动。从俯视图可以看出，当前轮向上运动时，c 点向前移，转向节绕主销向左转。当前轮向下运动时，c 点向后移，转向节绕主销向右转。由此可见，当路面不平引起前轴在垂直平面内产生角振动时，转向轮将出现水平面内的左右偏摆。

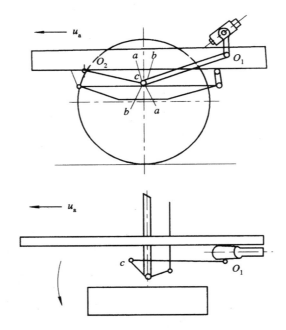

图 12-24　转向系与悬架的运动干涉引起的方向摆振

3. 前轴角振动引起的转向轮摆振

行驶中，车轮受路面不平的冲击，前轴在垂直平面内产生角振动。在某一车速下，来自路面不平的冲击频率与前轴角振动的固有频率接近时，发生共振，严重时一边的车轮可以跳离路面。

汽车的转向轮通过非独立悬架及转向传动机构与车架相连，这些互相联系的机件组成了弹性振动系统，如图 12-25 所示。当汽车在凹凸不平的路面上行驶，或偶遇一侧有凸起或凹坑时，将激发车轴相对于车体在垂直平面内的角振动，由于陀螺效应，由此又使前轴在水平面内产生角振动，但由于前轴通过钢板弹簧和车架相连，无法在水平面内摆动，所以可能引发的是前轮绕主销的摆动。其规律是，当左前轮上升时，转向轮将向右偏转；左前轮下降时，转向轮将向左偏转；右前轮上升时，转向轮向左偏转；右前轮下降时，转向轮将向右偏转。

产生陀螺效应的条件是，当车轴在垂直平面内产生角振动时，车轮旋转平面产生了偏转，如图 12-26（a）所示。双横臂独立悬架遭遇路面凹凸不平时，车轮旋转平面发生平移，但未发生偏转，不会产生陀螺效应，如图 12-26（b）所示。各类不同结构的独立悬架系统，追求的主要目标之一就是要减小或消除陀螺效应，以提高行驶方向稳定性。

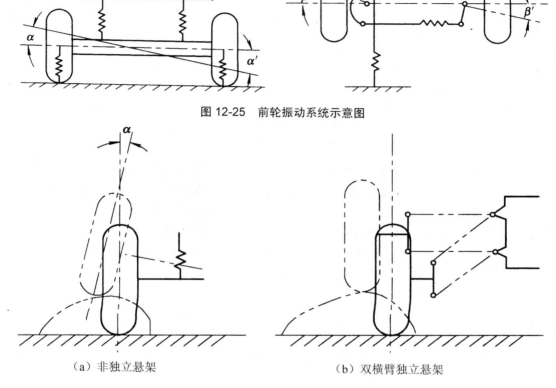

图 12-25　前轮振动系统示意图

（a）非独立悬架　　　　　　　　　（b）双横臂独立悬架

图 12-26　路面不平对不同悬架系统的影响

4. 汽车转向轮的稳定

上述这些原因可能会引起转向轮摆振，但不一定会造成转向轮摆振，因为转向轮还有阻止其发生摆振的稳定效应。所谓转向轮的稳定效应是指直行时转向轮保持居中位置的能力及转向后自动回正的能力。用阻止车轮偏转、力图使车轮保持居中位置的稳定力矩的大小，来表示其稳定效应的强弱。

（1）主销后倾 γ、侧向反力 Y 产生的稳定力矩 $T_{y\gamma}$

如图 12-27 所示，假设转向轮绕主销向纸画内偏转，汽车转向中心在纸内的某点上，离心力向外地面侧向反力 Y 垂直于纸面向内，对主销的力矩 $T_{yr} = Yr\sin\alpha \cdot \gamma \cdot \gamma r\sin Y$。其作用方向与前轮偏转方向相反，是稳定力矩。如果转向后撒手，则有使前轮自动回正的作用；回正直行后，离心力为零，地面侧向反力也为零，稳定力矩不再存在。

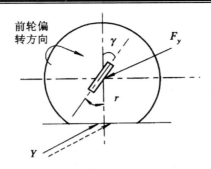

图 12-27 主销后倾 γ 作用图

（2）主销内倾 β、垂直反力 Z 产生的稳定力矩 $T_{Z\beta}$

如图 12-28 所示，设前轴的空间位置保持不变，转向轮由直行位置转过某一角度时，车轮最低点将落在以 OA 为母线、绕主销轴线 OO 旋转形成的圆锥的底圆上，即车轮最低点将落在地面之下，这是不可能的。实际情况是：车轮最低点仍在路面上，而前轴在汽车转向中被抬高。驾驶员对转向盘做的功（施加于转向盘上的力矩与转向盘转角乘积之和）转变为车头抬高所增加的势能。因此，在转向时转向盘上必须施加转向力矩；维持某一转向半径行驶，转向盘上要保持一定的转向力矩；撒手后，势能将恢复到最小状态，迫使转向轮自动回正。

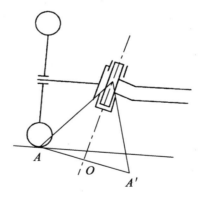

图 12-28 主销内倾 β 作用图

直行时地面垂直反力 Z 与主销轴线在同一平面内，Z 对主销轴线的力矩为零。当前轮转过某一角度 δ 时，力 Z 对主销轴线处于空间相错位置，所产生力矩的方向与转角 δ 的方向相反，力图阻止前轮偏转，所以 $T_{Z\beta}$ 是稳定力矩。在 $0° \sim 90°$ 的范围内，随转角 δ 的加大，$T_{Z\beta}$ 增大。因此，前轮以某一转角 δ 使汽车转弯时，在转向盘上必须施加一个力矩，该力矩经转向传动系放大后，去克服稳定力矩 $T_{Z\beta}$，才能实现稳定的圆周行驶。如果撒手，在稳定力矩 $M_{Z\beta}$ 的作用下，前轮将自动恢复到直行位置。

（3）由于侧偏，侧向反力产生的稳定力矩 $T_{y\alpha}$

如图 12-29 所示，由于转弯时离心力的作用，车轮受到的侧向力为 F_y，产生的侧偏角为 α。轮胎接地印迹的长轴由直行时的 aa 移到 bb 位置，轮胎侧向变形前小后大，地面侧向反力的分布呈前小后大状，使其合力 Y 与 F_y 错开一个距离 b_a，形成力偶矩 $T_{y\alpha} = Yb_a$。它的方向与车轮偏转方向相反，是稳定力矩。

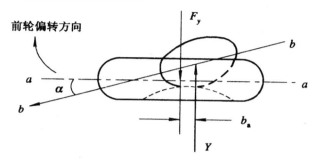

图 12-29　侧偏产生的稳定力矩

现代轿车车速很高，转弯时离心力大，轮胎气压低，侧偏刚度小。由于侧偏，侧向反力的稳定力矩 $T_{y\alpha}$ 很大，这常使高速时感到转向沉重。实践证明，1°侧偏角引起的稳定力矩，相当于主销后倾 5°～6°的效果。为了不使总的稳定力矩过大，可以相应地减小主销后倾角 γ，甚至 γ 为负值。

（4）由于侧偏，切向反力产生的稳定力矩 $T_{x\alpha}$

如图 12-30 所示，由于侧偏，内、外轮地面切向反力 X_i 和 X_O 的作用线到主销的距离不等，切向反力对主销之矩 $T_{x\alpha} = X_iL_i - X_OL_O$ 的方向取决于切向反力的方向。对于后轮驱动的汽车，前转向轮受到的切向反力（制动时的地面制动力及驱动时的滚动阻力）向后，形成的力矩方向与车轮偏转方向相同，它是非稳定力矩，记为 $-T_{x\alpha}$；对于前轮驱动的汽车，在转向时施加驱动力的情况下，因切向反力方向向前，$T_{x\alpha}$ 是稳定力矩。制动时切向反力向后，且 X_i 和 X_O 值很大，$-T_{x\alpha}$ 的绝对值很大，制动中转弯时转向轮容易过分偏转。因此，制动时要把稳转向盘。

（5）转向系的摩擦力矩 T_μ

转向盘上施加的力矩，经转向传动系放大后，要能克服转向系的摩擦力矩 T_μ 及前述各项稳定力矩，才能实现转向。由此看来 T_μ 起阻止转向的作用，是稳定力矩。但是，转向后它又起阻止回正的作用，所以它又是非稳定力矩。

前轮稳定力矩的数值过小，容易产生转向轮摆振。但是，稳定力矩过大，不但转向沉重，且使回正过猛，增加转向轮在回正过程中的摆振。

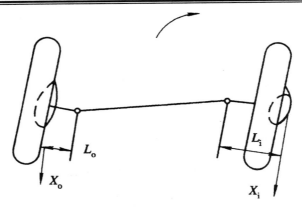

图 12-30　切向反力产生的稳定力矩

12.2　提高操纵稳定性的电子控制系统简介

提高汽车操纵稳定性，过去一直局限于通过改进轮胎、悬架和转向与传动系的性能来实现。由于计算机、传感器和执行机构的迅速发展，各国研制开发了各种显著改善操纵稳定性的电子控制系统。如四轮转向系统、车辆动力学控制系统和可变力动力转向系统等。

12.2.1　四轮转向系统

随着现代道路交通系统和现代汽车技术的发展，人们对汽车的转向操纵性能和行驶稳定性的要求日益提高。作为改善汽车操纵性能最有效的一种主动底盘控制技术——四轮转向技术，于 20 世纪 80 年代中期开始在汽车上得到应用，并伴随着现代汽车工业的发展而不断发展。汽车的四轮转向（Four-Wheel Steering，4WS）是指汽车在转向时，后轮可相对于车身主动转向，使汽车的四个车轮都能起转向作用，以改善汽车的转向机动性、操纵稳定性和行驶安全性。

普通两轮转向汽车（2WS 汽车）的前轮既可绕自身的轮轴自转又可绕主销相对于车身偏转，而后轮只能自转而不偏转。当驾驶员转动方向盘后，前轮转向，改变了行驶方向。地面对前轮胎产生一个横向力，通过前轮作用于车身，使车身横摆，产生离心力，使后轮产生侧偏，改变前进方向，参与汽车的转向运动。而 4WS 汽车的后轮与前轮一样，既可自转也能偏转。当驾驶员转动方向盘后，前、后轮几乎同时转向，使汽车改变前进方向，实现转向运动。2WS 汽车在转向时，前轮作主动转向，后轮只是作被动转向。显然，2WS 汽车在转向过程中，从方向盘转动到后轮参与转向运动之间存在一定的滞后时间。2WS 汽车的这种相位滞后特性使汽车转向的随动性变差，并使汽车的转向半径增大。另外，2WS 汽车在高速行驶时，相对于一定的方向盘转角增量、车身的横摆角速度和横向加速度的增量增大，使汽车在高速行驶时的操纵性和稳定性变差。而 4WS 汽车在转向时，前后轮都作主动转向，在转向过程中，灵敏度高，响应快，有效地克服了上述缺点。

4WS 汽车是在前轮转向系统的基础上，在汽车的后悬架上安装一套后轮转向系统，两者之间通过一定的方式联系，使得汽车在前轮转向的同时，后轮也参与转向，从而达到提高汽车低速行驶的机动性和高速行驶的稳定性。典型的电控 4WS 系统主要有前轮转向系统、传感器、ECU、后轮转向执行机构和后轮转向传动机构等。目前，以电控液压式 4WS 系统应用最多。如图 12-31 所示，转向时，传感器将前轮转向的信号和汽车运动的信号送入 ECU，ECU 进行分析计算，向后轮转向执行机构输出驱动信号，后轮转向执行机构动作，通过后轮转向传动机构，驱动后轮偏转。同时，ECU 进行实时监控汽车运行状况，计算目标转向角与后轮实时转向角之间的差值，实时调整后轮的转角。这样，可以根据汽车的实际运动状态，实现汽车的四轮转向。

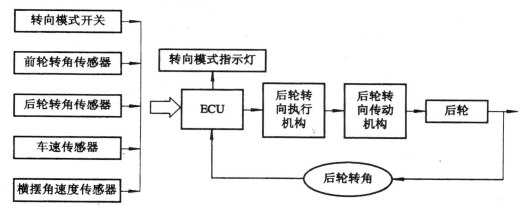

图 12-31　4WS 控制系统工作原理图

现在，有许多 4WS 汽车把改善汽车操纵性能的重点放在提高汽车高速行驶的操纵稳定性上，而不过分要求汽车在低速行驶时的转向机动灵活性。其工作特点是低速时汽车只采用前轮转向，只在汽车行驶速度达到一定数值后（如 50km/h），后轮才参与转向，进行四轮转向。

12.2.2　车辆动力学控制系统

车辆动力学控制（Vehicle Dynamics Control）的缩写是 VDC（在美日等国称为 VDC，而在欧洲称为 ESP，Electronic Stability Program，即电子稳定程序），该系统用于在轮胎与路面间达到附着极限的临界工况下，控制车辆和车轮的稳定性。

汽车在路面上行驶，其附着力要受路面条件的影响，当附着力达到附着极限时，车辆的动力学性能将发生改变。附着力包括纵向力和侧向力，当纵向力达到附着极限时，将影响车辆的驱动性能或制动性能，同理，当侧向力达到附着极限时则将影响车辆的侧向性能，也就会影响车辆的动力学稳定性能。侧偏力是由于路面的侧向倾斜、侧向风或曲线行驶时的离心力等的作用引起的，随之也产生侧偏角。从轮胎特性方面来说，随着侧偏角的增大，它与侧向力的关系也将发生变化。根据前面介绍，当侧偏角较小时，侧偏力基本与侧偏角成线性关系，但当侧偏角达到一定值时，侧偏力不再随侧偏角的增加而增加，而是基本保持不变，达到饱和状态，也就是侧向力达到附着极限。另外，路面的附着情况不同，汽车达到饱和状态时的侧偏角也不相同，高附着系数路面轮胎的侧向力附着极限要比低附着系数路面高。汽车在路面行驶，时常要作曲线运动，当侧向加速度比较小时，侧偏角也比较小，与侧偏力基本上成线性关系，但当进行高速转弯或在滑路上转弯时，侧向力接近附着极限或达到饱和状态，车辆的转向特性将发生改变，一方面汽车处于失控状态，出现转向半径迅速减少或迅速增大的过多转向或不足转向的危险局面，从而导致侧滑、激转、侧翻或转向反应迟钝等丧失稳定性或方向性的危险局面；另一方面使驾驶员不能准确地操纵而引起事故。一般来说，只有当汽车的响应（如横摆角速度等）与方向盘转角满足一种线性关系时，驾驶员才能正确地操纵汽车，而在极限行驶工况时，这种关系已变成一种非线性关系，驾驶员想适应这种关系是很困难的，因此容易引起事故。

通过以上的分析可以看出，轮胎的非线性特性是使车辆操纵性发生变化的根本原因，特别是在高速转弯和低附着系数路面上转向行驶，常常会使车辆失去控制，有关资料表明有 42%的交通事故都是由于车辆丧失动力学稳定性造成的。车辆动力学控制系统就是为了避免汽车响应的急剧变化的一种最新的主动安全系统，它还会尽可能减小各种因素对汽车操纵稳定性产生的不良影响，如在低附着系数路面上，汽车与预定轨迹的偏移量应尽可能的小，汽车载荷、道路状况及侧风等变化都不应对汽车产生过多的影响。它利用优化控制理论，使驾驶员的操作，即转向和制动始终处于最佳的组合状态，并能调节各车轮上的驱动或制动力矩、方向盘转角，从而对已经出现的不稳定状态进行修正，并能防止驾驶员的误操作对行驶稳定性产生的不利影响。

作为车辆的主动安全控制技术，VDC 与 ABS/ASR 比较，虽有各自的应用范围和控制方法，但也存在一定的联系。VDC 有些功能需要由 ABS/ASR 来完成，所以有很多 VDC系统是在 ABS/ASR 的基础上开发的。

12.2.3　可变力动力转向系统

在现代汽车上，转向系统是必不可少的最基本的系统之一，它也是决定汽车主动安全性的关键总成，如何设计汽车的转向特性，使汽车具有良好的操纵性能，始终是各汽车厂家和科研机构的重要课题。特别是在车辆高速化、驾驶人员非职业化、车流密集化的今天，针对更多不同的驾驶人群，汽车的操纵性设计显得尤为重要。

　　虽然传统转向系统工作最可靠，但是也存在很多固有的缺点，传统转向系统由于方向盘和转向车轮之间的机械连接而产生一些自身无法避免的缺陷：①汽车的转向特性受驾驶员驾驶技术的影响严重。②转向传动比固定，使汽车转向响应特性随车速、侧向加速度等变化而变化，驾驶员必须提前针对汽车转向特性幅值和相位的变化进行一定的操作补偿，从而控制汽车按其意愿行驶。这就变相地增加了驾驶员的操纵负担，使汽车转向行驶存在很大的不安全隐患。③液压助力转向系统经济性差，一般轿车每行驶 100 公里要多消耗 0.3～0.4 升的燃料；另外，存在液压油泄漏问题，对环境造成污染，在环保性能被日益强调的今天，无疑是一个明显的劣势。

　　转向盘力随汽车运动状况而变化的规律称为转向盘力特性。汽车转向系应具有良好的转向盘力特性才能完美地完成控制汽车。转向盘力特性取决于下列因素：转向器传动比及其变化规律、转向器效率、动力转向器的转向盘操作力特性、转向杆系传动比、转向杆系效率、主销位置、轮胎、地面附着条件、转向盘转动惯量、转向柱摩擦阻力以及汽车整体动力学特性等。

　　在不同工况下，对操纵稳定性要求的侧重面是不一样的。在低车速、低侧向加速度行驶工况下，汽车应具有适度的转向盘力与转向盘转角，还应有良好的回正性能。由于考虑到高速行驶时汽车应具有较大的转向灵敏度，转向系总传动比不宜过大。但总转动比不够大，会带来低速行驶时转向盘力过于沉重的问题，这可以通过选装合适的动力转向器来解决。在高车速、转向盘小转角和低侧向加速度范围内，汽车应具有良好的横摆角速度频率特性、直线行驶能力与回正性能。转向盘力的大小要适度，特别是随着车速的提高，转向盘力不宜过轻而要保持一定的数值；采用随行驶车速而改变转向盘操作力特性的动力转向器，可以显著改善高速行驶时的转向盘力的品质。图 12-32 就是电子控制的油压反馈动力转向器的一组转向盘操作力特性曲线。

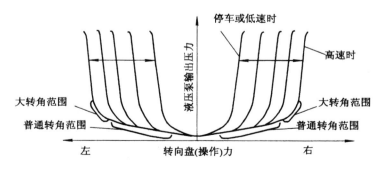

图 12-32　行使工况对转向盘力的要求

复习思考题

1. 什么是轮胎的侧偏现象？

2. 什么叫轮胎的侧偏特性？它受哪些因素的影响？

3. 什么是汽车的稳定转向特性？

4. 汽车的稳态转向特性有哪几种？各有何特点？影响汽车稳态转向特性的主要因素有哪些？

5. 汽车转向轮的摆振的原因有哪些？

6. 何谓中性转向、不足转向、过多转向？哪种转向有益于稳定性？为什么？

7. 汽车不发生纵向倾覆的条件是什么？

8. 汽车不发生侧向倾覆的条件是什么？

第 13 章　汽车的平顺性和通过性

汽车的操纵稳定性是指驾驶员不感到过分紧张、疲劳的条件下，汽车能遵循驾驶员通过转向系及转向轮给定的方向行驶，且当遇到侧向力（如侧向风、汽车在横坡行驶时重力的侧向分力等）时，汽车能抵抗干扰而保持稳定行驶的能力。

汽车的操纵稳定性包含互相联系的两个部分：即操纵性和稳定性。操纵性是指汽车能够确切地响应驾驶员转向指令的能力；稳定性是指汽车受到外界干扰时保持稳定行驶的能力，两者很难断然分开，故统称为操纵稳定性。汽车的操纵稳定性不仅影响到汽车驾驶的操纵方便程度，而且也是决定高速汽车安全行驶的一个主要性能。随着道路的改善，车速的提高，汽车的操纵稳定性日益受到重视，成为现代汽车的重要使用性能之一。

13.1　行驶平顺性的评价指标

汽车的行驶平顺性是指保持汽车在行驶过程中乘员所处的振动环境具有一定舒适度的性能，对于载货汽车还包括保持货物完好性能。行驶平顺性既是决定汽车舒适性最主要的方面，也是评价汽车性能的主要指标。

13.1.1　振动及其传递途径

行驶平顺性问题可以用方框图 13-1 来分析。行驶中的汽车是一个复杂的"振动系统"，振动的发生源主要有路面凹凸不平的变化、不平衡轮胎的旋转、不平衡传动轴的旋转以及发动机的扭矩变化等。这些因素引起的振动又大多与车速相关，尤其是路面凹凸不平引起的振动，随着车速的变化，振动的频率和强弱会产生相应的变化。

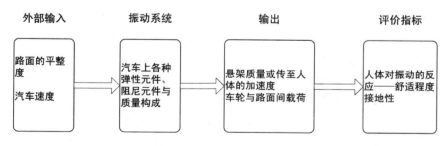

图 13-1　汽车振动系统框图

上述诸多"信号"不断地"输入"行驶中的汽车，而汽车又可以看做是由轮胎、悬架、座垫等弹性、阻尼元件和悬架质量及非悬架质量构成的"振动系统"。各种"输入"信号沿不同的路径传至乘员人体，其主要传递路径如图 13-2 所示。

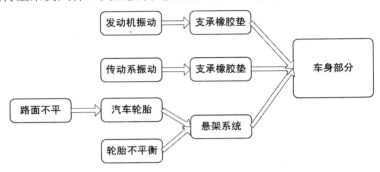

图 13-2　汽车行驶振动传递路线示意图

因路面、轮胎产生的振动，先传到悬架，受悬架自身的振动特性影响后再传给车身，通过车身传到乘客的胸部，同时通过座椅传给乘客的臂部和背部，还通过转向系，以转向型抖动的形式传到驾驶员手部。

因发动机、传动系产生的振动，通过支承发动机、变速器和传动轴的缓冲橡胶块，经衰减后传给车身，再经上述途径传至人体各个部位。

当振动频率超过 40Hz 以上时，便形成噪声传进入的耳朵。

作为系统的"输出"，是人体或货物受到的振动，其中最重要的是振动的频率和振动加速度。由物理学知识可知，任何一个"振动系统"均有一个"固有频率"，当外界激振信号频率接近或等于"国有频率"时，将出现"共振"现象，产生剧烈的振动。研究汽车行驶平顺性实际上要解决两方面的问题，一是如何避免汽车这个"振动系统"的"共振"现象，这既要影响汽车的操纵稳定性，也要影响行驶平顺性；二是使"振动系统"输出的振动频率避开人体敏感的范围，振动加速度不超过人体所能承受的强度。

13.1.2　人体对振动的反应

人体是一个复杂的机械振动系统，人体对振动的反应既与振动频率及强度、振动作用方向和暴露时间有关，也与人的心理、生理状态有关。

通过大量的振动试验表明，人体对不同方向的振动反应存在差异，对上下振动忍耐性最强，其次是前后振动，对左右振动最敏感。人体上下振动的共振点大约在 4～8Hz，水平振动的共振点大约在 1～2Hz。如果在共振点上加振，人的抗振能力会严重下降，氧气消耗量剧增，能量代谢加快。

所谓暴露时间是指人体处于振动环境的时间。暴露时间越长，人体所能承受的振动强度越小。

汽车行驶平顺性的评价方法，通常是根据人体对振动的生理感受和保持货物的完整程度来制定的，并用表征振动的物理量（如频率、振幅、位移、加速度等）作为评价指标。这些物理量称为振动参数。

最简单而且目前常用的评价行驶平顺性的指标是按照车身振动的低频率制定的，它决定悬挂装置的性能。

人体器官自幼就已习惯于行走所引起的垂直振动的频率，如果车身振动频率与步行速度频率接近，则乘坐者不会感到不舒适。取步距为 0.75m，中等步行速度为 3～4km/h，则振动频率约为 1.1～1.5Hz。如车身振动频率在此范围内，则可以认为是人体器官所习惯的。当振动频率低于 1Hz 时，会引起乘客晕车和恶心；当振动频率高于 1.5Hz 时，车身振动强烈，也会引起乘客疲劳和不舒适的感觉。

经长期的实践证明，采用这种简化的指标评价汽车行驶平顺性时，某些汽车虽然有较好的自由振动频率指标，但其实际的行驶平顺性并不好。因此，仅用自由振动频率来评价汽车行驶平顺性是不够的。

为了确立振动参数与人体器官生理感受之间的关系，人们曾进行过大量的试验研究。由于试验对象条件不同，结果也不完全一样。但这些试验都可以得到同样的结论，即所有振动参数都对人体器官发生影响，不过起主要作用的振动参数随着频率的变化而变化。根据试验结果，影响汽车行驶平顺性的主要振动参数为：振动加速度、振动加速度的变化速度和自由振动频率，其中后者是最重要的指标。振动加速度对行驶平顺性有较大影响，因为加速度很大时，惯性载荷对人体的肌肉和器官产生影响，特别是突然振动引起加速度的变化，乘客是最不能适应的。加速度变化越迅速，人越感不适。基于这些原因，汽车平顺性也按振动加速度和加速度的变化速度来评价。为了保证汽车有良好的行驶平顺性，车身的自由频率应在 1.1～1.5Hz。振动加速度的极限容许值在 $3～4m/s^2$ 之间，从保持所运货物完整性的观点出发，可由车身加速度来评定所容许的振动。如果车身加速度达到 $1g$，则未经固定的货物可能离开车身地板，而后以很大的加速度降落。因此，为了保持货物完整性，应取车身振动加速度的极限值为 $(0.6～0.7)g$。

13.2　行驶平顺性的评价方法

目前对行驶平顺性的评价仍是以人的主观感觉为最终依据，它既要受振动环境特点的影响，又要受人的心理、生理因素的影响，所以这种评价和衡量是非常困难和复杂的。

20 世纪 70 年代初，国际标准化组织（ISO）在综合大量有关人体全身振动的研究工作和文献的基础上，制定了国际标准 ISO 2631《人体承受全身振动能力的评价指南》，该标准是人体承受全身振动的评价国际通用标准。但 ISO 2631 是以短时间简谐振动的实验研究成果为基础的，而汽车的行驶过程是长时间随机振动，并伴有一些较大的冲击振动。

我国参照 ISO 2631 制定了 GB 4970—1985《汽车平顺性随机输入行驶试验方法》，用于测定汽车在随机不平的路面上行驶时振动对乘员及货物的影响，以及 GB 5902—1986《汽车平顺性单脉冲输入行驶试验方法》，用于测定汽车驶过单凸块时的冲击对乘员及货物的影响，以此来评价汽车的平顺性。

13.2.1　ISO 2631 的评价方法

国际标准 ISO 2631 用加速度均方根值给出了在 1～80Hz 振动频率范围内人体对振动反应的三个不同界限。

1. 暴露极限

当人体承受的振动强度在这个极限之内，将保持健康或安全。通常把此极限作为人体可以承受振动量的上限。

2. 疲劳—工效降低界限 T_{FD}

该界限与保持工作效能有关。当驾驶人承受的振动强度在此界限之内时，能准确灵敏地反应，正常地进行驾驶。

3. 舒适降低界限 T_{CD}

此界限与保持舒适有关，在这个界限之内，人体对所暴露的振动环境主观感觉良好，能顺利地完成吃、读、写等动作。

图 13-3（a）和（b）分别为垂直和水平方向，在不同暴露时间（承受振动的待续时间）下的"疲劳—工效降低界限"。另外两个不同反应界限的振动允许值随频率的变化趋势与此完全相同，只是振动加速度均方根允许值不同，暴露极限的值为"疲劳—工效降低界限"的 2 倍，舒适降低界限为"疲劳—工效降低界限"的 1/3.15。

图 13-3 中的"疲劳—工效降低界限"是用双对数坐标给出的，即纵、横两个坐标轴都是按以 10 为底的对数等间距刻度的。图上纵坐标允许加速度值 0.1～1m/s² 的间距和 1～10m/s² 的间距相等，因为对数差值 lg10-lg1=lg1-lg0.1=1。图上横坐标 1～10Hz 和 10～100Hz 的间距也相等，变化范围都是 10 倍。

采用对数坐标的一个主要优点是能把很大的数值变化范围压缩地画在有限的刻度范围内，并且能对较小的数值扩展，以保持其精度。

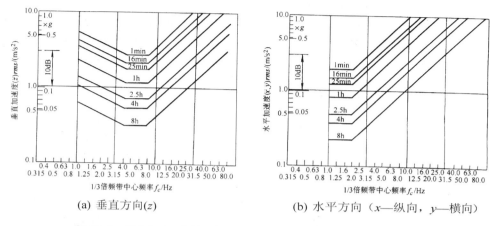

(a) 垂直方向(z)　　　　　　　　　(b) 水平方向（x—纵向，y—横向）

图 13-3　ISO 2631 人体对振动反应的"疲劳—工效降低界限"

13.2.2　影响平顺性的主要因素

由图 13-3 可以看出，"疲劳—工效降低界限"振动加速度允许值的大小与推动频率振动作用方向和暴露时间这三个因素有关。

1. 振动频率

在图 13-3 中，对于每一给定的暴露时间都相应有一条"疲劳—工效降低界限"曲线，它表明不同频率下，同一暴露时间达到"疲劳"，即人体对振动强度的感觉相同时，加速度允许值不同。该曲线也有人把它称为等感觉曲线。由这些曲线可以看出，人体对振动最敏感的频率范围（垂直方向 4～8Hz，水平方向 1～2Hz）的加速度允许值最小。

2. 振动作用方向

如果将图 13-3（a）和（b）重叠加以比较可以看出，在同一暴露时间下，水平方向在 2.8Hz 允许加速度值与垂直方向最敏感频率范围 4～8Hz 允许的加速度值相同，2.8Hz 以下水平方向允许加速度值低于垂直方向 4～8Hz 的允许值，水平方向最敏感频率范围 1～2Hz 比垂直方向 4～8Hz 允许值低 1.4 倍。对于汽车的振动环境，2.8Hz 以下的振动所占比重相当大，故对于由俯仰运动引起的水平振动的影响应给予充分重视。

3. 暴露时间

人体达到一定反应的界限，如"疲劳"、"不舒适"等都是人体感觉到的振动强度大小和暴露时间长短二者综合的结果。由图 13-3 可以看出，在一定频率下，随暴露时间加长，

"疲劳—工效降低界限"曲线向下平移,即加速度的允许值减小。亦即在实际行驶过程中若振动加速度越大,人体感觉达到某一振动强度"界限"的时间越短;反之,若振动加速度越小,人体感觉达到某"界限"所需时间越长。故人体感觉到的振动强度的大小可以用暴露时间的长短来衡量。

13.2.3　国家标准对行驶平顺性的评价方法

GB 4970—1985 规定,用平顺性随机输入行驶试验来测定汽车在随机不平的路面上行驶时振动对乘员及货物的影响,以此评价汽车的平顺性。因为随机输入是汽车行驶中遇到的最基本情况,所以这种试验是评定汽车平顺性的最主要的试验,该标准规定,以"疲劳—降低工效界限"T_{FD} 和"降低舒适界限"T_{CD} 为人体承受振动能力的主要评价指标;以 T_{FD} 和 T_{CD} 与车速的关系曲线——车速特性来评价汽车的平顺性。其中轿车和客车用"舒适降低界限"车速特性 T_{CD}—V 来评价,货车用"疲劳—降低工效界限"车速特性 T_{FD}—V 来评价,并对试验条件及车速范围作了相应的规定。"车速特性"可以在整个使用车速范围内全面地评价汽车的平顺性。

汽车行驶时偶尔会遇到凸块或凹坑,尽管遇到的概率并不多,但过大的冲击会严重地影响平顺性,甚至会损害人体健康,会使运输的货物损坏。GB 5902—1986 规定,采用单凸块作为脉冲输入,让汽车驶过规定尺寸单凸块,测定座垫上和座椅底部地板加速度的最大值作为评价指标。

我国客车平顺性评价方法及限值 GB/T 12477—1990 进一步对各种客车降低舒适界限 T_{CD} 作了明确规定:空气悬架旅游车 $T_{CD} \geq 2.5$(h),非空气悬架旅游车 $T_{CD} \geq 1.0$(h),长途大中型客车 $T_{CD} \geq 0.5$(h),城市大中型客车 $T_{CD} \geq 0.4$(h),高级轻型客车 $T_{CD} \geq 1.2$(h)、普通轻型客车 $T_{CD} \geq 0.8$(h)。

13.3　影响汽车行驶平顺性的结构因素

1. 悬架结构

减小悬架刚度,降低固有频率,可以减小由于不平路面而引起乘员承受的加速度值,这是改善平顺性的基本措施。为此,需要采用软弹簧及低的轮胎气压。但悬架刚度也不宜过小,否则会引起悬架下质量高频振动幅值加大,影响操纵稳定性;还会引起紧急制动时汽车"点头"现象严重,转弯时车身容易产生较大的侧倾角等不良现象。

对于载荷变化较大的公共汽车和载货汽车,为满足不同载荷对悬架刚度的不同需要,常采用非线性悬架,即变刚度悬架。载荷较小时,悬架刚度较小,以避免振动频率过高,平顺性较差;当载荷较大时,刚度急剧增大,使汽车的侧倾和纵向角振动减轻。

为避免出现"共振"，前、后悬架的固有频率应避开激振效率。另外，由于来自路面的激励先作用于前轮，然后才作用到后轮，为减轻由此引起的纵向角振动，前悬架的固有频率应略低于后悬架，亦即前悬架刚度略低于后悬架。

2. 悬架阻尼

悬架系统的阻尼主要来自减振器、钢板弹簧叶片之间的摩擦以及轮胎变形时橡胶分子间的摩擦。其作用是使车身的振动迅速衰减，减小传递给乘员和货物的振动加速度，缩短振动时间，改善行驶平顺性，还能改善车轮与道路的接触状况，防止车轮跳离地面，提高操纵稳定性。

在使用中，应注意减振器及钢板弹簧的维护，以防减振器失效及弹簧片生锈锁住，影响行驶平顺性。

3. 轮胎

轮胎对行驶平顺性的影响主要取决于轮胎的径向刚度，适当减小轮胎径向刚度，可以改善行驶平顺性。比如采用子午线轮胎，径向刚度减小，轮胎的静挠度增加40%以上，行驶平顺性得到改善。但轮胎刚度过低，会引起侧向偏离加大，影响汽车的操纵稳定性。在使用中，通过动平衡试验消除轮胎的动不平衡现象，也是保证行驶平顺性的必要措施。

4. 座椅

座椅的布置对平顺性有较大影响。接近车身中部的座位，振幅较小，前、后两端的座位振幅较大，在相同频率下，乘员感受到的振动加速度就不一致，所以轿车的座位均布置在前后轴轴距之内。载货汽车和公共汽车，为了减小水平前后方向的振幅，座位在高度方向上应尽量缩小与重心间的距离。

坐垫也有一定减振作用。坐垫的刚度和阻尼要作适当选择，以便人—座椅系统的固有频率避开入体最敏感的 $4 \sim 8Hz$ 范围，同时应使其相对阻尼系数达到 0.2 以上。

5. 非悬架质量

非悬架质量对汽车的平顺性有较大的影响，其质量的大小直接影响传递到车身上的冲击力。质量越小，冲击力越小，反之将加大。非悬架质量对行驶平顺性的影响，常用非悬架质量与悬架质量之比 m/M 来评价，此比值轿车一般在 10.5%～14.5% 之间，以小些为好。

13.4　汽车通过性的参数

汽车的通过性又称越野性，是指汽车能以足够高的平均车速通过各种坏路及无路地带的能力。如通过松软地面（松软的土壤、沙漠、雪地、沼泽地）、坎坷不平地段和各种障碍（陆坡、侧坡、壕沟、台阶）等。尤其是军用、农用、工地及林区使用的汽车，要求有良好的通过性。

汽车的通过性主要取决于汽车的支承—牵引参数及几何参数，也与汽车的动力性、平顺性、机动性、视野等性能密切相关。

13.4.1　间隙失效

所谓间隙失效，是指汽车车身与地面间的间隙不足而被地面托住，驱动轮无法接触地面，汽车不能通过的现象。间隙失效可分为下列几种情况。

1. 顶起失效

因车辆中间底部的车身部件碰到地面而被顶住的现象，称为顶起失效。

2. 触头失效与托尾失效

因车辆前端车身部件触及地面而使汽车不能通过，称为触头失效；因车辆后端车身部件触及地面而不能通过，称为托尾失效。

13.4.2　汽车通过性的几何参数

汽车通过性的几何参数反映了汽车通过高低不平地段和越过障碍物的能力。通过性的几何参数主要有以下几种。

1. 最小离地间隙 C

最小离地间隙用符号 C 表示，是指汽车除车轮以外的最低点与路面之间的距离，如图 13-4 所示。它表征了汽车能无碰撞地表越过石块、树桩等障碍物的能力。汽车的飞轮壳、前桥、变速器壳、消声器、驱动桥的外壳、车身地板等处一般有较小的离地间隙。

2. 纵向通过半径 ρ_1

在汽车侧视图上作出的与前后车轮及两轴中间轮廓线相切之圆的半径，称之为纵向通过半径，用符号 ρ_1 表示。它表示了汽车能够无碰撞地通过小丘、拱桥等纵向凸起障碍物的轮廓尺寸。ρ_1 越小，汽车的通过性越好。

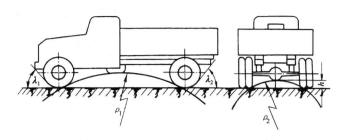

图 13-4　汽车通过性的几何参数

λ_1—接近角；λ_2—离去角；ρ_1—纵向通过半径；ρ_2—横向通过半径；h—最小离地间隙

3．横向通过半径 ρ_2

在汽车的正视图上所作与左右车轮及与两轮之间轮廓线相切的圆之半径，称为横向通过半径，用符号 ρ_2 表示。它表示了汽车通过小丘及凸起路面等横向凸起障碍物的能力，ρ_2 越小通过性越好。

最小离地间隙不足、纵向和横向通过半径过大都容易引起"顶起失效"。

4．接近角 λ_1 和离去角 λ_2

从汽车前端突出点向前轮引切线，该切线与路面的夹角 λ_1 称为接近角。λ_1 越大障碍物（如小丘、低、洼地等）时，越不易发生"触头失效"。

从汽车后端突出点向后轮引切线，该切线与路面的夹角 λ_2 称为离去角。λ_2 越大障碍物时，越不容易发生"托尾失效"。

5．最小转弯半径及 R_H 和内轮差 d

转向盘转到极限位置，作转弯行驶，前外轮印迹中心至转向中心的距离（左、右转弯，取较大者），称为汽车的最小转弯半径（见图 13-5），用符号 R_H 表示。内轮差是指前内轮轨迹与后内轮轨迹半径之差，图中用 d 表示。这两个参数表示车辆在最小面积内的回转能力和通过狭窄弯曲地带或绕过障碍物的能力。

机动车安全检测条件国标规定，机动车辆最小转弯直径，以前外轮轨迹中心线为基线测量其值不得大于 24m。当轮转弯直径为 24m 时，转向轴和半轴的内轮差以两轮轨迹中心线计，不大于 3.5m。

6．车轮半径 y

汽车在不平路面上行驶时，经常要越过垂直障碍物。汽车克服垂直障碍物（台阶、壕沟等）的能力与车轮半径和驱动形式有关，也与路面附着条件有关。汽车越过台阶的能力如图 13-6 所示。图中纵坐标用台阶高度 h_w 与车轮直径 D 之比，横坐标为路面附着系数。由此图可以看出，全轴驱动汽车比单轴驱动汽车越过台阶能力强；路面附着条件越好，汽车能越过更高的台阶。

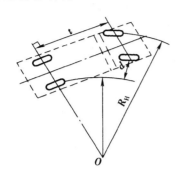

图 13-5　最小转弯半径及 R_H 和内轮差 d

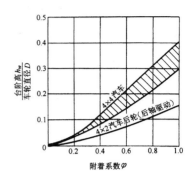

图 13-6　汽车越障能力

13.5　影响汽车通过性的主要因素

13.5.1　使用因素

1. 轮胎气压

汽车在松软路面上行驶时，降低轮胎气压，可以使轮胎与路面接触面积增加，从而降低轮胎对路面的单位压力，使路面变形减小，轮胎受到的道路阻力下降。而在硬路面上行驶时，适当提高轮胎气压，可以减小轮胎变形，使行驶阻力减小。故有的越野汽车装有中央充气系统，驾驶员在驾驶室内可根据路面情况调整轮胎气压。

2. 轮胎花纹

轮胎花纹对附着系数影响很大。越野汽车应选用具有宽而深花纹的轮胎，这是因为在松软地面上行驶时，轮胎花纹嵌入土壤，使附着能力提高；而汽车在潮湿路面上行驶时，只有花纹的凸起部分与路面接触，提高了单位压力有利于挤出水分，提高附着系数。

3. 拱形轮胎

在专用越野车上，不少使用了超低压的拱形轮胎。在相同轮辋直径的情况下，超低压拱形轮胎的断面宽度比普通轮胎要大 2～2.5 倍，轮胎气压很低（29.4～83.3kPa）。若用这种轮胎代替并列双胎，其接地面积可增加到 3 倍。拱形轮胎在沙漠、雪地、沼泽、田间行驶有良好的通过性，但在硬路面上行驶，会使行驶阻力增加，且易损坏轮胎。

4. 驾驶技术

驾驶技术对汽车通过性影响很大。为提高通过性，应注意以下几点：

（1）汽车通过松软地段时，应尽量使用低速挡，以使汽车具有较大的驱动力和较低的行驶速度；尽量避免换挡和加速，尽量保持直线行驶。

（2）驱动轮是双胎的汽车，如因双胎间夹泥而滑转，可适当提高车速，以甩掉夹泥。

（3）若传动系装有强制锁止式差速器，应在汽车进入车轮可能滑转地段之前挂上差速锁；如果已经出现滑转再挂差速锁，土壤表面已被破坏，附着系数下降，效果会显著下降。当汽车离开坏路地段时，应及时脱开差速锁，以免影响转向。

（4）汽车通过滑溜路面，可以在驱动轮轮胎上套上防滑链条，提高车轮的附着能力。

13.5.2　结构因素

1. 发动机的功率与扭矩

汽车通过坏路或无路地带时，要克服较大的道路阻力。为此，要提高汽车的通过性，就必须提高单位汽车重力发动机扭矩 M_e/G，或提高比功率 P_e/G，这是提高汽车最大动力因数的基础。

2. 传动系传动比

要提高动力因数，另一方面需增大传动系传动比，故越野车均没有副变速器或使用两挡分动器。越野汽车增加传动系总传动比的另一作用是降低最低稳定车速，以减小车轮对松软路面的冲击，从而减少由此引起的土壤剪切破坏的概率，提高汽车通过坏路或无路地段的能力。越野汽车的最低稳定车速值如表 13-1 所示。

表 13-1　越野汽车的最低稳定车速

汽车总重力/KN	<19.6	<63.7	<78.4	>78.4
最低稳定车速/（km·h^{-1}）	<5	<2~3	<1.5~2.5	<0.5~1

3. 液力传动

装有液力变矩器或液力偶合器车，起步时扭矩增加平缓，避免了对路面的冲击，同时，不用换挡也能提高扭矩，能提高汽车的通过性。

4. 差速器

普通齿轮式差速器，由于具有在驱动轮间平均分配扭矩的特性，当一侧车轮出现滑转时，另一侧车轮只能产生与滑转车轮相等的驱动力，使总驱动力不能克服行驶阻力，汽车不能前进。

采用高摩擦差速器，可以使转得较慢的车轮得到较大的驱动力，从而使总驱动力增加，有利于提高汽车的通过性。若采用差速锁，两边车轮的驱动力可以按各自的附着力来分配，改善通过性的作用更明显。

5. 前、后轮距

若前、后轴采用相同的轮距，且轮胎宽度相等时，后轮可以沿前轮压实的轮辙行驶，从而使全车的行驶阻力减小、提高通过性。所以现代越野汽车普遍采用单胎，各轴轮距相等。

6. 驱动轮的数目

增加驱动轮的数目，可以提高相对附着重量，获得较大的驱动力。越野汽车均采用全轮驱动。

7. 涉水能力

为了提高汽车的涉水能力，应注意发动机的电子控制系统、蓄电池、曲轴箱通风口、机油尺等处的防水密封，并保证空气滤清器不进水。

复习思考题

1. 什么叫汽车的通过性？
2. "失效"在通过性中指什么？"失效"方式有几种？
3. 有哪些几何参数与汽车通过性有关？
4. 什么叫最小转弯半径？什么叫内轮差？这两项参数反映了汽车的什么能力？
5. 汽车的越障能力主要与哪些因素相关？
6. 汽车能否通过松软地段的条件是什么？
7. 采用全轮驱动对汽车的通过性有什么影响？
8. 从使用因素和结构因素两方面分析，有哪些会影响汽车通过松软地段的能力？

参 考 文 献

[1] 吴光强. 汽车理论[M]. 北京：人民交通出版社，2007.

[2] 祝占元. 汽车发动机原理[M]. 郑州：黄河水利出版社，2007.

[3] 张毅. 汽车理论与运用实验教程[M]. 北京：中国电力出版社，2007.

[4] 张文春. 汽车理论[M]. 北京：机械工业出版社，2005.

[5] 吴建华. 汽车发动机原理[M]. 北京：机械工业出版社，2005.

[6] 于洪水. 发动机与汽车原理[M]. 北京：北京大学出版社，2005.

[7] 冯健璋. 汽车发动机原理与汽车理论[M]. 北京：机械工业出版社，2006.

[8] 刘峥，王建昕. 汽车发动机原理教程[M]. 北京：清华大学出版社，2001.

[9] 韩同群. 汽车发动机原理[M]. 北京：北京大学出版社，2007.

[10] 郭彬. 汽车使用性能与检测技术[M]. 西安：西安电子科技大学出版社，2007.

[11] 卓斌，刘启华. 车用汽油机燃料喷射与电子控制[M]. 北京：机械工业出版社，1999.